古典文獻研究輯刊

初 編

潘美月・杜潔祥 主編

第8冊

祁承㸁及澹生堂藏書研究

嚴 倚 帆 著

國家圖書館出版品預行編目資料

祁承爜及澹生堂藏書研究／嚴倚帆著／── 初版 ── 台北縣永和市：花木蘭文化工作坊，2005〔民 94〕

目 1 + 252 面；19×26 公分（古典文獻研究輯刊 初編：第 8 冊）
ISBN：986-81154-4-2（精裝）
1. 祁承 爜－學術思想－目錄學 2. 澹生堂 3. 私家藏書－中國

029.76   94018873

ISBN 986-81154-4-2

9 789868 115446

古典文獻研究輯刊
初 編 第八 冊   ISBN：986-81154-4-2

祁承爜及澹生堂藏書研究

作 者 嚴倚帆
主 編 潘美月 杜潔祥
企劃出版 北京大學文化資源研究中心
出 版 花木蘭文化工作坊
發 行 所 花木蘭文化工作坊
發 行 人 高小娟
聯絡地址 台北縣永和市中正路五九五號七樓之三
　　　　 電話：02-2923-1455／傳真：02-2923-1452
電子信箱 sut81518@ms59.hinet.net
初 版 2005 年 12 月
定 價 初編 40 冊（精裝）新台幣 62,000 元

祁承㸁及澹生堂藏書研究

嚴倚帆　著

作者簡介

嚴倚帆，福建省林森縣人，1959 年生於台北，國立臺灣大學圖書館學研究所碩士。曾任國防醫學院圖書館副館長、得榮基金會生命教育課程研編小組編輯。著有〈美國醫學圖書館合作網路之發展〉。

提　　要

　　研究中國目錄學及中國古代圖書館史，私家藏書及私家藏書目錄是極重要的一部份，私人藏書不僅對我國學術文化的發展極具貢獻，在目錄學史上更有相當的重要性。

　　明末藏書家祁承爗，不僅藏書豐富，在明末可稱江南第一大藏書家，其對於目錄學及圖書採訪、鑑別、整理各方面的見識與貢獻，更為後世學者所一致推崇。本論文之目的，即在研究祁氏澹生堂的藏書，及其在圖書目錄學上的種種成就。

　　本論文所用資料，以祁氏本身的著述為主（包括澹生堂集、澹生堂藏書目、藏書約、祁氏之傳記等），並參考清代以來論及祁氏及澹生堂的各種文獻，（包括清代文集、方志、各藏書志、及近人著述等），以歷史研究法來研究祁氏之生平傳略及藏書情形。另有關澹生堂藏書目的分類及編目，則以比較分析法，將歷代書目與澹生堂藏書目作一比較，以明瞭祁目在分類及編目上的優劣得失及傳承影響。

　　本論文研究之結果，證明祁氏在圖書的選擇、鑑別與採訪各方面，具有精闢獨到的見解，成熟的理論與方法，足可與現代圖書採訪學兩相輝映，並證明我國古代亦有關於圖書採訪之論著。祁氏在圖書的管理上，能運用科學的觀念，建立合理的管理制度。在圖書的分類及編目上，祁氏亦各有卓越的創見，對舊有圖書分類及編目，咸有具體的改革及創新，實為我國古代圖書目錄學之重要貢獻者，並可稱為我國圖書館學的先驅。

目錄

澹生堂中儲經籍
主人手校無朝夕
讀之欣然忘飲食
典衣市書恆不給
後人但念阿翁癖
子孫益之守弗失

曠翁銘

山陰祁氏藏書之章

子孫永珍

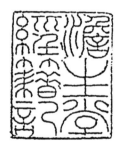

澹生堂經籍記

曠翁手識

壽吾兒道中偶逢初度
壽吾城別曲西陂陲凱風廉逐馬辭遠
歐始郊先子術耳娘摘勝汗邳避太朝木
敦諼曾枝西盲曲四平楼姑泥問閩鶴言
開錦此慈孝諳況費此風味筆達行似飲
　　　笠舂
　　　其二
忙裏何知甲子週視盈鬢鬆鬆約酹
翰溪引之刀爱相歷姑徐巫馬巫喜有光㴱
笃葉狗惻無箸従前壽甲郊多墨行个手
雨向窪邡嘆白頭

　　　足特寄寄影對郊寿三寄
忠震卒漢
　　　賺药歩示慶子弟兄
克宝堂臥寄舟

祁承㸁「初度詩」手蹟

引　言

　　我國的現代圖書館學，由於是移植自西方，故一般對圖書館學研究的範疇，咸以西洋圖書館學的體系為主，對我國古代的圖書學及圖書館史，則甚少提及。談到這門學科時，也往往認為興起於西方〔註1〕。其實圖書館學的發展，和一國典籍著述及圖書館事的發達與否，有密不可分的關係。我國是世界文明古國之一，文化悠久而典浩瀚，圖書館的起源，至少可溯自商朝〔註2〕，歷代以來，更有輝煌的圖書館史。影響所及，早在兩千年前的東漢時代，劉向劉歆父子編著的《別錄》及《七略》二部目錄書中，就已經體現了完備的編目體制，及詳悉的圖書分類〔註3〕。故就古代圖書館學而言，目錄學的歷史可說是源遠而流長的。然圖書館學的範疇，除了圖書的分類與編目外，還應包括圖書的採訪、典藏、流通各方面。這些在我國古代雖未形成有系統的學說，但自古以來，已有不少學者紛紛提出各種理論或方，足供後人參考。如宋朝鄭樵提出〈求書八法〉〔註4〕；明朝邱濬提出〈訪求遺書疏〉及〈論圖籍之儲〉〔註5〕，祁承㸁提出〈購書訓〉、〈鑒書訓〉；清朝曹溶提出〈流通古書約〉，孫從添提出〈藏書紀要〉等〔註6〕。均是對於圖書採訪、

〔註1〕王振鵠，〈圖書館與圖書館學〉，《圖書館學》（台北：學生，民國69年），頁49。

〔註2〕盧荷生，《中國圖書館事業史》（台北：文史哲，民國75年），頁7云：「我國最早的圖書館，最早遠在商代便已成立。」

〔註3〕昌彼得，〈目錄學的意義〉，《版本目錄學論叢》（二）（台北：學海，民國66年），頁15言劉向在西元26年奉敕校中秘書，後向卒後，由劉歆繼續主其事，至編成《七略》，前後共二十一年時間，距今正約二千年。

〔註4〕（宋）鄭樵，《通志校讎略》，《中國目錄學料選輯》（台北：文史哲，民國70年），頁354，〈求書之道有八論〉。

〔註5〕況能富，〈中國十五至十八紀圖書館學思想論要〉，《武漢大學學報》（1984年四期），頁90言明邱濬著有〈訪求遺書疏〉及〈論圖籍之儲〉二文。

〔註6〕見（明）祁承㸁，《澹生堂藏書約》，《書目續編》（台北：廣文，民國57年。）。〈流

整理、典藏、流通各方面所提出的理論或方法。是故，中國古代雖無圖書館學之名，但對圖書館學研究的各項內容，均有學者研究並提出論述。吾人在吸取西洋圖書館學的體系及理論之時，如亦能對我國古代的圖書館史，特別是古人論圖書採購、典藏、流通等方法加以瞭解，相信必能得到寶貴的啟示。盧荷生在《中國圖書館事業史》一書中乃言：

> 我們可以從圖書館史中得到很多的啟示，不但幫助我們瞭解造成今日圖書館經營困境的原因，而且可以暗示大家突破瓶頸，創造光明遠景的途徑。圖書館經營成功的因素，有些是必須要採用的技術，有些是一定要堅持的原則。技術有時會因時制宜，而有不斷的改進；原則卻是常須備，還不大會改變的〔註7〕。

若論圖書館經營的技術，由於科技發展的日新月異，與資料的急速驟增，過去所使用的技術，早已不敷今日使用。但論及圖書館經營的原則，則古代的文獻中，多有論述，實足供吾人參考，以溫故而知新。

我國正史中所記載各朝的圖書館事業，均僅限於公家藏書事業，對於私人藏書家則略而不提。其實，我國古代的私人藏書事業，興盛不下於公家藏書，甚至可說是古代圖書館事業的主流。因為不論就藏家數量、藏書數量或就對社會學術的貢獻和影響等各方面來看，私人藏書都遠遠超過了公家藏書〔註8〕。所以私人藏書在中國文化史上的地位早被肯定，歷來學者也多有論及藏書家之貢獻者〔註9〕。茲引述潘銘燊先生在〈宋代藏書家考〉中所歸納之五點如下：

一、保存圖籍，傳留後世。
二、綴輯零編，裒輯遺文。
三、校讎眾本，是正舛誤。
四、借閱流通，嘉惠學林。
五、刊布善本，輯印叢書〔註10〕。

潘氏所言乃從私人藏書與社會文化的關係著眼，頗為完備。然筆者認為，除了以上五點外，私人藏書家對我國古代圖書館學及目錄學的發展，更有許多具體貢獻。前所提及的鄭樵、祁承㸁、孫從添、曹溶等，便皆為私人藏書家。自唐宋

通古書約〉及〈藏書紀要〉可見於《藕香零拾》第一冊內。

〔註7〕盧荷生，《中國圖書館事業史》，頁6。
〔註8〕見劉意成，〈私人藏書與古籍保存〉，《圖書館雜誌》（1983年三期），頁60。
〔註9〕關於歷來學者論及藏書家之貢獻者，可詳見於第一章第一節頁6～9所述。
〔註10〕〈宋代藏書家考〉，《華國》六期（民國60年7月），頁202。

以後，私人藏書家多編有藏書目，對於目錄學更有足多貢獻。昌師彼得在《中國目錄學講議》一書中便說：

> 入宋以後，私家藏書之盛，遠邁前代。官府編目，憚於更張，多尚因循，除明代因編纂草率，不分部外，其餘大抵仍遵循隋志四部，而略事增訂其類屬。私家編目，則頗有突出四部窠臼而另闢蹊徑者〔註11〕。

自宋以後的官修目錄，不但在體制或分類上，皆未能突破創新，且編製目錄愈加趨於簡略草率。尤以元朝異族入主中國，目錄之學幾乎不傳，以致元明兩朝的官修目錄，僅足稱之為「藏書賬簿」，毫無類例、體制可言〔註12〕。目錄學的重心，遂由官修目錄轉移至私家目錄。其中明末的藏書家祁承㸁，更可說對目錄學及圖書館學有多方面的貢獻。

祁承㸁，明末浙江山陰人。生於嘉靖四十二年（西元 1563 年），萬曆三十二年（西元 1604 年）進士。歷任寧國縣令，長洲知縣，吉安知府、宿州知州等職。天啟二年（西元 1622 年）升兵部員外郎，又遷河南按察僉事，兼河北少參，備兵磁州。崇禎元年（西元 1628 年）卒於江西參政任內。

祁氏生性極愛書，自年輕時便開始蓄書，其澹生堂藏書達十萬多卷，是明末江南首屈一指的藏書樓。其子彪佳及孫理孫、班孫等，也都續有書籍入藏，故澹生堂至少維持了祖孫三代的鼎盛時期，在明末清初的藏書樓中頗具重要性。澹生堂藏書不但極為豐富，且其中不少為人間罕覯秘冊〔註13〕，清初黃宗羲便曾親見祁氏藏書，歎其「真希世之寶也。」〔註14〕祁氏生前又勤於鈔書，據他所言，所鈔書不下二千餘本〔註15〕，這些澹生堂鈔本皆「校勘精核，紙墨潔淨」〔註16〕。是故自清以來，澹生堂的藏書及鈔本便素為藏書家所寶重。僅就其藏書內容言，便極具研究價值。

〔註11〕昌彼得，《中國目錄學講議》（台北：文史哲，民國 62 年），頁 63。

〔註12〕謝德裕，〈元明兩代官修目錄之簡率及其原因〉，《圖書館雜誌》（1985 年 3 月），頁 40。又昌彼得，〈中國目錄學的源流〉，《版本目錄學論叢》（二），頁 149，皆言元明兩朝官修目錄之草率簡略。

〔註13〕（清）趙昱，《春草園小記》，《武林掌故叢編》第五八冊（清光緒七年丁氏嘉年丁氏嘉惠堂刊本），〈曠亭〉條。

〔註14〕（清）黃宗羲，《思舊錄》，《黎洲遺著彙刊》（台北：隆言，民國 58 年），〈邱彪佳〉條。

〔註15〕黃裳，〈祁承㸁家書跋〉，《中華文史論叢》（1984 年 4 月），頁 266 附承㸁家書中言：「只如十餘年來所抄錄之書，約以二千餘本。」

〔註16〕（清）全祖望，《鮚埼亭集》外編卷二十，《四部叢刊》正編（台北：商務影印，民國 68 年），〈曠亭記〉。

　　而祁氏對圖書館學及目錄學，更有多方面的貢獻，且爲後代學者所一致推崇。錢亞新先生便曾論及祁氏是「一位有名的藏書家，優秀的目錄學家，卓越的圖書館學先驅者〔註17〕。」昌師彼得論祁氏則言：

> 　　他在圖書目錄學上的識見，比之宋代的鄭樵、清代的章學誠實毫無遜色，他對圖書愛好之深，採訪之勤，編目部次之精，都值得現代從事圖書館事業的人員來效法。他對類例及部次方法的創見，……也值得我們來慎思研究，溫故以知新〔註18〕。

其他學者也紛紛推崇祁氏在目錄圖書學上的成就〔註19〕。歸納祁氏在圖書館學及目錄學上的成就，至少有下列幾方面：

（一）就圖書採訪學言：

　　祁氏對於圖書的選擇、鑒別、採購各方面，都具有豐富的經驗，他乃將這些經驗，寫成了〈購書訓〉及〈鑒書訓〉二篇文字，這可說是我國最早專門討論圖書採訪的著述〔註20〕。其時代之早（西元 1612 年），甚至超過了西方第一部圖書館學的論述〔註21〕，而內容已相當成熟完整。故錢亞新評論其爲「對我國圖書館學一套理論和實踐的先驅」〔註22〕，實非過言。

（二）就圖書分類學言：

　　祁氏在〈鑒書訓〉中〈別品類〉一條，及〈庚申整書例略〉一文中，皆對我國舊有的圖書分類法，提出具體的批評及意見。並且吸收各家所長，發展出一個四部四十七類二百四十三目的的分類法，對舊有的四部分類，做了具體的修正及改進，因此頗獲得各家好評。如姚名達《中國目錄學史》中，評其對於《隋志》

〔註17〕錢亞新，「祁承㸁——我國圖書館學的先驅者」，《圖書館》，1962 年一期，頁 45。

〔註18〕昌彼得，「祁承㸁及其在圖書目錄學上的貢獻」，《版本目錄學論叢》（二），頁 227。

〔註19〕如況能富之「中國十五世紀至十八世紀圖書館學思想論要」。黃裳之「澹生堂二三事」，《社會科學戰線》（1980 年四期），頁 338～347。劉尚恒之〈中國古籍叢書概說〉，《文獻》十七（1981 年 3 月），頁 141～155 等文中，皆有論及祁氏在各方面的成就。

〔註20〕見（明）祁承㸁，《澹生堂集》卷十四（明崇禎八年祁氏家刊本），《藏書訓略》中有〈購書訓〉及〈鑒書訓〉。《書目續編》中《澹生堂藏書約》內亦有此二篇。在承㸁以前，只有（宋）鄭樵在《通志校讎略》中提出「求書之法有八論」，屬圖書採訪學之性質，但《校讎略》屬目錄學之範疇，而非專論圖書採訪之文。

〔註21〕西方第一部有關圖書館學的論著，據鄭肇陞譯，Jesse H. Shera 原著，《圖書館學概論》（台北：楓城，民國 75 年），頁 16 所言，爲 1627 年出版，較《澹生堂藏書約》著成時間爲晚，且內容較之簡略，詳見本論文第四章頁 128。

〔註22〕「祁承㸁——我國圖書館學的先驅者」，頁 46。

四部分類的修正最肯用心思且有所發明，分類也最爲詳悉恰當〔註23〕；來新夏《古典目錄學淺說》評其雖按四部分類，而其下多有新意〔註24〕；羅孟禎《中國目錄學淺編》則評其「類目詳悉，增刪恰當〔註25〕。」而祁氏在分類上最大的成就，乃在於將叢書獨立爲一類，較之張之洞《書目答問》獨立叢書爲部，要早二百五十多年〔註26〕，實不能不推崇他對圖書分類有卓越的見識。

（三）就圖書編目學言：

　　祁氏撰有〈庚申整書例略〉一文，其中提出的「通」、「互」二法，即後來章學誠所言之「別裁」與「互著」。這在中國目錄學史上，更是了不起的發明。所謂「通」，類似西洋編目學中的「分析法」，乃將文集或叢書中不同類別的專著，一一摘出書名，著錄於所當入的各類之中，並於其下註明原載某書或某集之內，以便於讀者檢閱。所謂「互」，類似於西洋編目中的「主題編目」及「參見」片，是將古籍中一些內容複雜，可歸屬二類或更多類的書，一一著錄於所當入的各類，以一類爲本類，其他則註明互見於某類，使一些難於歸類的書，得有妥善的分類，不至發生重複著錄或尋檢困難的問題〔註27〕。此二方法的發明，證明我國古代編目學的發展和成就，是遠遠超過同時期的西方國家〔註28〕。而祁氏發明這兩種方法時，正值我國目錄學最衰微的時期〔註29〕，他能有此突破及創新，實爲對目錄學極大的貢獻。

（四）就圖書管理及利用言：

　　圖書的管理是一種科學的觀念，古代由於少有這樣的觀念，故不論是公家藏書或私人所藏，都極易因管理不善，而燬於水火之災，或蟲蠹霉侵，更有因管理

〔註23〕姚名達，《中國目錄學史》（台北：台灣商務，民國70年），頁134。

〔註24〕來新夏，《古典目錄學淺說》（北京：中華，1981年），頁137。

〔註25〕羅孟禎，《中國古代目錄學簡編》（重慶：重慶出版社，1983年），頁102。

〔註26〕昌彼得與潘美月，《中國目錄學》（台北：文史哲，民國75年），頁226，言張之洞於光緒元年（西元1875年）編《書目答問》，較萬曆四十八年（西元1620年）《澹生堂藏書目》編成時間，晚255年。

〔註27〕（明）祁承㸁《澹生堂集》卷十四，〈庚申整書例略〉中之「通」與「互」條。

〔註28〕王重民，〈章學誠的目錄學〉，《文史》七輯（1979年12月），頁265言：「我國古代目錄的發展與成就，是遠遠超過了同時期世界其他文明國家，……這與我們在系統分類目錄的優良傳統上，又發現了互著別裁這一類著錄上的輔助方法，有很重要的關係。」

〔註29〕昌彼得與潘美月，《中國目錄學》，頁173言：「元朝可以說是我國目錄學衰微不振的時期。」又〈元明兩代官修目錄之簡率及其原因〉一文頁40言：「元明兩代的官修目錄，十分苟簡草率，直接影響了當時目錄學的發展。」

之法不嚴，而遭偷盜遺失者。祁氏極重視書籍的管理，除了定時曝晒修補外，從他的家書中，更可發現他對於藏書樓的建築都特別精心設計，爲研究古代藏書樓建築的最佳資料〔註 30〕。承爜尚有澹生堂藏書約，對於藏書的閱覽，明定規則，既可防止書籍散失，也便於隨時檢閱，實爲一套科學的管理制度〔註 31〕。在不甚重視管理制度的古代，祁氏能如此面面顧到，殊爲難得。

古代的藏書家雖多，但能像祁氏這樣，從圖書採訪、分類、編目、到管理及利用各方面，都各有見解，並且躬自實行的，實不多見。錢亞新先生乃推崇其爲我國圖書館學的先驅，並稱讚他說：

> 祁氏對于圖書，不論在聚書、讀書、覽別、購求上，不論在分類、
> 編目、典藏、借閱上，都有精辟的言論，獨到的見解，新穎的方法，可
> 行的規約。他不僅繼承發揚我國先哲有關圖書館工作中和目錄學上的優
> 良傳統，而且通過自己多年的實踐，創造了不少可貴的經驗。特別應強
> 調的，是他的一切活動，能以經世致用爲鵠的；所有的工作，能以理論
> 聯繫實際，不尚空談，這是值得我們老老實實恭恭敬敬向他學習的。我
> 國歷來的藏書家和目錄學家之所以異口同聲推崇祁氏的巨大成就，不是
> 幸致的，也不是偶然的〔註32〕。

錢氏對祁氏所作的批評，可說是相當全面而公正的，對於這樣一位難得的藏書家兼目錄學家，確有深入研究的必要及價值。唯祁氏子孫因紛紛參加明末清初的抗清起義，而遭致清廷的鎮壓及流放，導致祁氏門庭衰微，澹生堂藏書遂於清初漸次散失，至今仍存的藏書已非常稀少。而自清以來，有關於澹生堂的著述也甚罕見，只有全祖望《鮚埼亭集》中，有二、三篇短文略述澹生堂藏書星散的過程〔註33〕，趙昱在《春草園小記》及《九方集》中也略有提及澹生堂〔註34〕，另外黃宗羲及朱彝尊的著述中，雖偶提及澹生堂，然資料甚爲零星不完整，故至今想瞭解當時的藏書及散失情形，實倍加困難〔註35〕。

〔註30〕 〈祁承爜家書跋〉，頁 256～268，有〈藏書事宜付二郎、四郎奉行〉及〈起造事宜
　　　　又詳示四郎〉二篇家書，爲承爜囑兒建造藏書樓之信函。

〔註31〕 （明）祁承爜，《澹生堂集》卷十四，〈藏書訓約〉一篇即爲藏書閱讀、管理之法則。

〔註32〕 錢亞新，〈祁承爜──我國圖書館學的先驅者〉，頁 51。

〔註33〕 （清）全祖望，《鮚埼亭集》內篇卷十三有〈祁六公子墓誌銘〉，外篇卷十七有〈小
　　　　山堂祁氏遺書記〉、〈小山堂藏書記〉，卷二十有〈曠亭記〉等，均提到澹生堂藏書
　　　　事蹟。

〔註34〕 《春草園小記》在《武林尚故叢編》內，見註 13。《九方集》台灣不見此書，見李
　　　　宗侗〈曠亭讀書圖歌注〉，《華岡學報》二期（民國 54 年 12 月），頁 235～245 所引。

〔註35〕 （清）黃宗羲，《南雷文案》卷二，《四部叢刊》正編（上海，商務影印），〈天一閣

　　民國以來，一般學者或因澹生堂延續時間短，故對其並未加以重視。如袁同禮〈清代私家概略〉一文中論明代私家藏書對清朝的影響時便說：

　　　其歸然獨存而又影響於清代藏書者，則范氏天一閣，及毛氏汲古閣

二家而已〔註36〕。

陳登原《古今典籍聚散考》論明代藏家時，對萬卷樓、天一閣、脈望館、天籟閣等均分別論之，獨未提祁氏之澹生堂〔註37〕，顯然並未對澹生堂加以重視。而祁氏在圖書目錄學上的諸多著作，如《澹生堂藏書約》、〈購書訓〉、〈鑒書訓〉，及〈庚申整書小記、例略〉等，也一直乏人討論。直至姚名達著《中國目錄學史》，才開始對祁氏在分類編目上的成就加以重視〔註38〕。姚氏之後，首先對祁氏作一綜合全面研究的，便是錢亞新氏所著〈祁承㸁—我國圖書館學的先驅者〉一文，錢氏文中將祁氏的貢獻，歸納為聚書讀書、鑒別購別、分類編目、典藏保管與閱覽出借五點，分別加以討論，可說相當完整，但所論不夠深入，僅為一介紹性的敘述〔註39〕。其後昌師彼得撰有〈祁承㸁及其在圖書目錄學上的貢獻〉一文，介紹祁氏的生平、藏書事蹟、求書方法、分類編目及著述各方面，亦為對祁氏作全面性的概述〔註40〕。

　　由於祁氏的成就是多方面的，故亦有研究其某方面成就的著述。如大陸的黃裳先生，早在民國四十年時，就搜集了一些關於澹生堂藏書的故實，寫成〈遠山堂明曲品劇品校錄後記〉一文，主要在敘述澹生堂的歷史背景及澹生堂中的曲藏，對於民國四十年前後，大陸散出許多澹生堂遺書的經過始末，更予詳細披露〔註41〕，由於這篇寶貴的記述，使我們知道澹生堂藏書雖有大部份星散，卻仍有一小部份被祁氏子孫保存了三百年，才在大陸變色之後散出。黃氏並未見到祁氏遺書的全部，謝國楨先生在《江浙訪書記》中有〈記祁彪佳所著書〉一文，將南京圖

　　　藏書記〉內有言祁氏藏書之下落，又（清）朱彝尊的《明詩綜》（台北：世界影印）
　　　及《靜志居詩話》（清嘉慶廿四年靜志居刊本）中，有祁承㸁之傳。
〔註36〕袁同禮，〈清代私家藏書概略〉，《圖書館學季刊》一卷一期，（民國15年3月），頁
　　　31～38。
〔註37〕陳登原，《古今典籍聚散考》，《書目類編》第九六冊（台北：成文，民國67年），
　　　頁310～316。
〔註38〕就現存各種資料看來，姚氏是第一個對《澹生堂藏書目》及〈庚申整書例略〉提出
　　　評論的。
〔註39〕〈祁承㸁——我國圖書館學的先驅者〉，頁45～51。
〔註40〕昌彼得，〈祁承㸁及其在圖書目錄學上的頁獻〉，《版本目錄學論叢》（二），頁279
　　　～310。
〔註41〕黃裳，〈遠山堂明曲劇品校錄後記〉，《銀魚集》（北京：三聯，1985年，頁307～331。

書館所藏祁彪佳遺書記錄下來，可爲黃文之補充〔註42〕。

　　黃氏後來又寫了〈澹生堂二三事〉及〈祁承爜家書跋〉二文，補充關於澹生堂書的史料，然黃氏亦言有關澹生堂的資料不多，研究甚爲困難〔註43〕。最難得的是，黃氏將他所購得的三十二封承爜親筆家書，全部公開，這其中有承爜晚年在河南作官時藏書、鈔書的詳細情形，及新建藏書樓紫芝軒的建築樣式的敘述，都是《澹生堂集》中所沒有的。正好補足了承爜晚年資料的不足之處〔註44〕。

　　對祁氏在目錄學及藏書的方面的著述，加以研究的，則有昌師彼得及況能富先生，昌師彼得在〈互著與別裁〉、〈章實齋的目錄學〉、〈中國目錄學的源流〉、〈中國目錄學的特色〉等文中，都有就祁氏「通」、「互」二法特別提出加以討論的〔註45〕。況氏則在〈中國十五世紀至十八世紀圖書館學思想論要〉一文中，將祁氏列爲其所言第二階段「圖書館整理說」的代表，並略爲分析《藏書約》及〈整書小紀〉、〈例略〉的內容〔註46〕。

　　以上諸文中，除了昌師彼得對於祁氏「通」、「互」二法有較深入詳悉的研究外，其餘皆屬概略性之文字，尤其對於祁氏一家的生平事蹟，藏書內容及藏書散佚情形，均未作有系統並深入的探討。爲表彰前賢，使祁氏在圖書目錄學上的貢獻，能被瞭解及獲得肯定，雖資料甚爲有限，仍將不揣淺陋，盡力搜集有關祁氏的各種資料，包括祁氏本身的著作、傳記、藏書目等，並清代以來有關祁氏及澹生堂的各種論述，以歷史研究法詳加分析綜合，期能使祁氏一家的生平事蹟，及澹生堂的歷史，完整的呈現出來。對於祁氏在圖書分類和編目上的成就，則以其藏書目和相關論述爲主，詳加分析其內容和方法，並以歷代各書目的分類及體例，互爲比較，以評其優劣得失，傳承影響。至於祁氏在圖書選擇、鑒別、採訪、管理各方面的成就，由於在祁氏以前，並沒有較完整的論述可供比較評論，故乃從現代圖書館學的角度，來評論其在這幾方面的成就。

　　本論文分爲六章，首章緒論，探討明代私家藏書的重要性及明代目錄學的背

〔註42〕謝國楨，〈記祁彪佳所著書〉，《江浙訪書記》（北京：三聯，1985年）。

〔註43〕黃裳，〈澹生堂二三事〉，《社會科學戰線》1980年四期，頁338～347。

〔註44〕黃裳，〈祁承爜家書跋〉，《中華文史論叢》1984年四期，頁233～284。黃裳在跋文後附上三十二封家書的原文，爲天啓元年到四年間，承爜在北方作官時所寫。由於《澹生堂集》中天啓元年之後的資料很少，故這些家書正補足了《澹生堂集》所缺之處。

〔註45〕以上各文俱收於昌師之《目錄版本學論叢》第二冊中。

〔註46〕況能富，〈中國十五至十八世紀圖書館學思想論要〉，《武漢大學學報》1984年四期，頁92～93。

景。次章爲祁氏生平傳略，簡述祁氏之家世生平，交游著述及子孫事略。第三章論澹生堂藏書的源流始末、內容特色、子孫續藏及散佚狀況。第四章論祁氏在圖書選擇、鑑別、採訪、整理及利用各方面的成就。第五章及第六章，分別論祁氏在圖書分類及編目上的成就，最後並附以祁承爍及澹生堂事蹟編年。

　　由於本論文屬圖書館學研究所之論文，然所論內容則屬中國目錄學之範疇，爲兼顧此兩種不同的學術體系，最末所附參考書目，將分別依圖書館學及目錄學的格式排列之，以見二者體係之不同。

第一章　緒　論

第一節　論明代私家藏書之重要性

我國的歷史悠久，文化昌明，典籍文獻的產生源遠流長，藏書事業也因此興起甚早，且十分發達。盧荷生先生曾著《中國圖書館事業史》一書，專論我國古代圖書館事業的成就〔註1〕。唯盧先生一書乃專論古代公家藏書事業，即各朝的皇室藏書，其〈書前綴語〉中言：

> 至於各朝的私人藏書，歷代以來也多有成就，有時甚至不下於宮廷藏書，可是他們的發展，在當時來說，似乎還不宜視爲圖書館事業的一部份，故亦從略〔註2〕。

盧先生之意，當以古代私人藏書，只代表個人私有財產，不足以視爲圖書館，故從而略之。關於此點，是否正確而客觀呢？我國古代公、私藏書事業，究竟孰者貢獻較大呢？洪有豐氏在〈清代藏書家考〉一文中早有評論。洪氏曾評我國古代公家藏書事業之過有二：

> 其一是不能公之於群眾，僅爲當時帝王之私有財產。深扃秘藏，徒供朽蠹而已。

> 其二是皇室之藏最終皆敵佚於國朝傾覆，兵燹戰亂之間，靡有孑遺。即令新朝繼起，廣徵民間進獻書籍，亦僅爲粉飾承平文治之工具，甚至藉以進行《禁書》之工作，無助於學術文化之推廣〔註3〕。

其實只要談到我國古籍文獻，必定要論到文獻的散失。自《隋書》〈牛弘傳〉

〔註1〕盧荷生，《中國圖書館事業史》（台北：文史哲，民國75年）。

〔註2〕同前註，頁3。

〔註3〕洪有豐，〈清代藏書家考〉，《圖書館學季刊》一卷一期（民國15年3月），頁39。

起，就有所謂的「圖書五厄」，到明朝胡應麟更廣爲「圖書十厄」〔註4〕，這些歷朝因內亂外患所遭到浩劫的圖書，多屬於皇室的藏書。然而朝廷遭異代變亂，連國家生命都難保全，書籍的損失自也在所難免。古代皇室在維護保存文獻上最大的過失，更莫過于歷史的「書禁之厄」了。張舜徽在論〈古代文獻的散亡〉時曾說：

古代文獻的散亡，絕不是歷代兵燹和焚禁這一類「有形的摧毀」所能

絕滅的；它的不免散亡，自以「無形的摧毀」所造成的損失爲最大〔註5〕。

張氏將無形的摧毀分爲「無意識的」及「有意識的」二種。無意識的摧毀書籍，大半體現於歷代皇帝設館大規模修書的工作。如元朝戈直著《貞觀政要集論》中言：

太宗興起斯文，命顏師古考定五經，孔穎達撰定疏義。易主於安國，

詩主於毛鄭，三禮主於康成，杜預之左傳，何休之公羊，范寧之穀梁，

皆卓然顯行於世，而其他數十百家盡廢〔註6〕。

由於五經之考定，遂使古來廣傳之其他各家注疏廢而不行，故張氏謂之「無形的摧毀」。

有意識的摧毀則是用「稽古右文」，「採訪遺書」的幌子，來施行查禁圖書的政策。每逢異代之後，新朝君主基於政治理由，都要藉「採訪遺書」、「廣徵文獻」爲由，實行書禁工作。其中實施最廣，爲禍最烈的，當屬清初之修《四庫全書》，吳哲失先生《清代禁燬書目研究》一書中言清代書禁之厄的情形：

清室燬書運動，爲一有計畫有步驟之工作，康熙時即有「民間藏書

秘錄，務期搜訪罄盡，以免異端僞說，流播民間」之詔。雍正復設浙江

等處觀風整俗使，以實行其監督江浙一帶學人思想行動。高宗更命軍機

處，紅本處主禁書之書，又專立四庫書館；用以檢閱全國古今著作，並

運用爪牙之督撫官吏，凍結之生員，派赴全國，徹頭徹尾，進行「覓尋」、

「收購」、「查訪」〔註7〕。

這種燬書運動到了乾隆皇帝修《四庫全書》時，達到了最高潮，也實行最徹底。先是以「古今來著作之手，無慮數千百家。或逸在名山，未登柱史。正宜及時探集，彙送京師，以彰千古同文之盛」爲由，命各省督撫加意購訪，其後又以「書

〔註4〕 （唐）魏徵，《隋書》卷四十九（台北：鼎文，民國64年），〈牛弘傳〉論書有五厄
爲始皇焚書，王莽之亂，董卓之亂、五胡之亂及梁元帝焚書。明朝胡應麟，《經籍
會通》卷一，《少室山房筆叢》（清光緒卅二年廣雅書局刊本），又續五厄爲楊廣毀
書、安史之亂、唐末戰亂、靖康之災及紹定之禍。十厄所毀之圖書皆屬皇室藏書。

〔註5〕 張舜徽，《中國文獻學》（台北：木鐸，民國72年），頁26。

〔註6〕 （元）戈直，《貞觀政要集論》（明成化四年內府刊本）。

〔註7〕 吳哲夫，《清代禁燬書目研究》（台北：嘉新水泥，民國58年），頁18。

中有忌諱字並無妨礙，妄誕字句亦不過將書燬棄，不必收存」等言爲餌，最後卻將有礙於清廷之書「盡行銷燬，以正人心而厚風俗」〔註8〕，達到其禁燬書籍的目的。這樣以「廣徵文獻」來達到其政治目的，雖然也保存了一部份的古書，但因政治原因而被禁燬的書卻不知多少，則公家藏書在保存古籍的層面上，實遠不及私人藏書來得廣。

　　所以後代學者多認爲就學術發展及社會貢獻而言，私人藏書事業爲功較大。如洪有豐氏便舉藏書家裨益學術，貢獻社會者有下列四端：

　　一爲讎校鈔藏之精，二爲利便好學之士，三爲多自致於深造之學問，四爲保存傳留希貴之典冊〔註9〕。

　　潘師美月亦言：

　　　　皇室收藏深扃禁宮，不啻帝王之私有財產，除近侍及大臣尚可得一窺外，不能公之大眾，故其影響尚未甚大。然一般士大夫憑藉稍厚，每於昇平之際，肆意蓄書，往往積至數十萬卷，奇文秘籍，不乏內府所無者。且私家藏書多精讎慎勘，蓄意丹黃，秘冊借鈔，奇書互賞，甚者建書院，買田市書，以待來者，利便好學之士，其於學術之發展，社會之貢獻甚溥〔註10〕。

　　蓋私人藏書雖爲藏書家之私有財產，未如今日之圖書館以開放使用爲目的，但藏書家之間，則多有彼此傳鈔，互易書籍，借閱他人之行，亦達到書籍流通之目的。且楚人亡弓，楚人得之。一家之書既散，復爲他家所得，亦促進社會間書籍之流通與學術之廣傳。是故劉意成〈私人藏書與古籍保存〉一文言：

　　　　應該說，私人藏書是我國古代圖書館事業的主流，因爲不管從藏家數量，藏書數量，還是從社會作用和影響來看，私人藏書都遠遠超過公家藏書，書院藏書和寺觀藏書，他們對保存古籍是有貢獻的〔註11〕。

私人藏書事業既如此之重要，對歷代藏書家作有系統的研究，瞭解藏書家的藏書活動，對書籍的訪求、整理、鈔錄校讎，乃至於分類、編目、流通、利用等等，是研究我國古代圖書館史的當務之急。

　　我國私人藏書的起源甚早，《莊子》〈天下篇〉稱「惠施多方，其書五車」，可

〔註 8〕以上引文俱見（清）紀昀，《四庫全書總目提要》（台北：商務），卷首聖諭乾隆37～39年〈上諭〉。
〔註 9〕洪有豐，〈清代藏書家考〉，頁40～41。
〔註10〕潘美月，《宋代藏書家考》（台北：學海，民國69年），頁1。
〔註11〕劉意成，〈私人藏書與古籍保存〉，《圖書館雜誌》七期（1983年9月），頁60。

知當時民間已有私人藏書。而藏書之風大盛，則是受宋朝以後雕版事業興盛的影響。潘師美月在《宋代藏書家考》一書中便說：

> 私家藏書之豐，至宋代而大盛，宋初承五代搶攘之後，公家藏書零落，反有賴於私人之藏，加以雕版流行，得書較易，藏書之家、指不勝屈。士大夫以藏書相夸尚，實開後世學者聚書之風〔註12〕。

潘師在《圖書》一書中亦言，兩宋是雕版印刷的黃金時代〔註13〕。兩宋以前，版刻只限於佛經、九經之書，自宋而後，圖書出版普及各門類，這使一般書籍皆能廣爲流傳，也提升了私人藏書的能力。因此宋代在私人藏書史上，是一個開風氣的時代。可惜由於宋朝國力積弱不振，屢爲外強所侵，最後不但落入異族的統治，兩宋的圖書文物，也率多燬於兵荒馬亂之中。宋朝藏書之風以江浙地區獨盛，王獻唐曾說：

> 大抵中國文化分野，在秦漢以前，完全爲東西文化，永嘉南渡之後，則爲南北文化。此南北文化之中心，尤偏在南方，試就各藏書家簿錄，逐一檢查，舉凡長編巨冊，秘冊孤編，十之七八，胥在江浙藏書家中〔註14〕。

潘師在分析南宋末季的藏書家地理分佈時，也發現以浙江省獨盛，遠超其他諸省〔註15〕，可是項士元〈浙江藏書家考略〉一文中卻說：

> 自宋亡後，浙省文物陡衰，故元代省內藏書家殊鮮〔註16〕。

葉昌熾《藏書紀事詩》中，元代的藏書家也僅十數人耳。蒙古統治中國所造成文化的摧殘實甚大也。在宋代盛極一時的藏書事業，也因此中斷而未能延續。使我國藏書事業振衰起敝，達到復興而趨於極盛的關鍵，是明代私人藏書事業。明代的私人藏書，是明代藏書事業的特色。在藏書家的數量上，遠超過宋代〔註17〕，又下開清代的藏書之風。其影響及貢獻實莫大焉。茲分述明代私家藏書的重要貢獻及影響，有以下幾點：

一、補足明代官府文獻保存工作之缺失

明太祖推翻元朝時，順帝倉皇北走，宮中藏書多未損失，故明室得有宋遼金

〔註12〕潘美月，《宋代藏書家考》，頁2。

〔註13〕潘美月，《圖書》（台北：幼獅，民國75年），頁67。

〔註14〕王獻唐，〈海源閣藏書之損失與善後處理〉，《山東圖書館學季刊》一卷一期（民國20年3月），頁13。

〔註15〕《宋代藏書家考》，頁28。

〔註16〕項士元，〈浙江藏書家考略〉，《文瀾學報》三卷一期（民國26年3月），頁3。

〔註17〕潘師《宋代藏書家考》一書收入宋代著名藏書家有一二六人，而《中國古典文獻學》（台北：木鐸，民國72年），頁221，則統計明代著名藏書有四二七人。

元四朝遺書，數量爲歷代之最多。至永樂十九年明成祖遷都北京時所統計，共約二萬餘部，近百萬卷，宏富遠超前代﹝註 18﹞。但明太祖因胡惟庸案之故，竟於洪武十三年罷置秘書監而併入翰林院，使這個自東漢桓帝以來延續了一千二百年的專司藏書機構，就此消失﹝註 19﹞，因而影響了有明一代的公家藏書事業。自英宗正統以後，就因保管不善致使文淵閣中舊籍日漸流散，到神宗萬曆之時，張萱以原《文淵閣書目》檢校閣中藏書，竟已經十不存一了﹝註 20﹞。可見閣中書籍流散情形之嚴重。張璉在〈明代中央政府圖書的收葳與散佚〉一文中，論及其圖書散佚的原因有四：

一爲毀於祝融。如永樂十九年三殿閣失火，正統十四年南京文淵閣失火，西苑文淵閣更曾經失火三次。僅這五次大火，圖書就已損失大半。

二爲毀於蟲蠹。如明劉若愚〈內板經書紀〉略云：「凡司禮監廠肆內，所藏祖宗累朝傳遺秘書典籍……即庫中見貯書之書，屋漏浥損，鼠嚙蟲巢，有蛀如玲瓏板者，有塵霉如泥板者，放失虧缺，日甚一日……若以萬曆年初較，蓋已什滅六七矣。」人爲保管不善，一任蟲蠹霉侵，安能保存長久？

三爲偷盜書籍書板。掌書之人不知珍惜愛護圖書，官書官板，非據爲己有，就是變賣市肆，任人竊取。甚至劈毀書板以禦寒者，對待書籍之不善，罪莫大焉。

四爲戰火之破壞。以崇禎末年流寇李自成橫闖北京，焚燬大內宮殿而延及內閣秘藏爲禍最烈﹝註 21﹞。

統觀明朝內府藏書，初則廢置秘書監，破壞了一千多年以來設置專職典藏機構的制度；繼則管理不善，使書籍燬於祝融蟲蠹，又遭人偷竊變賣，劈板爲柴；最終則盡燬於流寇之亂。對保存文化而言，有過而無功也。

明朝私人藏書家，對圖書的搜集、愛護、利用各方面，則均非官府所能望及，由以下幾點就可顯見其間之差別：

一、爲窮搜博采，傾囊而出。如宋濂〈神道碑〉中言曾魯「聞有僻書隱牒，不憚道遠，必購得之。」又如袁翼「聞有異書，輒奔走求之，餅金懸購，至解衣

<hr />

﹝註 18﹞（清）孫承澤，《春明夢餘錄》卷十二（清光緒九年廣州惜分陰館刊本）。

﹝註 19﹞見（清）張廷玉等，《明史》卷七十三（台北：鼎文，民國 69 年），〈職官二〉內所記：「洪武三年置秘書監，秩正六品，除監丞一人，直長二人，尋定設令一人，丞、直長各二人，掌內府書籍。十三年併入翰林院典籍。」

﹝註 20﹞參見昌彼得與潘美月，《中國目錄學》（台北：文史哲，民國 75 年），頁 178～179，〈內閣藏書目錄〉。

﹝註 21﹞張璉，〈明代中央政府圖書的收藏與散佚〉，《中國圖書館學會會報》三十六期（民國 73 年 2 月），頁 201～203。

爲質弗解〔註22〕。見其搜購圖書之不計財力。

　　二、爲勤於借鈔，精於讎校。明代藏書家多精於校讎鈔錄，孜孜不倦，故明以來的鈔本，爲後代藏書家所秘寶。《書林清話》中便舉叢書堂、玉蘭堂、鬱岡齋、野竹齋、七檜山房、澹生堂、汲古閣各家鈔本例〔註23〕。精鈔本可補刻本流傳稀少之缺，也可正刻本訛謬脫誤之失，對文獻之保存及考證，均有莫大貢獻。又明藏書家焦竑「藏書兩樓，五楹俱滿，一一校讎探討」〔註24〕，則爲明人精於讎校之例。

　　三、爲斷簡殘編，親手補綴。如陸深遇書「間有殘本不售者，往往廉取之，故其書多斷缺，缺少者手自補綴〔註25〕。」沈節甫「即有殘本，必手自訂補，以成完帙〔註26〕。」足見其護書之勤。

　　四、爲詳加考據引證。如陸伸「自先世積書數萬卷，每書必疏其略於下方，間有考證，亦隨筆之〔註27〕。」又如徐自定「家世藏書，與其弟自寧考訂，古今及覆辨難〔註28〕。」

　　五、爲選擇善本、廣爲翻刻。《圖書版本學要略》一書言：

　　　　明正嘉間，覆刻宋本之風頗盛，而以吳中爲最著，且大率出於私家。……其流傳至今，而爲藏家所重者，則有吳郡沈辨之野竹齋之韓詩外傳，錫山安國桂坡館之顏魯公文集，震澤王延喆之史記，……〔註29〕。

翻刻善本，廣其流傳以嘉惠士林，其功甚大也。

　　六、爲保管有方，防火防蠹。如黃虞稷「能守先世之藏，夏必曝，蠹必簡〔註30〕。」防火之措施，則以天一閣最有名：「其閣四面皆水，讀者不許夜登，不嗜煙草，故永無火厄〔註31〕。」

　　僅由以上幾點，就可知明代藏書家，無論在圖書的搜集、校讎、鈔錄、修補、刻書或管理各方面，都不遺餘力，竭盡所能地維護珍愛古籍。適可補明代官府藏書事業的缺失，其對待古籍的態度，亦遠非官府所能比擬的。

〔註22〕汪闓，〈明代蟫林輯傳〉，《圖書館學季刊》七卷一期（民國22年3月），頁1，18。
〔註23〕葉德輝，《書林清話》卷十（台北：世界，民國72年），頁275，〈明以來之鈔本〉。
〔註24〕（明）祁承㸁，《澹生堂藏書約》，《書目續編》（台北：廣文，民國75年）頁35。
〔註25〕〈明代蟫林輯傳〉，頁15。
〔註26〕〈明代蟫林輯傳〉，頁35。
〔註27〕〈明代蟫林輯傳〉，頁18。
〔註28〕〈明代蟫林輯傳〉，頁20。
〔註29〕屈萬里與昌彼得原著，潘美月增訂，《圖書版本學要略》（台北：文化大學，民國75年），頁59。
〔註30〕葉昌熾，《藏書紀事詩》卷三（台北：世界，民國69年），頁156。
〔註31〕《藏書紀事詩》，頁115。

二、端正明代社會風氣，並影響考據學之興起

袁同禮〈明代私家藏書概略〉一文中言：

> 明代自姚江倡致良知之說，學者漸忽讀誦之功，學術空疏，風氣墮
> 落，學者束書不觀，猖狂自肆。虛僞之習，靡然全國。然二百年間，頗
> 多縹緗之貯，對於空疏之習，多所糾正〔註32〕。

明代學風之敗壞，素爲後人詬病。林慶彰在《明代考據研究》一書中便說：

> 其時（指明代）之科舉仍以朱學爲準，而命題則略倣宋經義，行文
> 則倣古人語義，體用排偶，謂之八股文，通謂之制義、時文。此種制度
> 箝制明代士人之思想甚鉅，亦此後學風泛濫之主因也〔註33〕。

到王陽明倡「致良知」一說後，學風敗壞更甚於前，林文言：

> 陽明之弟子之遍全國，有浙中、江右、泰州三大派，浙中派之王畿
> （龍溪）等，更單提「致良知」一事，主張現成良知，遂至猖狂而不自知。
> 泰州派更將王學之自由解放精神發揮至盡。此即後人所謂王狂禪也。……
> 就陳獻章、王陽明之掙脫宋學桎梏，開創新學風言，乃是一種求解放，求
> 自由之運動。然王門弟子單提陽明狂放之處而肆意發揮，其弊也生。至隆
> 慶、萬曆以後，人心散壞，禮法蕩然，蓋王學末流有以導之也〔註34〕。

可見受了科舉制度採八股制義，以及陽明末流解放精神猖狂自肆的影響，明代的
社會風氣，敗壞極甚。幸虧社會間尚有些學者嗜好藏書，對於敗壞之風，空疏之
習，能有所糾正，這是明代私人藏書事業的另一貢獻。明代著名的學者如宋濂、
茅坤、王世貞、歸有光、胡應麟、焦竑、曹學全等，亦皆爲當時的藏書家，可見
藏書與學術文化的關係至鉅。這些藏書家中，更有不少是當代考據學家，是故林
慶彰認爲，藏書之風有助考據學的興起：

> 由於士人好奇，加以江南經濟之富庶，藏書之風甚熾。成化以降，
> 如朱存理、楊循吉、何良俊、陸傑、王世貞、范欽、項元汴等，皆藏書
> 甚富。萬曆以後，如胡應麟、焦竑、趙琦美、錢謙益、祁承㸁、紐世玉、
> 陳第、謝肇淛、徐㷓、曹學佺，並爲藏書大家。其中如王世貞、胡應麟、
> 焦竑、謝肇淛、徐㷓等，亦以考據名家。於此足證考證之風與藏書之關
> 係〔註35〕。

〔註32〕袁同禮，〈明代私家藏書概略〉，《圖書館學季刊》二卷一期（民國17年3月），頁1。
〔註33〕林慶彰，《明代考據學研究》（台北：學生，民國72年），頁15。
〔註34〕《明代考據學研究》，頁17。
〔註35〕《明代考據學研究》，頁25。

由此可知明代藏書事業，對端正當時社會風氣及考據學的興起，皆有貢獻。

三、下開清朝私家藏書之風

　　清朝是我國私家藏書事業的顛峰時期，藏書大家輩出。島田翰在「皕宋樓藏書源流考」一文中曾述及清朝私家藏書之盛況：

> 　　康雍乾嘉，流澤益衍。浙東西有靜惕、潛采、雲在、道古、小山、振綺、瓶花、開萬、壽松、知不足、拜經、向山、蛛隱、漢唐、文瑞。吳會有樸學、紅豆、桂宧、小玲瓏、來雨、陶盧、滋蘭、稽瑞、愛日。河北則有沽水、晤門、萬卷、笥司、寶蘇、南澗，卿雲輪囷、芸籤縹帶。足以與絳雲、延令、傳是、士禮掩前絕後之藏相發明〔註36〕。

清末號稱「天下四大藏書家」的瞿楊丁陸四家藏書，對於古典文獻的整理考訂、集結收藏、流通傳播等，更有重大的影響〔註37〕。是故清朝藏書家對我國古籍保存的貢獻最為直接，影響也最大。但若無明末藏書之風的形成，推波助瀾，造成氣候，也難興起這股浪潮。故洪有豐論清代藏書之風興盛的原因時，首言受明末藏書家的影響：

> 　　明季藏書已漸成風尚，如匯載、懸磬、七檜、脈望、世學、天一、澹生、仁雨、小宛、千頃、汲古、絳雲諸家；有至清猶存者。而清代江浙二省，有千頃、天一、世學、澹生、汲古、絳雲等開其端，惟藏書之風，尤冠他處。亦一時風會所趨也〔註38〕。

柳詒徵《中國文化史》一書中亦言：

> 　　（明）士大夫咸以嗜書殖學為務，故能上詔唐宋，而下開有清之文治〔註39〕。

清朝藏書之風，亦以浙江獨盛。項士元說明其原因之一為：

> 　　因明亡飽經喪亂，藏書之家，多不能守。浙江交通便利，物力較裕，于是書估麕集，有力之家，可以不煩走訪而書自聚〔註40〕。

明末的藏書樓，有不少燬於明末清初之際。對其本身而言，雖是極大不幸，但卻間接促成書籍群集於市面，反有益於清初藏家對典籍的搜羅，更促進了清初藏書

〔註36〕（日）島田翰，《皕宋樓藏書源流考》，《藏書紀事詩》等五種內，頁5～6。
〔註37〕《中國古典文獻學》，頁226。
〔註38〕〈清代藏書家考〉，頁42。
〔註39〕柳詒徵，《中國文化史》冊二（台北：正中，民國67年），頁354。
〔註40〕〈浙江藏書家考略〉，頁7。

之風的興起。

四、促進清朝藏書家對版本的重視，而影響版本學之興起

　　一般論版本學興起之源始，均首推清初錢曾所作的《讀書敏求記》，討論繕寫刊雕之工拙，開賞鑑書志之先河〔註41〕。自是而後，藏書家購書均講求版本源流，蔚成清朝重視版本的風氣，版本之學遂興起而大盛。其實重視版本風氣，乃始自明末。昌師彼得論版本學興起的原因言：

　　　　我國雕版印書，肇始於唐代，迄宋而大盛。然而一直到明正德年間以前，還未聽說有特別珍視宋版者。自明代中葉以後，覆刻宋版的風氣甚盛，藏書家開始寶重宋刻。……如嘉靖年間華亭朱大韶用所寵愛的美婢向人交換一部宋版後漢記，萬曆時蘇州的王世貞賣了一座田莊，為的是收購一套宋刻兩漢書。……到了清代，錢牧齋謙益、季滄葦振宜等人復倡之於前，黃堯圃丕烈，吳兔牀騫等更推波逐瀾於後，不僅寶宋，而且珍元〔註42〕。

葉德輝在《書林清話》中，更說明二者間的直接關係：

　　　　國朝藏書尚宋元板之風，始於虞山錢謙益絳雲樓、毛晉汲古閣。……絳雲火後，其書多歸從子晉。述古堂、也是園兩目具存，可知其淵源受授〔註43〕。

可知重視版本的風氣，始於明代中葉。到了明末錢謙益及毛子晉，更特重宋板舊槧。這對錢曾作《讀書敏求記》，造成有清一朝特重版本的風氣，確有直接的影響。今日版本研究已成為一門獨立的學問，論其源始，則仍當推之於明代藏書家重視宋板的風氣也。

第二節　論明代目錄學的背景及特色

　　明代藏書事業既如此興盛，目錄書的編撰也十分的豐富。《千頃堂書目》中所著錄明代私家目錄，有五十餘部，數量委實不少。這是否意味當時的目錄學發達呢？然論者多以元明兩朝為我國目錄學最衰微的時期。《中國目錄學》一書中便說：

〔註41〕《中國目錄學》，頁61。
〔註42〕《中國目錄學》，頁59～60。
〔註43〕葉德輝，《書林清話》卷九，頁254，〈吳門書坊之盛衰〉。

　　　　元明兩朝可以說是我國目錄學衰微不振的時期，一般整理藏書編目的，大多視書目為供檢點的賬簿，不僅沒有產生過能合乎我國目錄學標準體制的目錄，能求其類例清晰，部次有條理，已經算得上難能可貴了。至於對錄略之學作理論上的發明，則更不多見，但自分類而言，卻是一個解放的時代〔註44〕。

　　何以明代藏書事業興盛，編撰的目錄書也遠多於前代，在目錄學史上卻稱做衰微時期呢？分析其原因，當有以下兩點：

一、目錄學本身漸次衰微的影響

　　我國的目錄書，無論在體例上或分類上，都十分具有特色。這些特色早在劉氏父子向歆編著《別錄》、《七略》時，已定下了良好的楷模。就體例言，目錄書必有篇目以概括一書本末；有敘錄以考述作者行事及論析一書大旨、得失；每類之前必有小序以敘述一家一派之源流〔註45〕。

　　就分類言，劉歆《七略》乃依學術的源流將古書分為六類。這使得目錄書能達到「辨章學術、考鏡源流」的意義〔註46〕。

　　可是劉歆之後的目錄書編纂者，多未能繼承向歆父子所定目錄書體例和分類的標準，使後代的目錄書，或多或少均有某種程度的變質。高路明在〈古代的目錄〉一文中說：

　　　　隨著時代的變化，目錄的含義也逐步演變，到了晉代以後，目錄不但不包括序，而且不包括篇目，變成只記書名了〔註47〕。

高氏之言雖不盡正確，晉代以的目錄書，仍有一些是體例完善的，如王儉《七志》、阮孝緒《七錄》、唐代《群書四部錄》、《古今書錄》，及宋代《崇文總目》等，均兼具小序及敘錄〔註48〕，但無可否認，大多數的官修目錄，確實成了只記書名、著者、卷數的「藏書目」而已。昌師彼得在《中國目錄學》一書中論敘錄體制的流變言：

　　　　劉向敘錄，是後世撰著目錄者所師法的，然而能與劉向所立的義例

〔註44〕《中國目錄學》，頁 173。
〔註45〕《中國目錄學》，頁 37。
〔註46〕（清）章學誠，《校讎通義》卷一，《中國目錄學資料選輯》（台北：文史哲，民國 70 年），頁 553。敘言：「校讎之義，蓋自劉向父子，部次條別，將以辨章學術，考鏡源流。」
〔註47〕高路明，〈古代的目錄〉，《文獻》十期（1981 年 12 月），頁 255。
〔註48〕參閱《中國目錄學》一書內介紹。

完全相合的實甚罕見。……宋代以降的敘錄之作，能紹述別錄的，祇有清乾隆間所修的《四庫總目提要》。其他如宋代的《崇文總目》，晁氏《郡齋讀書志》、陳氏《直齋書錄解題》、明高儒《百川書志》等，大多僅撮述各書的大旨，……爲例已不純〔註49〕。

論小序體制的流變則說：

　　　自《漢書藝文志》以降，歷朝的官私目錄，於每類皆撰有小序者，各代偶或有之。而求其小序能辨章學術、考鏡源流者，實不多見〔註50〕。

由此可知，後代目錄書在體例上能紹述錄略，有所發揚者實甚少，且時代愈晚，編撰愈趨簡略，到了明代就多成爲只記書名卷冊的藏書賬簿了。

在分類上，劉歆所創的六分法，到後代也起了改變。〈中國目錄學的特色〉一文中言：

　　　我國的圖書分類，始於劉歆《七略》，他將圖書區分爲六藝、諸子、詩賦、兵書、數術、方伎六略六個大類，三十八小類。七略分法爲漢、魏時期內府藏書所沿用，本來是學術的分類法。到了晉代，因新的學術興起，舊分類法不能完全適用，於是改用概括之法，新創甲、乙、丙、丁的四部分類法，自西晉荀勗《中經新簿》開始，到東晉李充元帝《四部書目》才完成，而爲南北朝祕閣藏書所沿用。至初唐《隋書經籍志》又定名爲甲經、乙史、丙子、丁集，經史子集四部分類法歷宋元明清習用不衰，成爲中國歷史上圖書分類的主流〔註51〕。

自《隋志》定經史子集四部之後，一千二三百年來，官簿私錄十九沿襲，視爲天經地義，未敢推翻另創〔註52〕。其中雖有二、三家思圖改革，都因孤掌難鳴而未能成功。但《隋志》之確立四分法，實有許多缺點，昌師概括其分類缺失爲「分類依體不以義」，及「經史子集界限不嚴謹」二點。尤以後者的影響最大。使子部成爲一切「古無今有、無部可歸圖書」的淵藪〔註53〕。就因四部法是祕閣定爲永制之法，不但官府目錄奉爲圭臬，即私家目錄也多因循成法而少有突破。故宋以前的四分法目錄，不分官修私撰，姚名達氏統稱爲「正統派」之四分法目錄，即

〔註49〕《中國目錄學》，頁44～46。

〔註50〕《中國目錄學》，頁50。

〔註51〕昌彼得，〈中國目錄學的特色〉，《版本目錄學論叢》（二）（台北：學海，民國66年），頁181～182。

〔註52〕姚名達，《中國目錄學史》（台北：商務，民國70年），頁100。

〔註53〕《中國目錄學》，頁140～142。

因其皆缺少改革創新的精神,未能改進《隋志》分類之缺失也。歷代目錄書既未能紹述前人所創標準的體制,在分類上又未能作合理創新的改革,已可見中國目錄學之漸次衰微也。

二、政治因素的影響

蒙古人入主中原,造成我國歷史上第一次的異族統治。南宋滅國到朱明復興,雖只不到一百年的時間,對我國經濟、文化的摧殘損壞,卻莫大焉。目錄學的發展自然也大受影響,幾至中斷。余嘉錫《目錄學發微》一書中言:

> 元起漠北,武功之盛,超軼前代,其於文教,蓋有未遑。雖亦常設秘書監,立興文署,刊刻諸經子史,然未嘗如唐開元,宋慶曆之撰修目錄。惟至正時曾以秘書監所藏古書各畫編號繕寫,今亦不傳,可見者惟王士點等之秘書監志中錄其藏書之大略而已〔註54〕。

從《元秘書監志》中,可大略瞭解蒙古人整理藏書的情形:

> 至元十年正月,立秘書監,掌圖書經籍。十一月,太保大司農奏興文署掌雕印文書,屬秘書監……,伏覩本監所藏,多係金、宋流傳及四方購納,名書名畫不爲少矣,專以祇備御覽也。然自至元迄今,庫無定數,題目簡帙,寧無紊亂?……合無行下秘書庫,依上類編成號,置簿繕寫。

可見當時掌書之人,絲毫不懂目錄學,所編僅爲藏書賬簿而已。元代修宋史時雖編有《藝文志》,但此書亦欠條理次序,《中國目錄學》一書便評曰:

> 此目因係合眾目爲一志,故編次草率,重複顛倒,不可勝數。……且理宗以後的典籍,闕漏甚多,度宗以後新出之書,又未及收錄,所以四庫提要評爲諸史中最叢脞之作〔註55〕。

由此就可見元朝目錄學之衰頹了。謝德雄分析元朝官修目錄苟簡草率的原因有三:

> 一是由于最高統治者不重視目錄事業,使國家藏書得不到詳細著錄。二是由于元代實行「八股取士」,使一切學術文化遭到壓抑,只有朱熹《四書》盛行天下,自然不須要「辨章學術、考鏡源流」的目錄之學。三是由于蒙古人對漢人的民族岐視,施加種種壓力,使社會學術文化停滯不前〔註56〕。

〔註54〕余嘉錫,《目錄學發微》(台北:藝文,民國63年),頁129。
〔註55〕《中國目錄學》,頁175。
〔註56〕謝德雄,〈元明兩代官修目錄之簡率及其原因〉,《圖書館雜誌》1985年三期,頁40。

　　明太祖推翻元朝，雖然結束了異族統治的時期，卻只除去前述三項因素之一。元代的八股取士不但遺留下來，且變本加厲，發展到完備的形式，考試專以四書五經命題，答卷必以程朱注釋爲據，統治者將天下學術禁錮於理學窠臼之內，空談性命，不務實學，造成明代學風浮濫敗壞的根本原因〔註57〕。

　　由於當時頒行的《四書五經大全》，廢古注疏不用而「僅取已成之書，抄謄一過，上欺朝廷，下誑士子」，使士人與古學隔絕，僅肆習抄襲剽竊之大全。顧炎武乃言「自八股行而古學案，大全出而經說亡」〔註58〕，古學經書皆廢而不觀，只須讀《四書五經大全》，自然無須藉目錄書來幫助學者治學涉徑，謝德雄認爲這是官方目錄事業倒退的根本原因。

　　朱元璋崛起民間而躍爲一國之君，對於藏書目錄之不重視，一如元代君主。僅從明朝開國七十餘年未修一部目錄，也不修《元史藝文志》，就可見一般。其對於文教之忽視，實不下於元主。到英宗正統時，楊士奇雖修成《文淵閣書目》，但此目之體例及分類，卻前所未有。《目錄學發微》一書言其目「不分經史子集，惟以千字文編號，每號若干櫥，有冊數而無卷數。自古目錄，無若是之陋者，遂開後來藏書目之一派〔註59〕。」朱彝尊《經義考》一書亦譏評曰：

　　　　古書著錄未有不詳其篇卷及撰人姓名者，故其卷帙寧詳無略。毋嬰古今書錄四十卷，王拱辰等崇文總目六十六卷，陳騤中興館閣書目七十卷，而殷踐猷等群書四錄多至二百卷，昔之人豈好騁其繁富哉？蓋以達作者之意，俾論世者知其概爾。迨明正統六年，少師楊士奇、學士馬愉、侍講曹鼐編定文淵閣書目，有冊而無卷，兼多不著撰人姓氏，致覽者茫然自失。其後藏書家往往效之，雖以葉文莊之該洽，而菉竹堂目都不分卷，鄞縣范氏天一閣目亦然〔註60〕。

《文淵閣書目》既爲明代之國家目錄，對於明代目錄事業的發展，影響自莫大焉。明代目錄書多受《文淵閣書目》的影響，無論在體例或分類上，都大異於前代，而具有以下幾點特色：

　　（1）、著錄十分簡略。誠如朱氏所評，《文淵閣書目》著錄簡略的體例，已成爲明代藏書簿錄共有的特色。檢閱今存的幾部目錄書，《世善堂藏書目錄》及《紅雨樓家藏書》目只載書名卷數及撰人；《國史經籍志》及《趙定宇書目》僅載書名

〔註57〕〈元明兩代官修目錄之簡率及其原因〉，頁40。
〔註58〕（清）顧炎武，《日知錄》卷二十（台北：明倫，民國59年），頁525。
〔註59〕《目錄學發微》，頁130。
〔註60〕（清）朱彝尊，《經義考》卷二九四（清光緒間浙江書局刊本）。

及冊數，撰人卷數皆無；《寶文堂書目》更簡略至只載書名並偶記版刻而已〔註61〕。情形較好的是《百川書志》及《澹生堂藏書目》，前者除記書名、卷數及撰人姓氏外，於各書內容或撰者頗有考訂，雖亦簡略却猶勝於無〔註62〕。後者則雖無敘錄，但各書均詳載書名、卷數、冊數、撰人，其下並有各種小注，或記版本，或記書名異同，或註明原出某書等（見本論文第六章論《祁目》之體例內所述）。至於小序的體例，則僅見於焦竑《國史經籍志》一家耳。由此可知明代目錄書，率多皆屬於無小序，無敘錄的藏書簿錄，甚至淪為只記書名冊數而已。

　　（2）、分類不再恪遵四部舊規，而各出新意，成為分類解放的時代。《文淵閣書目》本身就是一部不守四部分類的目錄，此目一出，各家皆引為護符，任意新創部類，突破了傳統四部分類為主流的局面。這就我國圖書分類史而言，應是一項進步，因為分類法必因應時代而加以修改，七略之變為四部，即受學術變遷影響之故不得不有所分合。可惜明代新的分類法雖紛紛出籠，如陸深《江東藏書目》分書為十四類，晁瑮《寶文堂書目》分為卅一類。孫樓《博雅堂藏書目錄》則分十八類，《玩易樓藏書目錄》則分十二類……等等，這些新的分類法却皆非有系統的分類，類目也沒有什麼特色，既不值得取法，也不能代替或改進四部分類〔註63〕。

　　明代也有不少改革四分法的目錄，如高儒《百川書志》，徐燉《紅雨樓家藏書目》等，但其分類受了《文淵閣書目》的影響，新創不少類名，却毫無條理，鉅細不倫而不足觀〔註64〕。他們雖提出了改革，却未達到改革分類的目標，使分類法五花八門，莫衷一是的現象延續到清修《四庫全書》之前〔註65〕。

　　（3）、將明朝御製，敕撰等書彙為一類，置於各部類之首，名曰「國朝」或「制書」類。此例亦肇於《文淵閣書目》，將明初帝王御製、勒撰、政書、實錄等

〔註61〕　（明）陳第，《世善堂藏書目錄》，《書目類編》第廿九冊（台北：成文，民國67年）。

　　　　　（明）徐燉，《紅雨樓家藏書目》，《書目類編》第廿八冊。

　　　　　（明）焦竑，《國史經籍志》，《書目叢編》（台北：廣文，民國56年）。

　　　　　（明）趙用賢，《趙定宇書目》，《書目類編》第廿九冊。

　　　　　（明）晁瑮，《寶文堂書目》，《書目類編》第廿八冊。

〔註62〕　（明）高儒，《百川書志》，《書目類編》第廿七冊。

〔註63〕　參見昌彼得，〈中國目錄學的特色〉，頁156所評。

〔註64〕　參見姚名達，《中國目錄學史》，頁133所評。

〔註65〕　同前註，頁125所言：「綜觀上述《文淵》、《菉竹》、《江東》、《博雅》、《玩易》、《內閣》、《世善》、《白華》九家目錄，皆能廢棄四部舊法，或約其類目，或增其類目，駸駸有奪隋志寶座之勢。……爰及清代，此風不泯。」按清初不依四部分類之目錄有錢謙益《絳雲樓書目》、錢曾《述古堂書目》、《讀書敏求記》，王聞遠《孝慈堂書目》等數種。

彙爲國朝一類，置於各類之首。至此而後官修之《內閣藏書目錄》，私家之《國史經籍志》、《江東藏書目》、《玩易樓藏書目錄》、《博雅堂藏書目錄》等，皆倣行勿違，幾成爲明代眾錄之共同特色。然此舉除表尊王之心外，在分類上殊無道理可言，並不能視爲明代目錄書的優點。

　　由以上所述，可知明代一般公私藏書目錄，受了中國目錄學衰微以及政治因素的影響，編製皆十分簡略草率，不僅在體例上過簡而不合乎標準，在分類上亦趨於紊亂系統可言，在中國目錄學史上，是最衰微不振的時代。明末著名的目錄學者祁承㸁，就是生於這樣的時代背景中。憑著他對目錄學的認識與見解，使他無論在編目或分類上，都提出了具體的改革與創見，爲明代目錄學添上一筆光輝的紀錄，也使中國目錄學的發展往前邁進一大步。無論就其本身，或就整個時代而言，都具有非凡的意義及價值。

第二章 祁承㸁家世傳略

第一節 家世淵源

關於祁承㸁的家世，在《紹興縣志資料》第一輯及《嘉慶山陰縣志》中，均可找到若干資料〔註1〕。承㸁本中在《澹生堂集》中，亦曾撰文述及其家世〔註2〕。此外陳仁錫爲承㸁撰有〈大參祁公父母九夷度先生傳〉及〈墓表〉二文，對其家世淵源亦有論及〔註3〕。故本節乃依據上述各種資料，略述承㸁的家世背景於下：

承㸁的先世爲陝西韓成縣人，有名安祿、字天爵、號關望者。後居於河南汴梁，宋建炎時，隨宋高宗南渡避亂，而遷至浙江紹興。其後人口繁衍乃散居於福嚴諸村。惟自宋南渡迄元末之歷代，名字已失考。故其家譜斷自於明初。

祁氏在福嚴村歷經五代，至承㸁八世祖祁茂興，始遷往梅福里居住，即現今山陰之袁梅鄉。茂興之子爲耕樂，曾經設策禦倭，以俠義而聞名族里。其子雲林更努力開拓家業，教子讀書。故雲林之子祁福便考取明經，補郡邑弟子，而以執教爲業。《嘉慶山陰縣志》中便有〈祁福簡傳〉：

〔註1〕 紹興修志委員會輯，《紹興縣志資料》第一輯，《中國方志叢書華中地方》第五三八號（台北：成文影印，民國72年），民族氏族篇內，有〈梅市祁氏〉一段。又（清）徐文梅等修，朱文翰等輯，《嘉慶山陰縣志》，《中國方志叢書華中地方》第五八一號（台北：成文影印，民國72年），鄉賢傳內，有承㸁先祖祁福、祁仁，高祖司員，祖父清等簡傳。

〔註2〕 （明）祁承㸁，《澹生堂集》卷十五（明崇禎六年祁氏家刊本），有〈先祖考通奉大夫陝西布政使司右布政使蒙泉府君暨先祖妣金太夫人行實〉及〈先考文林郎直隸蘇州府長州縣知縣秋宇府君先生妣沈孺人行實〉二文述及其家世。

〔註3〕 （明）陳仁錫，《無夢園遺集》卷六（明崇禎八年古吳陳氏刊本），有〈大參祁公父母夷度先生墓表〉及〈大參祁公父母夷度先生傳〉二文。

祁福，字天錫，以貢典教龍溪，遷重慶教授，皆有法。

祁福之從弟祁仁，字復齋，爲成化甲辰（二十年）進士，官禮部儀制司主事，惜早逝。《嘉慶山陰縣志》中云：

> 祁仁，字復齋，福從弟，成化甲辰進士。禮部儀制司主事。居官耿介，以蚤逝未竟其用，士論惜之。

祁福之子司員，爲承㸁之高祖，字宗規，成化戊戌（十四年）進士，成爲祁氏家族中第一位取進士的，初任唐山拜御史，後出知徽、池二部。在任內以懲治貪官爲務，治民則以恩而不以法。爲一勤政愛民的清廉之官。故他卒於池郡時，人民爲之罷市，立祠以紀念他。又爲之居親喪三年。足見其廣受人民的愛戴，卒後爲鄉賢。

司員之孫清，爲承㸁之祖父，字子揚，別號蒙泉，嘉靖丁未（廿六年）進士，任保寧府司理，明於讞。以當時重慶的賦役不均，便實施所謂「一把連法」，減輕賦稅。後陞南京禮科給事中，曾上疏言軍興費絀之弊，爲朝廷所接納。然又因直言而爲人所忌。後出知福州府，適逢流寇騷擾，海賊內犯，居民紛紛逃入城中。清乃多方顧及居民之安危。又握升爲貴州副史，貴州苗族族長楊琦據六洞反叛，清乃曉以利害之義，楊珂終於自縛乞降。又遷廣西參政，陝西布政使等職。隆慶四年，卒於陝西任內。以其清廉之故，卒後竟貧無以殮，祀爲鄉賢。

承㸁之伯父汝東，爲隆慶元年舉人，萬曆甲申時任江西贛州同知，「聽斷公明，用法平恕獄，難鞫者當道悉委之……」，後終於兩淮鹽運史〔註4〕。

至於承㸁之父親，由於早逝，方志中均未記載。今由承㸁爲父母所撰行實得知，其父名汝森，字蕭卿，爲清之第三子。生於嘉靖十八年，自幼俊穎聰彗，善於囑文，頗爲里中縉紳所賞識。羽冠即補郡邑弟子，但此後屢試皆不中，因此而悒鬱寡歡。三十二歲時父親清病卒，汝森慟父之死，竟至一病不起，終於清死後二年（隆慶六年）病卒，享年三十四歲。時承㸁年僅十歲，其弟承勳則尚在母腹未出。

承㸁的先祖上溯自春秋的祁奚，可說是系出名門，故陳仁錫爲承㸁撰〈墓誌銘〉乃言：

> 燁燁公族，爲晉巨卿，汴流遐邈，徙越隸萌。
>
> 五傳開美，聞人樂耕，代衍忠節，門垂直聲。

可見祁氏一族世世代代，都維持著良好的家門聲譽，但祁氏自從遷徙越中以來，便非豪門貴胄。端賴祖先篳路襤褸，手胼足胝開創家業。歷經數代勤苦耕讀，終

〔註4〕見（清）魏瀛等修，鍾音鴻等纂，《贛州府志》卷四十二，《中國方志叢書華中地方》第一〇〇號（台北：成文影印），頁797。

於成爲紹興著名的讀書世家。最可貴的是，承㸁先祖中凡有作過官的，都在地方上留下良好的政績和高潔的清譽。爲祁氏一門豎立了良好的典範及家風。由於先祖均爲清廉良吏，故功名並未給祁氏一家帶來富貴榮華。承㸁在爲祖父所撰的行實中，曾述及祖父病終時的情景：

> 蓋歿之日，發遺裝而無以治喪也。時鄉人王先生塗南者，臬於陝，宣言於眾曰：「祁公廉吏，是不辦治喪，吾輩何以慰九原？」……太夫人曰：「歿者無以爲輿襯，存者無以治行李。未亡人誠苦之，然終不敢以數百金傷先君子廉。」……觀者爲之悽惻。

不但祖父如此清廉，祖母亦是勤勞節儉，樂善好施。承㸁曾祖性本好施，故家中食指浩繁。甚至有入不敷出的現象。祖母初爲新婦，便親手織布汲井，勤於家務，以幫助家計生產。親友中有困難的，祖母總是傾囊以濟。祖父爲官正廉不阿，祖母又好博施濟貧，使他們去世後，並未留給子孫許多遺產。承㸁又自幼失怙，全靠母親鞠養劬勞，辛苦撫育他長大，他絕非生長在一個富裕優游的環境中。但祖先數代綿延下來的讀書精神，以及祖父母的佳範懿德，給他的影響及啟發是非常大的。承㸁不但自己繼承了祖先遺傳下來的精神與懿德，還傳給了他的兒輩與孫輩。他的兒孫相繼成爲明末抗清的忠烈義士，因而留名千古，兒媳孫媳也都於列女傳中有錄，誠可謂「代衍忠節，門垂直聲」了〔註5〕。

第二節　生平傳略

承㸁的生平事蹟，在我國正史或方志中均鮮有記載。依據《八十九種明代傳記引得》一書，只有《明人小傳》、《明詩綜》、《靜志居詩話》、及《煙艇永懷》四種資料內有之〔註6〕。此外葉昌熾的《藏書紀事詩》〔註7〕、金步瀛的《中國藏書家考略》〔註8〕、《吳晗的江浙藏書家史略》〔註9〕、《紹興縣志資料》第一輯中，亦皆有承㸁之簡傳。以上數種資料中，《明人小傳》台灣已不見此書。《明詩綜》、

〔註5〕關於承㸁兒孫的事蹟，詳見第五節〈子孫事略〉。
〔註6〕《明人小傳》爲（清）曹溶所撰，台灣已不見此書。《明詩綜》及《靜志居詩話》均爲（清）朱彝尊所撰，世界書局有《明詩綜》之影印本，內附有《靜志居詩話》。《煙艇永懷》爲（明）龔立平所撰，（清）張若雲輯入《借月山房彙鈔》之內。
〔註7〕葉昌熾，《藏書紀事詩》卷三（台北：世界，民國69年），頁163，有〈祁承㸁爾光〉一條。
〔註8〕金步瀛，《中國藏書家考略》（台北：文海，民國60年），頁55。
〔註9〕吳晗，《江浙藏書家史略》（台北：文史哲，民國71年），頁46～47。

《靜志居詩話》及《煙艇詠懷》中所載均甚簡略。葉氏、金氏、吳氏之文及《紹興縣志資料》中所記，內容則均雷同，皆引自《明詩綜》、《靜志居詩話》以及全祖望的《鮚埼亭集》。按全氏《鮚埼亭集》中，有〈祁六公子墓誌銘〉及〈曠亭記〉二文，記述澹生堂二、三事，但並非承爍之傳記〔註 10〕。至今所能獲得有關承爍生平最完整的資料，只有陳仁錫爲他所撰的傳記及墓表了。幸而承爍死後，尚有一部《澹生堂集》行世，現故宮博物院圖書館存有一部，對研究其生平事蹟，頗有助益。此外在大陸方面，黃裳曾寫了一篇〈祁承爍家書跋〉，刊載於 1984 年的《中華文史論叢》中，後附有卅二篇承爍寫給諸子的家書〔註 11〕，亦可作爲參考之用。本文乃依據上述幾種資料，略述承爍的生平傳略如下：

祁承爍，字爾光，號夷度，明末浙江山陰人。關於他的生年，依陳氏所撰墓表，謂「享年六十有四，崇禎元年冬月正寢，疾卒于里」，據此承爍生於明嘉靖四十四年（西元 1565 年）。但王思任在爲其子彪佳所編的年譜中，則記萬曆三十年彪佳出生時，承爍年正四十〔註 12〕。依此推算則生年爲嘉靖四十二年（西元 1563年）。今據承爍己言，父親汝森在隆慶六年（西元 1572 年）去世時他是十歲，故其生年應以嘉靖四十二年較爲確當〔註 13〕。

承爍自幼聰慧，最得祖父祁清的寵愛。祖父在外宦遊，總帶著他隨行，每遇有客造訪時，便喚他出來和客人應對，他都能回答得十分得體，表現了他在文辭方面的才華。可惜，祖父在他八歲時，便病故於陝西布政使司任內。祖父雖然早逝，對承爍一生卻有深遠的影響。因祖父生前有蓄書的習慣，死後所遺留的幾架遺書，培養了他愛好圖書的天性。也曾言「余之嗜書，乃在于不解文義之時」〔註14〕，這實因祖父留給他一個讀書的環境，啓發了他愛書、藏書的興趣。除此之外，祖父澹泊剛直的性格，亦留給他深刻的印象。他曾描述祖父的德行曰：

> 先大父性沈實，絕不喜浮華。其於種種嗜好，澹如也。操行峭直，不善爲貌。交一與之契，終身爲異趨，臨事挺挺有執持，一切毀譽是非，俱不能動〔註 15〕。

〔註 10〕（清）全祖望，《鮚埼亭集》，《四部叢刊》正編本（台北：商務影印，民國 68 年），卷十三有〈祁六公子墓誌銘〉一文，又外編卷二十有〈曠亭記〉一文。

〔註 11〕黃裳，〈祁承爍家書跋〉，《中華文史論叢》（1984 年四期），頁 233～284。

〔註 12〕（清）王思任編，梁廷枏、龔沅補，《祁忠敏公年譜》，《台灣文獻叢刊》第二七九種，《甲乙日曆》內附錄（台北：台灣銀行，民國 59 年）。

〔註 13〕見《澹生堂集》卷十四，〈藏書訓約〉中言：「余十齡背先君子時……」。

〔註 14〕見〈藏書訓約〉。

〔註 15〕見〈藏書訓約〉卷十五，「先祖考通奉大夫陝西布政司右布政使蒙泉府君暨先妣金

細觀承㸁一生的行節，都和祖父非常相近。他為自己的居處取名為「澹生堂」，正是繼承了祖父澹泊不浮華的性情。他因居官正直而曹群小詆譭，並不以為忤，反作詩曰「丈夫自有行藏在，豈作籬頭去婦嗔」，又曰「抄來簡帙供饞蠹，解去衣冠免休猴」〔註16〕，灑脫磊落的個性，一如乃祖，不為毀譽是非所動。可見祖父對他的影響極為深遠。

祖父死後二年，父親汝森在他十歲時也故去。汝森為人敦厚善良，為善不欲人知，故生前曾有許多懿行，只有承㸁的母親才知道。汝森在鄉試時本當上榜，但他因同考人中有一貧苦之士，極須得一官職以濟家貧，便慨然把機會讓出。而他也因此失去進取功名的機會。雖然如此，汝森平日十分樂於扶助親朋，賙濟窮苦。曾有一族兄遠赴廣東經商，不幸死於外地，汝森遂為其料理後事，代撫遺孤。平日更廣施善德，熱心救助鄉里貧困者。不幸他以英年早逝，留下承㸁母子及遺腹子承勳，相依為命二十餘年。

母親沈太夫人，是一勤儉持家的賢惠女子。自幼習於女史孝經，通曉大義。故能於汝森去世後，獨自挑起事奉婆婆及照顧幼孤的重擔，含莘茹苦把承㸁兄弟二人撫養長大。同時母兼父職，教導他們讀書做人，期勉他們努力向學，完成父親的遺志。他年老時，猶告誡子孫「兒為修業，婦為治生，慎勿負吾半生苦心。」承㸁在自幼喪父的環境下，家境又非富饒，能成為一代大藏書家及著名的目錄學者，實因母親的辛苦教誨所致。故承㸁對母親的感念也最深〔註17〕。

在藏書環境的薰陶及母親的教育下，承㸁自幼便對讀書發生極大的興趣。年輕時，他便一面讀書，一面聚書，同時參加當時的各種讀書社團，又常入山中寺廟讀書，和山中僧人暢談佛道，因此他能精通經學、史學、理學、禪學，廣博的學識和愛書的嗜好，奠定了他日後藏書既精且博的基礎。

承㸁深愛讀書，在舉業方面卻始終不順利。他從萬曆十三年起，便屢次參加鄉試而未能中。由於朝廷規定婦人未滿三十歲而居孀，可得到國家的誥封。而汝森去世時，母親年已三十三，故失去了誥封的機會，因此承㸁亟思考中進士，以為母親取得誥封的機會。可惜他遲遲未能如願，直到萬曆二十八年（西元1600年），才考中舉人，萬曆三十二年，他母親去世十年後，才考中進士。未能在母親生前達成願望，是他最引以為憾的事。

太夫人行實」。
〔註16〕此二詩見《澹生堂集》卷五，〈聞計詠懷〉詩之五及之八。
〔註17〕關於承㸁父母的記述，詳見《澹生堂集》卷十五，〈先考文林郎直隸蘇州府長州縣知縣秋宇府君先妣沈儒人行實〉。

萬曆三十三年，承㸁奉派爲安徽寧國縣令，他和笪繼良在寧陽倡明理學、講業課藝，振興風教，三年政績斐然〔註18〕，因此頗得朝廷賞識。萬曆三十五年便升爲長洲知縣（即明南京省蘇州府治，今江蘇省吳縣）。當時正逢長洲發生旱災，四十晝夜驕陽肆虐，遍地饑荒。承㸁乃實行稽米法，輸粟平糴，以賑饑民。爲政僅一年，口碑四起。

萬曆卅七年冬入覲，朝廷以其政績卓越，本有意予以擢陞，但承㸁秉性耿直，赴京之後，並未奔走相託於權要之門，僅居於寺廟中，每日諷誦楊龜山及無垢和尚詩文，等待朝廷調度。結果只得了南京刑部主事的閑差。承㸁也不以爲意，立即和同窗譚凡同冒著霜雪嚴寒，共乘一舟渡江南下，只爲惦記家園以及家中藏書。回家後並將俸祿所餘用來添購藏書及密園的景觀設施。故陳仁錫說他是「仕澹而千卷，不啻濃」，他對於仕途宦要，確實是看得很淡。

萬曆四十三年時，天子下詔四方求賢，承㸁因此得升爲江西吉安知府，承㸁上任未久，即逢章貢水災，淹沒了百姓的住屋田地，數以千計的婦孺，沉入江中，頗有入魚腹之患。承㸁乃以重金懸賞營兵，下江搶救百姓，又上書官府請賑以米糧，才化險爲夷。誰知大水方過，又旱災大作，承㸁乃親自禱天灑血，作〈守吉禱雨文〉，以期一解旱象。他的惠政，博得了百姓的愛戴，也遭致奸臣的惡言詆譭，在任一年多便遭朝廷降秩。承㸁並不稍加辯白，乃罷官而回鄉。出城之日，百姓遮道相送，爭相攀轅而泣，竟至車不能行。

這次罷官回鄉，距離承㸁初令寧陽已有十多年時間，他因此作了〈聞計詠懷〉詩十首。

第一首乃言：

> 十年仕版掛浮名，今日方同退院僧。幸有吾盧吾自愛，任將卿法聽卿評。倦知飛鳥投林急，懶慕蝸牛戴屋行，最喜生平無快意，不妨本色賦歸耕〔註19〕。

此詩正表現出他嚮往歸隱田園，恬淡而不求名利的高潔情懷。罷官回鄉的數年間，承㸁便專心教子唸書。同時一面繼續蒐購藏書，一面從事編輯文獻的工作，他的一部重要著述：《兩浙名賢著作考》，便完成於此時。

萬曆四十六年，四子彪佳考中舉人。次年承㸁便帶彪佳入京參加會試，趁此機

〔註18〕見楊虎修，李丙麐纂，《寧國縣志》卷四，《中國方志叢書華中地方》第二四三號，頁423，有〈祁承㸁〉一條。又（清）魯銓等修，洪亮吉等纂，《寧國府志》卷五，《中國方志叢書華中地方》第八七號，頁238，職官表附名宦中，有〈笪繼良〉一條。

〔註19〕《澹生堂集》卷五，〈聞計詠懷〉詩。

會投牒吏部，而得到了山東沂州同知的職位。天啓元年轉任宿州知州（今安徽省鳳陽縣西北），宿州當地有白塔山，發生了煤礦工人的變亂，承㸁以其冷靜及睿智，未動一兵一卒，而以安撫的策略，終於降服並驅散了亂民。承㸁曾作〈符離弭變紀事〉一文詳述此事始末以上告朝廷〔註20〕。他在家書中亦提及此事之重要性：

> 我離任至徐州，始聞曹州，鄆城之白蓮教爲亂……及至淮安，而又聞滕鄒兩縣之亂，亦未聞如此其甚也。今自此來者，皆言鄒滕兩縣殘毀之後，夏鎮又遭焚戮之事……前二月間，宿州有煤徒三、四千，幾至倡亂，若此時我不以鎮定處之，計策散之，萬一率兵去擒剿，則其挺而走險，豈在鄒滕之後哉？數千人團聚不散之流民，只以二、三白牌，密地曉諭，陰爲解散，不動寸兵尺刃，所全流民及地方之生命亦多〔註21〕。

明末北方治安甚壞，各地民變迭起，而承㸁能消弭一場將起之大亂，免除地方上的危機，故深得朝廷賞識。天啓二年便晉陞爲兵部職方郎中，後又轉爲河南按察僉事，兼任河北參攻，備兵磁州（今河南隆陽、彰德縣，河北邯鄲縣南）。承㸁不僅長於治民，亦懂得用兵之道。當時滿人已屢犯於邊，承㸁深感邊防兵備的重要，在兵部職方郎中任內，設標兵營廣徵百姓入營，而響應者甚衆。後在磁州任內，更作〈遼警〉詩二十首，強調遼寧邊防之重要〔註22〕。他在寫給鄒元標的信中也說：「目今國事，莫大於遼左之潰決。然邊疆之上，無日不報警，而廟堂之上，則無日不太平〔註23〕。」可見他雖對仕途名利看得很淡，對國家政事，卻非常關心。朝廷之中尚是一片晏安之聲，對遼人犯邊毫無警覺之時，他已預知遼人必爲明朝之大患。故他一面勤於練兵以禦邊防，一面編輯《宋西事案》二卷，取史籍中自宋明道至慶曆十五年間（西元 1032～1048 年），宋人制御西夏諸事予以輯錄，各附案語，雖記宋事，意乃在東遼，足見他對國事之具深謀遠見〔註24〕。由於他注重邊防，加強兵備，因此在他任內，寧遠一帶得尚稱平靜。

崇禎元年，他陞任江西右參政，是當時詮部推選二十位良吏中，成績最卓越的。可惜他年事已高，又患疾在身，終於在是年（西元 1628 年）十一月初一日，病逝於家中，享年六十六歲，卒後祀爲名宦。

〔註20〕《澹生堂集》卷十二，〈符離弭變紀事〉。
〔註21〕黃裳，〈祁承㸁家書跋〉，頁 251，附錄家書。
〔註22〕《澹生堂集》卷五，有〈遼警詩〉二十首并序。
〔註23〕《澹生堂集》卷十八，〈與鄒南皋〉書。
〔註24〕見〈祁承㸁家書跋〉，頁 234 所記。

第三節　師承與交游

　　依據梅鼎祚、張濤及馮時可爲《澹生堂集》所作的序，知承㸁的家世與明代理學諸儒，頗有淵源。梅鼎祚在《鹿裘石室集》中有〈澹生堂雜稿序〉一文言：

　　　　蓋祁君之先王父通奉公，與王駕部先生，一時私文成之緒，以正學鳴東越。王先生則爾光之外王舅，其淵源有自哉〔註25〕。

張濤作〈澹生堂初集序〉言：

　　　　爾光起家東越，而東越之道德功名，節義文章，冠冕昭代者，孰如王文成先生。爾光之王父躬師文成，而爾光家師王父，淵源衣鉢，所從來矣。

馮時可亦作序言曰：

　　　　爾光王父爲文成王先生高足，而爾光師于王父，特挈良知之旨，養深蓄盛〔註26〕。

　　王陽明是浙江餘姚人，故浙江乃陽明之學的發源地。承㸁的祖父通奉公，生前即曾學於陽明之學，在浙江頗富名聲。通奉公又與王陽明的嫡傳弟子王畿－即著名的龍溪先生相善，故承㸁的原聘，正爲王畿之孫女，後因其早逝而未及成婚〔註27〕。承㸁後來的岳父王鍾瑞，則爲王畿之弟子。故他一直生長在理學背景的環境中，受理學的影響相當深厚。

　　王畿字汝中，別號龍溪，浙江山陰人。嘉靖十一年進士，受業於王陽明，爲陽明弟子中的重要人物，《明儒學案》卷十二〈浙中學案〉內有之。黃宗羲論王畿之學云：

　　　　畿作天泉證道記，謂師門教法，每提四句，無喜無惡心之體，有善有惡意之動，知善知惡是良知，爲善去惡是格物。……唐荊川謂先生篤於自信，不爲行迹之防，包荒爲大，無淨穢之擇。故世之議先生者，不一而足。……然先生親承陽明末命，其微言往往而在。象山之後，不能無慈湖（按：慈湖即楊簡先生）；文成之後，不能無龍溪。以爲學術之盛衰因之，慈湖決象之瀾，而先生疏河導源於文成之學，固多所發明也〔註28〕。

〔註25〕見（明）梅鼎祚，《鹿裘石室集》卷二十三（明天啓三年梅氏玄白堂刊本），〈澹生堂雜稿序〉。又《澹生堂集》中〈舊序〉部份亦收有此序。

〔註26〕張序、馮序俱收於《澹生堂集》之〈舊序〉中。

〔註27〕見〈先考文林郎直隸蘇州府長洲縣知縣秋宇府君先妣沈太夫人行實〉一文中言：「不肖某先聘職方王公應吉女，即南駕部龍溪王公之孫，未婚蚤故。」

〔註28〕（清）黃宗羲，《明儒學案》卷十二，（上海，商務，民國28年），〈浙中學案〉二，

自王陽明死後，在浙中能繼承陽明遺緒的，首推王畿，他講學達四十餘年，從不休息，足跡遍佈東南，吳楚閩越皆有講舍。雖然他的學說難免有王學流弊，但他仍爲明代重要理學家之一。承㸁和他有姻連的關係，得他的影響是必然的。

　　或許是來自家庭背景的關係，承㸁和當時的理學家們，皆有密切來往。在家鄉時，便拜嵊縣周汝登爲師；後在吉安知府任內，和當地宿儒鄒元標、羅大紘、郭子章等皆往來甚密；晚明理學家劉宗周，與承㸁是同鄉，亦和他有書信往還〔註29〕，宗周後來成爲承㸁之子彪佳的至交，二人同赴國難，以身殉國。周、鄒、羅、劉諸先生，在《明儒學案》中皆有傳記，他們在明末理學家中，也都佔有一席之地位，故簡略介紹四人之生平如下：

（一）、周汝登

　　字繼元，號海門，浙江嵊縣人。萬曆五年進士，累官至南京兵部主事，後出爲雲南參政。曾聞道於王畿，其學欲合儒釋而會通，故輯《聖學宗傳》，盡採先儒語類譯者以入之。其說則主張「無善無惡」。《明儒學案》收入〈泰州學案〉之內。承㸁拜汝登爲師，是在萬曆二十九年時，他因重病臥榻，在病中了悟性命之道，因而執弟子禮於周先生。周先生和承㸁亦師亦友，交情甚篤。承㸁出外做官多年，都與周先生保持書信往來，每返鄉亦必探望周先生，可見二人關係之密切〔註30〕

（二）、鄒元標

　　字爾瞻，號南皋，吉水人。萬曆五年進士，觀政刑部，以論張居正奪情，被廷杖謫戍都勻衛，其間乃潛心於理學，故學問大進。十年後薦起爲禮科給事中，又以言事忤旨而觸怒皇上。本欲殺之，經人上疏乃得免，而謫南京刑部。後以母喪歸里，在鄉以講學渡日，從游者甚眾，因此名滿天下。天啓元年，起爲大理卿，進刑部侍郎，又升爲御史，偕馮從吾建首善書院於京師，與高攀龍輩講學。天啓二年加贈太子太保，卒諡忠介。尋以張訥請毀天下講壇，力詆元標而被削籍。崇禎初，追贈吏部尚書〔註31〕。《明儒學案》收入〈江右學案〉中。黃宗羲謂元標「即

郎中王龍溪先生畿。

〔註29〕見《澹生堂集》卷十八，有〈與劉念臺書〉。

〔註30〕見國立中央圖書館編，《明人傳記資料索引》（台北：編者，民國67年），頁316，〈周汝登〉。又《明儒學案》卷卅六，〈泰州學案五〉，有〈尚寶周海門先生汝登〉。此外《澹生堂集》卷十一至十三日記及卷十七、十八尺牘中有許多承㸁和周先生來往之記載，及承㸁覆周先生之信。

〔註31〕（清）潘介祉，《明詩人小傳稿》（台北：中央圖書館，民國75年），〈鄒元標〉。又（清）張廷玉等，明史（台北：鼎文，民國69年），卷242，頁6301～6306，〈鄒元標傳〉。

摧剛爲柔，融嚴毅方正之氣，而與世推移。其一規一矩，必合當然之天則，而介然有所不可者，仍是儒家本色，不從佛氏來也〔註32〕。」元標在明末以其品德及學識，極富盛名。承㸁之認識元標，乃在元標回鄉講學的數年間，承㸁適爲吉安知府，因得與其相交甚篤。承㸁在吉安任職僅一年多，但二人已奠定了深厚的友誼。承㸁罷官回鄉時，元標數度作書安慰他，又親自送別於江上。以後二人也一直以書信聯繫，信中所論更多以學問之理及國家政事爲主。

（三）、羅大紘

字公廓，別號匡湖，吉水人。萬曆十四年進士，歷官禮科給事中，以建言降溯陽典史，斥爲民。然志行高卓，爲鄉人以配里先達羅倫，羅洪先，號爲「三羅」〔註33〕。羅大紘在吉安和鄒元標共同講學，二人同爲當地名儒。元標曾謂其「敏而善入，眾人所卻步蹜躕四顧者，先生提刀直入；眾人經數年始入者，先生先闖其奧。」對其推崇備至。《明儒學案》中黃宗羲則言：

> 觀其所得，破除默照。以爲一念既滯，五官俱墮，於江右先正一派，又一轉矣〔註34〕。

（四）、劉宗周

字起東，號念臺，浙江山陰人。萬曆二十九年進士。天啓初爲禮部主事，歷右通政。以劾魏忠賢而被削籍。崇禎初又起爲順天府尹，後擢升爲都御史。又以論疏革職，福王監國，起原官，痛陳時政，劾馬、阮等奸臣，皆不爲納，乃罷官而歸。杭州失守後，絕食廿三日而死。清賜諡忠介。宗周和承㸁子彪佳同爲明末忠臣，宗周又是明末理學大家，學者稱爲念臺先生，嘗築證人書院，講學蕺山，故又稱爲蕺山先生。《明儒學案》收入〈蕺山學案〉中。劉念臺是黃宗羲的老師，黃宗羲言「宗周以愼獨爲宗，儒者人人言愼獨，惟宗周始得其眞矣〔註35〕。」宗周和承㸁是同鄉，故承㸁和其頗孰識。

承㸁既和明末理學家們常相往來，他在理學上的造詣自是不淺。且他不僅習於理學，對經學、史學、禪學等亦多所涉獵。陳繼儒作〈澹生堂全集序〉，便說：

> 公初有合轍社而通學，有讀史社而通史學，有海門、青螺、南臯諸

〔註32〕《明儒學案》卷廿三，〈江右王門學案八〉，〈忠介鄒南臯先生元標〉。
〔註33〕《明史》卷二三三，頁6073，〈羅大紘傳〉。
〔註34〕《明儒學案》卷廿三，〈江右王門學案八〉，〈給諫羅匡湖先生大紘〉。
〔註35〕見《明人傳記資料索引》，頁833。又《明儒學案》卷六十二，〈蕺山學案〉，〈忠端劉念臺先生宗周〉。

公而通理學，有雲樓老人、天台無盡而通禪學〔註36〕。

可知承㸁除了結識理學家之外，還參加當時各種讀書盟社，以文會友，擴大學識見聞。盟社在明末江南地區非常盛行，朱倓〈明季杭州讀書社考〉一文中便說：

> 明季盟社以南直隸、浙江爲最盛，即今所謂江浙是也……浙江則以
> 杭州爲首，浙東之寧波、紹興；浙西之嘉興、湖州次之〔註37〕。

陳氏所說的合轍社、讀史社，當即此處所言盟社。承㸁文集中有給〈社中兄弟〉之信（卷十七），又有〈九日社集工部園亭分得文字〉、〈社集桃花塢分賦得四月桃花〉、〈社集清涼臺即席送曹公得先字〉等詩（卷二）。又卷十四〈讀書雜記〉〈說郛〉一條云：

> 余此書以甲寅年錄之於白門，時與同社諸君子，互相校讎而成。

可知這類盟社，爲當時文人互相集結以吟詩爲文，讀書治學的社團。從參加盟社中，可廣結朋友，爲詩爲文，增進學識，獲益必多。

除了結交當時的理學及文人外，承㸁和當時的藏書家也來往甚密。他的朋友中，如陳繼儒、潘曾紘、郭子章、梅鼎祚等都是藏書家。

陳繼儒字仲醇，號眉公，松江華亭人。與董其昌齊名。自撰〈尙白齋讀書十六觀〉云：「余頗藏異冊，每欣然指謂子弟云，吾讀未見書，如得良友，見已讀書，如逢故人。」曾刻《寶顏堂秘笈》，但未能脫明人刻書陋習，改竄刪節，故頗遭後人詬病〔註38〕。

潘曾紘字昭度，烏程人。崇禎七年巡撫南贛，九年羽書徵天下勤王。提兵入衛，獨先諸道渡江，以勞成疾而卒於軍。有意汲古，廣儲縹緗，視學中州，羅致更夥。鼎革時遭劫，士兵至以書於溪中爲橋，書藏遂遭致大厄。黃宗羲言其「網羅宋室野史甚富」〔註39〕。

郭子章字相奎，號青螺，自號蠙衣生，泰和人。隆慶五年進士，累官至貴州巡撫，以功進至太子少保及兵部尙書。天才卓越，於書無所不讀，著述甚豐。子章曾自言其藏書「地篋中亦不下萬卷，分貯四子，歸田後請大藏內府，又六千卷，共藏梵閣」〔註40〕。

〔註36〕見《澹生堂集》中〈陳序〉。
〔註37〕朱倓，〈明季杭州讀書社考〉，《明史研究論叢》第一輯（台北：大立，民國71年），頁347。
〔註38〕葉昌熾，《藏書紀事詩》卷三，頁170～171。
〔註39〕《藏書紀事詩》卷三，頁168。
〔註40〕見《明人傳記資料索引》，頁491。又（明）郭子章撰，（清）郭子仁編，《青螺公遺書》卷十九（清光緒七年三樂堂刊本），〈祁爾光公祖澹生堂藏書約序〉。

梅鼎祚字禹金，守德人。以古學自任，詩文博雅，申時行欲薦于朝，辭不赴。歸隱書帶園，構天逸閣藏書，並著述其中。平日好聚典籍，曾和焦弱侯、馮開之、趙玄度訂約蒐訪，期三年一會於金陵，各出所得異書逸典，互相讎寫，後事未就而卒〔註41〕。

承㸁在《澹生堂集》卷十三〈戊午曆中〉曾記「得范元辰年兄寄示天一閣書目，并見貽司馬文正公稽古錄」。在卷十四〈藏書訓略〉中則說「金陵之焦太史弱侯，藏書兩樓，五楹俱滿，余所目覩」，可見他和四明范氏、金陵焦太史亦有往來。交游的廣闊，必然能擴大他藏書的來源，使他能成為江南首屈一指的大藏書家。

第四節　著述與編纂

承㸁一生中，除了集中精力於蒐藏圖書外，他的著述與編纂也十分豐富。他自謂「生平無他嗜，惟喜據案搔髮，玩弄殘編，輯忘寒暑」〔註42〕。故他編纂的著述很多，這些編纂文獻，保留了許多當時稀見之本或無刻本流傳之書，貢獻甚大。承㸁平日亦喜作詩為文，梅鼎祚稱讚其文「瑰麗鴻肆而傾洩不竭，委宛不窮，奇正開闔，唯變所適」。范允臨亦言其詩文「在發抒性靈，扶翼名理，方之珪璧塗山之合萬重，譬彼雲霞赤城之標萬丈」〔註43〕。今乃將承㸁之編述分別考述如下：

（一）、《牧津》四十四卷（見書影一）

明天啓間原刊本，明崇禎六年又刊行之。天啓間原刊本現存於故宮。崇禎六年刊本乃據〈祁忠敏公年譜〉崇禎六年所記：

> 祁世累世為循良吏，有傳家治譜；夷度公已彙為成書，名曰牧津。
> 先生至吳，分錄以頒其屬；咸謂可法，刊行之〔註44〕。

《四庫全書總目提要》職官類存目著錄此書云：

> 其書採輯歷代循吏事實，分類編次，首列緝概一卷，分為五目：一考名，二稽制，三述意，四論世，五辨類，下凡四十四卷，分……三十二類。每類則各有小序，徵采既廣，不無煩碎叢雜之病〔註45〕。

〔註41〕見汪闓，〈明清蟬林輯傳〉，《圖書館學季刊》七卷一期（民國22年3月），頁30。又楊蔭深，《中國文學家考略》（台北：新文豐，民國69年），頁396。

〔註42〕見《澹生堂集》卷十四，〈夏輯記〉。

〔註43〕見《澹生堂集》中〈梅序〉及〈范序〉。

〔註44〕《祁忠敏公年譜》，頁136。

〔註45〕（清）紀昀等，《四庫全書總目提要》（台北：商務），職官類存目，總頁1693。

由此當可知《牧津》一書的內容大要。

（二）、《兩浙名賢著作考》四十六卷

　　《澹生堂藏書目》譜錄類及《千頃堂書目》目錄類均有著錄，不詳曾刊刻與否。由《澹生堂集》卷十三戊午曆中，知此書乃輯於萬曆四十六年。共分杭州、紹興、嚴州、寧州、金華、湖州、嘉興、台州、溫州、處州、衢州及道家、名僧、神仙等篇。承㸁並撰〈詢兩浙名賢著作檄〉及〈著作考概〉二文，闡述其編輯旨要〔註46〕：

> 千年絕調或不留簡籍於人間，一代雄文尚未列姓名於史冊，景往哲而興如林之慕；按遺編則抱寂寞之悲，用是不嫌管窺，漫爲麟次，顧暢觀於東序西昆之儲易，搜輯於斷簡殘編之後難，考徵於信史實錄之內易，詢求於林藪巖穴之下難。……幸時詢之鄞中故老，兼博採於稷下名流。如出載籍之未收，即爲見聞之相助。撮其名目，略述生平，願無憚于千里之郵筒，庶共成一方之文獻。

可知他編輯此書，是基於「保存文獻」的見識，希望盡一己之力，考述先哲之著作。所收入作者之範圍，乃限於當時已故去者，因他認爲「生前之著作方日新而富有，其進固未可量也。」所收入之著作範圍則「有其目而并有其書者亟列之，即其書亡而其目存者亦列之。」是故乃存佚並列。

　　此書編輯之體例爲「不論經史子集，凡出其一人之手者，總列于一人之前，惟統合一省之書，再依四部之例，另爲總目，列於卷首，不特展卷了然。」「正編之外名僧之著作有考，道家之著作有考，名醫之著作有考，各爲一帙，以便稽覽。」則是書編次乃依作者而編，再依四部分類列一總目於前。

　　撰述之內容則爲「博採史傳，旁及群書，略敘生平之大端，庶徵一時之品概。」「先徵以史傳，次及於郡邑，再次及於郡志，又次及於家乘，然後遍搜四部之藏，博稽百家之說，凡有可徵固無微不錄矣〔註47〕。」可知此書除作著述考外，還有〈敘錄〉之體例，以「略敘生平之大端，庶徵一時之品概」。

　　由此書之書名及承㸁所述書之內容看來，這部書目的體例頗近於〈郡邑文獻考〉，由於在承㸁之前，還未發現類似性質的著作，故這一體例，或是由承㸁開風氣之先。

　　此書早已失傳不可得，但黃裳嘗得到一部祁氏家傳的《兩浙古今著述考》稿

〔註46〕見《澹生堂集》卷十四，〈兩浙名賢著作檄〉及〈著作考概〉。
〔註47〕以上所引俱見〈兩浙名賢著作檄〉及〈著作考概〉二文。

本〔註48〕，當即此書無疑。則失傳多年的書仍有重現於世的機會，這部稿本的價
值就益爲珍貴了，而此書對考證明代以前的兩浙文獻，更有諸多幫助。

（三）、《諸史藝文鈔》三十卷

　　《澹生堂藏書目》譜錄類著錄，亦見《千頃堂書目》書目類。未見其書，故
無法考知其內容。汪辟疆《目錄學研究》一書謂尙有明刻本傳世，並言此書乃屬
考證之書，「或補注舊文，或取便觀覽，皆無當於史家目錄之學〔註49〕。」

（四）、《澹生堂藏書譜》不分卷

　　編於萬曆四十八年，原寫本曾藏於八千卷樓，後歸於江蘇省立國學圖書館，
丁氏《善本書室藏書志》卷十四著錄云：

　　　　是書爲山陰祁承煠所編，此則曠翁原本。每葉十六行，上截載書名，
　　下截分兩行，載卷冊撰人姓氏。藍格竹紙，版心刊澹生堂藏書目，下有
　　「澹生堂經籍記」、「曠翁手識」、「山陰祁氏藏書之章」、「子孫世珍」等
　　印。前有郭子章、周汝登、沈㴶、李維楨、楊鶴、馬之駿、商家梅、錢
　　允治、姜逢元、陳元素、管珍、朱篁諸敘跋，且摹其書而鈐以圖章焉，
　　並有曠翁自序〔註50〕。

（五）、《澹生堂明人集部目錄》

　　汪辟疆《目錄學研究》依據鄧氏《風雨樓叢書》所著錄〔註51〕

（六）、《國朝武功雜錄》

　　不知卷數，《澹生堂藏書目》國朝史類著錄。

（七）、《史記詳節》十二卷

　　《澹生堂藏書目》史鈔類著錄。

（八）、《宋西事案》二卷（見書影三）

　　天啓元年辛酉自序刻本，題海濱詢士漫輯，承煠在家書中曾言：

　　　　宋西事案一書，都門或因書而求見其人，或託人以求其書，可見世
　　間浪傳事，不必有十分好也。作速帶一百部進來〔註52〕。

〔註48〕見〈祁承煠家書跋〉，頁235。
〔註49〕汪辟疆，《目錄研究學》（台北：文史哲，民國62年），頁84及57。
〔註50〕（清）丁丙，《善本書室藏書》卷十四，《書目叢編》，「澹生堂藏書譜八冊藏書訓略
　　　　二冊」，頁643。
〔註51〕《目錄研究學》，頁82。
〔註52〕見〈祁承煠家書跋〉，頁26。

黃裳曾補充說明該書著述大要：

> 宋西事案二卷，題海濱詢士漫輯，天啓元年辛酉自序刻本，所記自明道至慶曆十五年間宋人制御西夏諸事，取史籍輯錄，各附案語。多直指東事。入清，入全毀目中，傳本至罕。祁氏亦有世守之本，惟未見。……
> 是書雖記宋事，意實在東遼，當日固風行之冊也〔註53〕。

承㸁家書中曾三次囑兒輩印刷《宋西事案》一書，除第一次印一百部外，第二、三次共印刷一百八十部，足見此書在當時頗爲暢行。現中央圖書館便存有一部《宋西事案》，著者誤爲張濤，實爲承㸁所輯。

（九）、《世苑》十四則

卷數不詳。《澹生堂集》卷十四中有〈世苑概〉一文中云：

> 余自園居以來，每散髮林間，濯足溪畔，必令兒輩與二、三門人，各疏舉古今人世之事，以佐談笑。兒輩亦輒爲手記，久之成帙，因請余稍爲詮次，而總名之曰世苑。

（十）、《宋賢雜佩》一卷（見書影二）

承㸁家書中曾囑附諸兒爲他刻印《宋賢雜佩》六種各三十冊，嘗認爲此即爲《澹生堂外集》，但並無足夠證據以證明之〔註54〕。惟《宋賢雜佩》一書，刻本雖未流傳，台灣卻有一卷鈔本藏於中央圖書館，爲明長洲俞氏紫芝堂所抄。

（十一）、《皇明徵信叢錄》二二〇卷

鈔本，見《澹生堂藏書目》國朝史類及叢書類。《千頃堂書目》則著錄於別史類及書目類，作《國朝徵信叢錄》二一三卷。《澹生堂集》卷十四有〈夏輯記〉一文述其編撰原委云：

> 甲寅夏日，官舍僅如斗大，蒸灼如甑，生平惟有編摩，可以卻暑。遂取所攜書目及從焦太史與友人余世奕，各借得十餘種，稍爲類輯爲綱者六十有一；爲條者一千二百六十有六；爲卷者三千三百八十有三，而總名之曰徵信。

（十二）、《澹生堂餘苑》六〇四卷（見書影四）

鈔本。《澹生堂藏書目》叢書類及小說類均著錄，下附子目共計一八八種。《千頃堂書目》亦著錄爲六〇四卷，《叢書大辭典》則著錄爲七六七卷，一八六種。承㸁在《澹生堂集卷》十八〈與郭文學〉書中言此書之編撰原委云：

〔註53〕見〈祁承㸁家書跋〉，頁234。
〔註54〕見〈祁承㸁家書跋〉，頁234。

－41－

性尤喜小史、稗官之類，曾搜取四部之餘，似經非經，似集非集，
雜史小說，褎而集之，名爲四部餘苑。函以百計，數以二千計，每二十
種爲一函，俟成帙之後，聽海內好事者各刻一、二函。此亦宇宙間一大
觀也。然搜之者已十年，僅得一千八百餘種，不但不佞之心力竭，即世
間之書籍亦竭矣。

可知《澹生堂餘苑》是一部叢書。但承㸁信中言收書一千八百餘種，何以書目中
著錄只有一八八種？實難了解。似應以書目所記較爲可信。此書由於沒有刻本，
故散失很快，清朝莫友芝編《邵亭知見傳本書目》時，其中所著錄只有四十幾種
了〔註55〕。現中央圖書館尚存有六卷六種，分別是《溫公瑣語》、《漫堂隨筆》、《眞
率紀事》、《南窗紀談》、《南野閑居錄》及《楊公筆談》。

（十三）、《澹生堂初集》

今澹生堂集中有〈舊序〉若干篇，分別爲張濤、馮時可、鄒迪光、范汝梓、
梅鼎祚及張鼐所作，題名俱作〈澹生堂初集序〉，作序日期皆爲萬曆卅四、五年間。
可知承㸁在刻《澹生堂外集》之前，曾經刻過《澹生堂初集》，惟卷數內容已不詳。
又《千頃堂書目》集部有《澹生堂雜稿》不知卷數，今查梅序亦收入《鹿裘石室
集》中，名爲〈澹生堂雜稿序〉，則《《千頃目》》所載《澹生堂雜稿》，當即《澹
生堂初集》。

（十四）、《澹生堂外集》

此書台灣不見，黃裳有此書殘本，見〈澹生堂二三事〉一文言：

《澹生堂外集》，今存三種。萬曆、天啓遞刻本。題〈山陰密士祁
承㸁著〉。九行，十八字。三種的大題分別是：（一）〈琅琊過眼錄〉，前
有己未（萬曆四十七年）菊月自序。（二）〈符離殲變紀事〉。（三）〈兩游
蘇門山記〉。收藏印有〈檇李曹溶〉、〈蕭山王端履年四十歲後所見書〉、〈節
子辛酉以後所得書〉。卷尾有王端履手跋：《澹生堂外集》，吾不知有幾種，
所見者只上冊而已。此吾鄉前輩遺書，子孫其寶諸。」〔註56〕。

則《澹生堂外集》當爲承㸁生前所刻，而黃裳所藏此書，恐爲僅存的一部殘本了。

（十五）、《澹生堂集》二十一卷（見書影五）

明崇禎六年祁氏家刊本。《祁忠敏公年譜》中崇禎八年記彪佳「與諸昆編梓夷

〔註55〕（清）莫友芝，《邵亭知見傳本書目》，《書目三編》（台北：廣文，民國58年）。
〔註56〕〈澹生堂二三事〉，頁343。

度公文集二十餘卷」〔註57〕，可知此集是承㸁死後，由彪佳及二、三友人編梓而成。《澹生堂集》於崇禎八年刻過一次，故傳本甚稀。台灣目前僅有一部，是前北平圖書館的藏書，現存於故宮博院圖書館，舊爲陶湘涉園所藏。傳增湘曾見過此書並作跋文曰：

> 此帙舊爲涉園陶氏所藏，頃與他書同斥去，流入文友堂，書坊懸值過高，力不能收，因假置案頭者半月，略事披覽而記其大要於此。俾後之得是書者，知其罕覯而幸加護持也〔註58〕。

可知在民國初年，此書已價值甚重。在大陸上，黃裳曾看過一部《澹生堂集》，是由祁氏子孫保存三百多年的家傳遺物，見〈談禁書〉一文中所言：

> 近三十年前，我看到過從浙江紹興梅市流出的一些山陰祁氏澹生堂的藏書，這是一批由祁氏子孫深藏密鎖了三百多年的先世著述，……這批禁書中有一部祁承㸁的《澹生堂集》，是崇禎刻本〔註59〕。

可知這部《澹生堂集》和台灣現存的同一刻本，但這部書的下落卻不明。見黃裳〈澹生堂二三事〉一文言：

> 〈符離咢變紀事〉也曾收入澹生堂全集，原書『迷失』了，無從校對〔註60〕。

可見黃裳在三十多年前看過的《澹生堂集》，到了他寫〈澹生堂二三事〉時，已經不知下落了。目前所能見到的原刻本，只有故宮的這一部。也幸而這部原刻本尚存，使承㸁的著成能傳於後世。

第五節　子孫事略

　　承㸁死後，他的藏書便留給了他的兒孫輩。全祖望《鮚埼集亭》中〈祁六公子墓誌銘〉一文內，言及祁氏澹生堂藏書的星散經過：

> 祁氏自夷度先生以來，藏書甲於大江以南，其諸子尤豪喜結客、講求食經。四方簪履望以爲膏梁之極選，不遝而集。……鳴呼，自公子兄

〔註57〕見《祁忠敏公年譜》，頁138。
〔註58〕傳增湘，《藏園群書題識》卷七，《書目叢編》（台北：廣文影印，民國56年），頁352。
〔註59〕黃裳，〈談禁書〉，《榆下說書》（北京：三聯，1982年），頁55。
〔註60〕黃裳，〈澹生堂二三事〉，《社會科學戰線》（1980年10月），頁347。

弟死，澹生堂書星散，豈特梅墅一門之衰，抑亦江東文獻大厄運也〔註61〕。
祁六公子名班孫，是承㸁四子彪佳所生的第三子。由全氏之言，可知澹生堂的藏
書是在祁班孫兄弟死後才星散的。因此欲了解澹生堂藏書之散佚情形，必先對承
㸁兒孫之事略，有所了解。

據承㸁爲其父母所撰行實中所述，他共有五子：麟佳、鳳佳、駿佳、彪佳及象
佳，至於一般學者誤以爲其子的豸佳及熊佳，實爲其弟承勳之子〔註62〕。惟承㸁五
子中，僅駿佳及彪佳於方志史書中有傳，故此處僅能簡述二人之生平大要：

祁駿佳，字季超，爲承㸁第三子。《紹興縣志資料》第一輯中有其姪苞孫爲之
所作行實節略〔註63〕。駿佳爲人孝友性成，上事父兄，下撫群弟，人無閒言。弱
冠補博士弟子員拔貢。崇禎六年時入禮部舉進士而不第。他見京師中一片晏安，
毫不警惕於邊防危急，深感國事堪憂，便上書進言，而人皆不以爲意。駿佳乃憤
而燒掉貢牒，誓言不再進取功名。遂返鄉居於會稽山中。與山中諸僧交游甚歡，
不問世事。惟常以米糧資財，濟困賑饑。當時山中常有盜賊假興復之名，掠奪財
物、殺善良民。駿佳姪兒乃入山請其歸家，駿佳始將山中居所及財物，悉捐與僧
人。返家後仍閉門不出，僅在家中私授性命之學請益者。後以病終，享年七十八
歲。門人弟子私諡爲道隱先生。著有《遯翁隨筆》，收在《叢書集成》及《仰視千
七百二十九鶴齋叢書》之內。

祁彪佳，字虎子，又字宏吉，號世培。世稱爲世培先生，爲承㸁第四子。也
是承㸁五子中，唯一考取進士，最有成就者。彪佳在明末清兵入關，福王偏安南
京以後，與劉念臺、史可法等人共同擁立福王，最後則以身殉國，是反清復明的
著名忠臣，故各史傳內有他的傳記（如《明史》、《明史稿》、《南疆繹史》、《明末
忠烈紀事》等）。清道光年間，山陰王思任爲他編了年譜，後梁廷枏及龔沅又爲之

〔註61〕《鮚埼亭集》卷十三，〈祁六公子墓誌銘〉。
〔註62〕《澹生堂集》卷十二，〈先考文林郎直隸蘇州府長洲縣知縣秋宇府君先妣沈孺人行
　　　實〉，言「孫男六（按：應爲七），長麟佳……次鳳佳……又次駿佳……彪佳……象
　　　佳……俱不肖某出，豸佳……熊佳……俱勳出。」
　　　一般學者對承㸁之子說法皆有誤。如《藏書紀事詩》頁162言：「又駿佳字季超，
　　　豸佳字止祥，熊佳字文載，昌熾案：皆忠敏弟。」《祁忠敏公年譜》頁157則言：「先
　　　生一兄，曰元孺，兩弟，曰駿佳，字季超，工小楷，曰豸佳，字止祥，名著復社。」
　　　〈祁承㸁家書跋〉頁234言：「爾光諸子：麟佳爲大郎，鳳佳爲二郎，何家阿姊第
　　　三，駿佳爲四郎，豸佳爲五郎，彪佳爲六郎，熊佳、象佳諸札中未及。」皆以豸佳、
　　　熊佳亦爲承㸁之子。
〔註63〕《紹興縣志資料》第一輯，頁2612。

補編。現根據其年譜及《明史》中之傳〔註64〕，簡述其生平梗概如下：

彪佳生於明萬曆三十年冬，時承㸁年四十，彪佳自幼即聰穎。七歲時有人抱他至桂樹上，以「猢猻上樹」四字使其應對，他隨即對以「飛龍在天」。十七歲時，與兄弟四人同赴秋試，僅他一人中第。天啓二年他二十二歲時，便考中進士，任福建興化推官。臨行前曾向父親請教治民之道，承㸁僅言：「吏事多端，焉能一一誨之，吾第置之宦海中，不數年而成能吏矣。」後彪佳果於福建任內而名聲大起，人皆謂承㸁所言不虛。

彪佳初抵任內時，當地紳士均以爲其出身貴冑，又少年得弟，必定恃才傲物，不肯詳求民隱。但彪佳以溫和謙謹的性情，詳悉人情利弊，遇事剖決精明。終於使眾人驚服，名聲大起。

崇禎四年他被升爲福建道御史，即先後上〈賞罰激勸疏〉，陳賞罰之要；上〈合籌天下全局疏〉，分析四方形勢；又陳民間十四大苦。皇帝覽奏而惻然，乃亟命釐革，並命其出按蘇、松諸府。在蘇、松任內，他革弊政，興良法，並以父親所編之《牧津》四十卷，刊行分錄以頒其屬。

崇禎八年他因病請歸事母。其間他在寓山建築了園林池館，風景之勝，甲於越中〔註65〕。彪佳居家其間，一面繼承父志，不斷繼續搜購圖書、整理藏書；一面亦從事編纂的工作。崇禎八年，將其父所著《澹生堂集》編梓。崇禎十年因流寇滋事，乃博採古今守城之法有成效者，編爲《禦寇》一書。十三年又因海內大饑，而輯《古今救荒書》。同時受地方人士推戴主持賑災之事，行和糴法，使諸生領官票分糴郡城。又與族兄行保甲法，以禦盜賊。十四年因浙省上年夏秋兩季歉收，乃作〈救荒議〉預爲籌畫。當時饑民群起爲盜，彪佳便以賑務爲己任，設官糴、民糴兩法，又在各地普設藥局、醫院，以解除地方災害，成爲地方上的領導人物。崇禎十三年王太夫人病逝，彪佳因而在家守制。至崇禎十五年服母喪畢，始奉召掌河南道事。

時清兵已逼近關外，京師戒嚴，傳警甚急。朋友多勸其暫勿北上。但彪佳不爲所動，仍堅持赴京，歷經艱險方抵都門。便與劉念臺、張二無、金櫔正等人竭力上疏，痛陳時弊。

崇禎十七年（清順治元年），以病自河南返家，三月又力疾赴南畿，時李自成

〔註64〕《明史》卷二七五，〈祁彪佳傳〉。

〔註65〕見（清）溫睿臨，《南疆繹史》卷十四，《台灣文獻叢刊》第一三二種，頁197，〈祁彪佳傳〉。又《嘉慶山陰縣志》卷七古跡篇，頁108言：「寓園在城西南二十里寓山之麓。崇禎初御史祁彪佳依山作園。園有八景：曰芙蓉渡、玉女臺、迴坡嶼、梅坡、試鶯館、即花舍、歸雲軒、遠山堂諸名。」

已犯京師，引清兵入關。有人勸他暫且引病觀變。他說：「時危，則君臣之義愈切；引病不在此時也。」仍兼程趕路。思宗帝后殉國的噩耗傳至時，他聞訊望北慟號，絕口不提疾病之事。

福王南下避亂，彪佳和史可法等人同迎福王入南京稱監國。時高傑正兵擾揚州。百姓逃竄，避走江南。奸民因而乘隙竊掠剽奪。朝廷以彪佳曾出任蘇、松，有威望在，遂派其安撫之，終竟其功，平撫亂事。

福王稱號後，遷彪佳為大理寺丞，又升為右僉都御史，轉任蘇、松巡撫。但因其秉性剛直，力主上疏革除廠衛，為馬、阮群小所忌，競相詆譭。彪佳遂引疾去職。

永曆五年，清兵南下入浙，五月南京失守，六月杭州繼失。時清軍統帥貝勒聞彪佳名望，乃以書幣聘之，為彪佳所拒。而於六月初四日絕食至夜半，端坐密園內池中而死，享年僅四十四歲。逮魯王監國，贈少保兼太子太保、兵部尚書，謚「忠毅」。隆武立閩中又謚「忠敏」。清乾隆四十一年，命輯〈勝朝殉節諸臣錄〉，又賜謚為「忠惠」。

彪佳平日著述甚豐，除了《乾坤正義集》中有《祁忠惠公遺集》八卷外〔註66〕，紹興修志委員會排印的《祁忠敏公日記》之後，尚附有一份〈祁忠敏公遺書存目記〉，共有著述、尺牘等卅五種，二百零九冊〔註67〕，其中有不少稿本、遺墨等尚傳世，詳見下章第四節所述。

夫人商氏名景蘭，為故吏部尚書商周祚之女，才貌俱佳，與彪佳被邑中譽為「金童玉女」。商氏雖為一介女子，但頗諳詩書，教三女及媳婦張氏、朱氏操翰吟詠，著有《東書堂合稿》。商氏母女及媳婦因皆擅吟詠，故在當地頗富盛名。《明詩綜》內有〈商景蘭傳〉曰：

> 商景蘭字媚生，會稽人，吏部尚書周祚女，祁公彪佳之配，……教其二子理孫、班孫，三女德茝、德淵、德瓊及子婦張德蕙、朱德蓉、葡萄之樹、芍藥之花，題詠幾遍。經梅市者，望若十二瑤台焉〔註68〕。

《兩浙輶軒錄》亦曰：

> 梅市祁忠敏一門，為才子藪。忠敏群從則駿佳，豸佳、熊佳；公子則班孫、理孫、鴻孫；公孫曧徵。才女則商夫人以下，子婦楚纕、趙璧；

〔註66〕（明）祁彪佳，《祁忠惠公遺集》八卷，《乾坤正氣集》卷四二一至八（台北：環球，民國55年）。

〔註67〕（明）祁彪佳，《祁忠敏公日記》（民國26年紹興修志委員會排印本），附錄。

〔註68〕見《明詩綜》卷八十六，〈商景蘭傳〉。

女卞容、湘君，閨門內外，隔絕人事，以吟詠相尚。青衣家婢，無不能
詩，越中傳爲美談〔註69〕。

可知祁氏一門女子，在當時皆以讀書吟詠而享譽盛名。

承㸁的孫輩中，方志中所載有鴻孫、苞孫（俱鳳佳子）及理孫、班孫（俱彪
佳子）四人，皆爲抗清遺民，而尤以理孫兄弟爲國被難的故事，至爲感人，史傳
中皆有記載〔註70〕。今乃依據各種史料，略述兄弟二人之事蹟如下：

祁理孫，字奕慶，號杏菴，爲彪佳次子（長兄同孫早逝）。生於天啓七年，自
幼即聰慧，年十五補郡弟子員首拔之。彪佳受福王命巡撫蘇、松，督沿江諸軍時，
理孫隨行。陣中諸將皆識其技勇，因而次第拔用。軍中無人不服之，甚至譬爲宋
之范仲淹。父彪佳殉國後，理孫遵父遺命，絕意仕途，僅以讀書養母爲事，與弟
班孫友愛甚篤。常以詩文互相唱酬。明亡後，兄弟二人以故國喬木自任，四方人
士有投靠的，不分貧富貴賤，即使屠沽市販亦收留之。梅墅寓園的池館之勝，更
吸引多人訪遊，兄弟二人因此聞名四方，被稱爲「祁五、六公子」。理孫以謙謹敦
厚著稱，班孫則以慷慨豪邁聞名。生平喜好讀書，手不釋卷，每遇善本則加意校
讎，訂其譌謬。常鈔錄群書，至百餘帙，能繼承祖父及父親遺志，亦以藏書而著
名。編有《奕慶藏書樓書目》，收入《書目類編》內，此外尚著有《詩學外傳》六
卷、《寓山詩稿》一卷，《藏書樓稿》一卷等。生有二子，名昌徵、曜徵。

祁班孫，字奕喜，彪佳第三子。生於崇禎五年，《清史稿》〈遺逸傳〉內有其
傳，係錄自全氏所作〈祁六公子墓誌銘〉。順治十八年因魏耕事件爲官兵所捕，流
放至關外，後因禁網疏脫身歸里，落髮於吳之堯峰，尋主比陵馬鞍山寺，以咒林
明大師自稱。人皆不知其爲祁公子，而咒林之名則益著。康熙十二年冬卒。卒後
人檢視其遺物，見其所著〈東行風俗記〉及《紫芝軒集》，方知其即爲祁六公子。

關於祁氏兄弟牽涉魏耕起義之事，〈祁六公子墓誌銘〉及《紹興縣志資料》第
一輯中均有記載，墓誌銘爲全氏所撰，後《清史稿》〈遺逸傳〉、《小腆紀傳》、《南
疆繹史》撫遺中所用資料，均引自全氏之文，而《紹興縣志資料》第一輯中所引
資料，乃據祁苞孫所撰《祁氏家藏行狀稿》，二者說法略有出入。

魏耕原名璧，慈谿人，字楚白，甲申（即清順治元年）之後改名爲耕，原出於
世冑名門，年少失業乃學爲衣工，能讀書，旋被某富家招爲贅婿。甲申變後棄功名

〔註69〕（清）阮元，《兩浙輶軒錄》（清光緒十六年浙江書局重刊本），卷三。
〔註70〕見《紹興縣志資料》第一輯，頁2613～2618。〈祁理孫、祁班孫傳〉。《南疆繹史撫
　　　遺》頁680～1，〈咒林傳〉。又趙爾巽等，《清史稿》卷五○一（台北：鼎文，民國
　　　72年），列傳二八八，〈祁班孫傳〉。

之途，遂廣結當世豪俠之士，欲起兵於茗，然不幸兵敗，遂亡命江湖，與歸安錢纘曾，居於茗溪，閉戶為詩。又和長洲陳三島，會稽朱士稚、張近道諸人過從甚密。理孫、班孫兄弟性本豪宕善結客，見魏耕奔走四方，思得一當，便與之誓天，稱為莫逆之交，魏耕因而得盡讀澹生堂的藏書，為詩益工。後魏耕欲起兵於浙而未成，清吏乃四處刊登告示緝捕魏耕。順治十八年有人秘告清兵，言魏耕藏於澹生堂，遂為清兵所逮捕，理孫、班孫二人亦被縛。錢纘曾及魏耕後皆不屈而死；祁班孫被遣戍至關外；朱士稚因此而至傾家蕩產；張近道雖被救出獄，卻在渡江時遇盜賊而死；陳三島也因憂憤而終〔註71〕，一場明末遺民的反抗起義事件，終於以悲劇落幕。不幸的是祁氏一族，因此事涉及而至破產，門第至此衰微不振。

　　據全氏所撰墓誌銘，清兵至澹生堂時，縛理孫、班孫兄弟而去，後有人納賂於清兵，使理孫被釋，而班孫被遣戍，理孫則因痛弟而鬱鬱至死，則理孫當死於班孫之前。但《紹興縣志資料》第一輯中，據〈祁氏家藏行狀稿〉則言當時兄弟二人皆欲承擔罪名，理孫以其有子嗣，欲代弟承罪；班孫則以理孫為長嗣不可死，且兒子尚幼，欲代兄死。二人爭之甚久，親人皆為之感泣，言「孔北海家兄弟也」。後班孫在應訊時，獨自擔罪，理孫得脫後抱弟慟哭，投牒清吏，請以身代禁，使班孫能回家告別老母，清兵見其義氣，乃慨然允之。班孫戍遼，理孫乃多方奔走，欲使弟得解禁，但皆不得其門路。班孫在關外苦寒無以資生，理孫亦拮掘己用，以金錢濟之。後班孫以禁網疏逃回關內，為避清廷耳目，故落髮為僧，化名咒林明大師，與理孫仍暗中往來，惟外人不知曉耳〔註72〕。班孫死後，祁母商夫人亦去世，理孫以痛母哭弟，尪羸致疾，晚歲乃潛心於佛，不問世事。康熙十四年以癱發於喉而卒。

　　祁氏本為浙東望族，因理孫兄弟牽涉魏耕事變，導致門第衰微，藏書也因此散失殆盡，雖極令人惋惜，但兄弟二人在朝廷傾覆之際，秉持著「寧為玉碎，不為瓦全」的愛國精神，為抵抗異族統治而犧牲家業財產，忠貞不屈的志節實令人感佩不已。

〔註71〕見（清）馮可鏞，《慈谿縣志》卷三十，《中國方志叢書華中地方》第二一三號（台北：成文影印），頁642，〈魏耕傳〉。

〔註72〕見黃裳，〈遠山堂明典品劇品校錄後記〉，《銀魚集》（北京：三聯，1985年），註15，頁322，引祁理孫手批本《水月齋指月錄》卷九〈鄧州丹霞天然禪師〉條上朱筆批文：「壬子夏在夫山，偶與昼林和尚閱五燈。」卷二五〈東京天寧芙蓉道楷禪師〉條上朱筆批文：「讀楷師章不禁潸然淚下，憶我昼（咒）林遭無妄，遠流絕域，事雖不同，非其罪一如楷師」。壬子年為康熙十一年，時班孫已返回江南久也，由二批文可知昼林即班孫，且二人曾相往來。」

圖 2-1　祁世家譜世系略圖

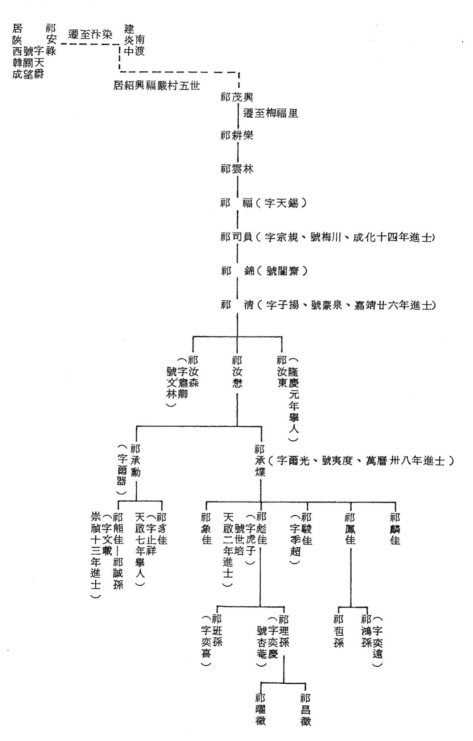

第三章　澹生堂的藏書

　　澹生堂在明末清初，是赫赫有名的藏書樓。其屹立時間雖不算長，但也經過了祖孫三代。藏書之豐富，除天一閣外，恐尚無別家可以望及。全祖望〈祁六公子墓誌銘〉一文便說：

> 祁氏自夷度先生以來，藏書甲於大江以南，其諸子尤豪喜結客，講求食經，四方簦屨，望以為膏粱之極選，不脛而集。……家居山陰之梅墅，其園亭在寓山，柳車踵至，登其堂複壁大隧，莫能詰也〔註1〕。

　　《南疆繹史》中〈祁彪佳傳〉內，亦提到「忠敏世為山陰巨室，其澹生堂藏書最富，為江南冠〔註2〕。」足見澹生堂在當時著名的程度，其藏書在中國藏書史上的地位，更是不容忽視的。故本章將就祁氏藏書的經過、內容、子孫續藏書散佚等方面，詳加論述。使吾人對這個名著一時的藏書樓，及其藏書的下落，能有所了解。

　　澹生堂其實是一個概括的名稱。承爍在山陰梅市建築密園，澹生堂為其大樓，而藏書、讀書之所則有輸廖樓、夷軒、快讀齋、脉望窩、紫芝軒等數處。其後彪佳又於澹生堂西五里處之寓山築別墅，其中之爛柯山房、遠山堂、東書堂及豐莊等均為藏書之處〔註3〕。而彪佳子理孫則以藏書樓名藏書之所。故三代藏書之所，名稱皆不相同，然世皆以澹生堂稱之，故今亦以澹生堂概括之。

〔註1〕（清）全祖望，《鮚埼亭集》卷十三，《金部叢刊》正編本（台北：商務影印），〈祁
　　　　六公子墓誌銘〉。
〔註2〕（清）溫睿臨，《南疆繹史》卷十四，《台灣文獻叢刊》第一三二種（台北：台灣銀
　　　　行，民國56年），頁197。
〔註3〕關於承爍藏書之所，詳見第四章第四節〈藏書整理及利用〉內所述。又（明）祁彪
　　　　佳，《祁忠惠公遺集》，《乾坤正氣集》第三十冊（台北：環球影印，民國55年），〈萬
　　　　山注〉內有爛柯山房、豐莊、遠山堂等藏書讀書之所。

第一節　祁氏藏書源流始末

據承爜《澹生堂集》卷十二〈數馬歲記中〉所言：

> 自童子時，喜弄柔翰，便好輯古人書。然時得時失，終無次第。

以此推之，則承爜自年輕時，便開始收藏古籍。《澹生堂集》卷十四〈藏書訓約〉
中則說：

> 十餘年來，館穀之所得，饘粥之所餘，無不歸之書。合之先世頗逾
> 萬卷，藏載羽堂中。丁酉夕夕，小奴不戒于火，先世所遺及半生所購，
> 無片楮存者。

丁酉爲萬曆二十五年，時承爜卅三歲，已聚書十餘年，則他在二十歲左右，便開
始藏書事業。惟當時他年紀尚輕，家境並不寬裕，所以十多年來藏書只一萬多卷，
又「時得時失，終無次第。」甚至連妻子的嫁奩，都典當了來買書籍，所藏也只
有一萬多卷，而這些辛苦收購而得的藏書，又由於僕人的疏忽，而燬於萬曆二十
五年的一大場火之中。

但承爜並不氣餒，又於萬曆二十九年起，修建房舍，重新開始搜購典籍。最
初的十年之間，收藏典籍並不十分順利。萬曆廿八年他曾北赴京師，然「雖經籍
淵藪，然行囊蕭索，力不能及」。萬曆卅二年他任寧國縣令，當時的狀況「即邑乘
且闕，安有餘書」。萬曆卅五年他調任長洲，即今江蘇省吳縣，亦爲書籍淵藪之處，
但他在長洲「吏事鞅掌，呼吸不遑」，實在無暇致力於藏書。雖偶然獲得朋友贈書，
又都是坊間易得的通行本，而沒有珍貴的書籍。所以這段時間，他的藏書並不豐
富〔註4〕。

承爜藏書較爲順利，要到萬曆三十八年，他到南京任職以後。從承爜文集及
書信中的記載，可知自萬曆三十八年至崇禎元年約二十年的時間，是承爜一生中
藏書較爲豐富的階段。而其中又有三個時期，爲其藏書事業的高峰。

第一個時期是萬曆卅八年到四十三年之間。這時他在宦場並不得意，原本赴
京入覲，可得晉陞機會，卻因他未奔走權要，只被派至南京任刑部主事。但對承
爜而言，這卻是一個蒐羅典籍的大好機會，〈藏書訓約〉中記曰：

> 自入白門，力尋蠹好，詢於博雅，覓之收藏，兼以所重易其所闕，
> 稍有次第。然而漢、唐人之著述，則不能得十一于千百也。癸丑偶以行
> 役之便，經歲園居，復約同志互相褒集，廣爲搜羅，夏日謝客杜門，因
> 率兒輩手自插架，編以綜緯二目，總計四部，其爲類者若干，其爲帙者

〔註4〕　（明）祁承爜，《澹生堂集》卷十四，〈藏書訓約〉。

若干，其爲卷者若干，以視舊蓄，似再倍而三矣。

南京爲我國經籍淵藪之地，承爍到南京任職，認識了許多藏書同好，集眾人之力搜羅典籍，又可以互易所缺，所以藏書增加很快。他在南京時，也參加當時的讀書盟社，與社中朋友共同致力於傳鈔校讎典籍。如《澹生堂集》卷十四〈讀書雜記〉，〈說郛〉條下云：

余此書以甲寅年錄之於白門，時與同社諸君子互相校讎而成。

參加讀書盟社，對於他搜購藏書，確有很大幫助。不但如此，他還在萬曆四十一（癸丑）年，因巡視江南馬政之便而返鄉居住之時，與朋友組織了一個搜書會。《澹生堂集》卷十二〈數馬歲記中〉便說：

遂與肅之及二、三同調爲搜書之會，期每月務得奇書及古本若干，不如約者罰。

由於這個搜書之會「定之以互易之法，開之以借錄之門，嚴匿書之條，峻稽延之罰」，所以奇書秘本，能「不踵而及」〔註5〕。

他在巡視馬政時，還隨身攜帶重複可易換的書籍，〈數馬歲記中〉便說：

時余適攜重籍數籃，易書五十六種，復購得三十二種，共計一千二百餘卷。

一次旅途中，便得到一千多卷書，不可不謂豐富。因此四月回到家時，他便率領諸子，整理插架，並爲之編目。自從萬曆廿五年失火以來，十六年間辛苦所藏，總算能「再倍而三」了。郭青螺爲他作藏書約序中，則說他的藏書有三萬卷〔註6〕。這是他藏書事業的第一個高峰時期。

萬曆四十三年他離開南京赴吉州任職，不料僅一年多，就遭人譭謗而被降秩，因而罷官還鄉。這鄉居的兩年期間，成爲他藏書事業的第二個高峰時期。僅從《澹生堂集》卷十三戊午曆（即萬曆四十六年日記）中，就可以發現許多購書的記載，茲摘錄於下：

元月七日記：密雲不雨，蚤至姚江市書七種，內有于文定公讀史漫錄，大有識力；喬莊簡集亦簡令有體，舟中讀之甚暢。

元月十日記：……復檢甬東所市書二十餘種，內有熊仁叔象旨決錄，此我朝經解第一，覓之數年，如渴得飲，急取讀之。

〔註5〕（明）祁承爍，《澹生堂集》卷十八，〈與徐季鷹〉。

〔註6〕（明）郭子章撰，（清）郭子仁編，《青螺公遺書》卷十九（清光緒七年三樂堂刊本），〈祁爾光公祖澹生堂藏書訓約序〉中言：「祁使君以士紳之家，聚書至三萬卷。」

十二日記：午至姚江，更入城覓書，見沈長卿弋説，要亦近日少年家所
學。……廿四日記：午後步書肆間索書，得十五種，……

二月初五日記：是日得書七種，内有仕學類抄六卷……

初十日：兒輩於市肆中買得壬辰玉集一部。

廿二日：有賈人持蠹餘殘書來市，得三十餘種，内有陳植木鍾臺，此宋
人解經史語也……他如楊鐵崖史義拾遺及新刻張獻公曲江等，皆佳本也。

三月初六日：還園，得坊間有讀書一得四冊。

四月朔日：蚤起，得友人寄至書數種。

閏四月初五日：同居停張卿子及鍾瑞先覓舊書，得五十餘種，然蠹餘斷
簡居其強半，皆平日所渴嗜。

十二日記：入城往坊間覓書，得葉水心及蘇平仲二公全集，甚喜。

七月十九日記：入城過書肆，補得百家唐詩殘缺者十三種。

八月十二日記：過書肆覓書，得十六種，内如宋人方秋崖集極佳。

十六日：又過書肆覓書，得二十餘種，内有王明清揮麈後錄三集共十卷。
王氏揮麈錄向所見止一卷，今其書乃數倍於前，……。

廿五日：於肆中得沈下賢集及長興西溪雲巢三集，皆素所渴嗜，其快。

九月初三日記：至昭慶，得陳水南先生集……余向覓其集不可得，得之
如見快友。

從日記中可發現，他常隔三、五日，便至書店購書，且短短九個月之間，便購得
約二百種書籍，其中更有不少佳本。不但如此，他還常向友人借鈔書籍，也常獲
得友人贈書。如

元月廿七日記：

從王董公處借得孫簡齋公佳言，便錄。

二月初三日記：得鉛山笪公赤如寄至書，……併得寄錄皇明大政記六卷。

十七日記：得舊寅沈五知寄至國朝紀錄彙編。

廿九日記：錄完會稽掇英集，同兒子手校一遍。

除了購書、鈔書外，六月初九日記中還有整書、晒書之記：

晒書畢，數日來余躬率平頭奴三四人，刷蠹理杤，揮汗插架，由朝
及暮，瞬息不停，真所謂我自樂此不爲疲也。

可見他並不受仕宦窮途所困，反而專注於典籍之中，樂此不疲，難怪姚希孟稱贊
他說：

今以謠諑不根，左先生之官，其道仍窮，然以六月息而沉酣萬卷，

締搆千秋，天之所以奉先生者，又何厚也〔註7〕。

從他這一年的日記中，購書、鈔書之勤看來，這段家居時間，也是他藏書收獲豐頭的時期。

承爍收藏典籍的第三次高峰，是天啓元年他赴河南作官之後。他的文集中並未記載這段時期的詳細情形，但現今所存的祁承爍家書，卻是這段時期之內所寫〔註8〕。他在家書中常提到藏書之事。如〈文字專付四郎遵行〉一函中言：

去年所發回書籃，可將氈條俱解去了，仍用油紙包好，絕不可動我一本。今次發來籃板，亦可收好，蓋以帶毡則易蛀也。

又如〈藏書事宜付二郎、四郎奉行〉一函中言：

發回書共八籃，內有河南全省志書二籃，不甚貴重，此外皆好書也，有一籃特于陝西三十八叔（按：即承爍弟承勳，時任陝西布政司部事）印來者。

可知他在河南短一、二年間，便購買、抄錄了八籃書籍，包括河南全省的方志，還有特別從陝西印得的書。除了八籃寄回家中的書外，他身邊還有兩箱鈔錄的書：

若我近所抄錄之書，約一百三四十種，共兩大卷箱，此是至寶，自家隨身攜之回也。

這些鈔錄的書據他所說，「皆京內藏書家所少，不但坊間所無者也。而內中有極珍貴重大之書，今俱收備。」其珍貴稀見的程度可以想見。黃裳認爲這些書可能錄自朱氏萬卷堂：

他沒有細說借書于誰家，猜想起來極有可能是明宗室的朱睦㮮萬卷堂所儲。這批書後來全部被燬，幸而由祁氏傳得一些副本。不幸的是這些澹生堂鈔本也十不存一了〔註9〕。

黃氏之說當然僅是一種推測，不過明末北方藏書，也只有朱氏萬卷堂獨盛。萬卷堂之書於崇禎十六年賊決河堤時，付之巨浸，盡歸東流〔註10〕。承爍於天啓年間在河南作官，時萬卷堂尙在，故他鈔錄萬卷堂藏書是有可能的。

〔註 7〕（明）姚希孟，《響玉集》卷八（明張叔籟刊本），〈曠亭小草序〉。《澹生堂集》舊序中亦有此序。

〔註 8〕黃裳，〈祁承爍家書跋〉，《中華文史論叢》1984 年四期，頁 233。黃裳言「將承爍家書錄過，漫閱一遍而排比先後，知爲天啓元年至四年數年中所作。」以下所引家書，俱見〈祁承爍家書跋〉後所附之家書頁 256～266。

〔註 9〕黃裳，〈澹生堂二三事〉，《社會科學戰線》（1980 年 10 月），頁 340。

〔註10〕袁同禮，〈明代私家藏書概略〉，《圖書館學季刊》二卷一期（民國 17 年 3 月），頁 1。

　　河南作官，已到了承㸁的晚年，他不但沒有稍息以養年，還更加殷勤的四處搜書、鈔錄。故他自言「一生精力，耽耽簡編，肘敝目昏，慮衡心困，艱險不避，譏訶不辭，節縮甕餐，變易寒暑，時復典衣銷帶，猶所不顧」〔註11〕，這眞是他一生最好的寫照。他一生所藏，據其子彪佳言共十萬餘卷〔註12〕，趙谷林〈春草園小記〉中亦言「澹生堂藏書十萬卷，悉人間罕覯秘冊」〔註13〕。范欽雖被列爲「浙東第一藏書家」，但藏書僅七萬卷；毛晉汲古閣藏書則爲八萬多卷〔註14〕。都不及澹生堂的十萬多卷。故澹生堂的藏書，在明末確可稱得上是首屈一指的。值得一提的是，承㸁並非出身富豪，他又自幼失怙，能於三十年間爬梳十萬多卷，全是他個人辛勤努力的成果。這證明了他嗜篤典籍之深，與採訪書籍之勤，也證明他在圖書採訪上確有成功之處，能確實有效掌握住採訪書籍的原則與要領，這也正是值得後人學習的地方。

第二節　祁氏藏書的內容與特色

　　一般探討藏書家藏書的特色，大多是依據藏書家所撰的藏書志。但藏書志的盛行，是清朝以後的事。清朝以前的藏書家，即或撰有藏書志，亦只是以「解題」方式，對書之作者及內容略作敘述，未嘗有記載版本形式者。欲研究藏品的版本特色，便倍加困難。

　　承㸁文集之中，除了卷十四有〈讀書雜記〉十二則，體例類似藏書志之外，並沒有任何藏書志流傳。而澹生堂的藏書，有不少燬於黃宗羲續抄書堂及呂留良講習堂。流傳至清朝的藏書並不多，因此清朝各家藏書志中，也鮮見澹生堂藏本。筆者曾就台灣所能見到清代以來各家藏書志及藏書目，統計其中所著錄的澹生堂藏本及鈔本，總數不過六十種上下。黃裳在大陸徧查公私藏書目錄所得澹生堂藏本或鈔本，還不到一百種〔註15〕。可見其傳本之稀少。如僅以此有限資料論澹生

〔註11〕《澹生堂集》卷十四，〈藏書訓約〉。
〔註12〕《祁忠惠公遺集》卷七，〈寓山注〉中八求樓條。
〔註13〕（清）趙昱，《春草園小記》，《武林掌故叢編》第五八冊（光緒七年丁氏刊本），〈曠亭〉條。
〔註14〕羅友松、蕭林來，〈黃宗羲藏書考〉，《華東師大學報》1980年四期，頁89言：「如天一閣的范欽，是『浙東名列第一的藏書家』（武漢大學圖書館系，《中國圖書館事業史》），他的藏書爲七萬多卷；汲古閣的毛晉，他的藏書，『前後積至八萬四千多卷』（同治《蘇州府志》）。」
〔註15〕黃裳，〈澹生堂二三事〉，頁340。

堂的藏書特色，無異於以管窺天，不足以概括藏書的全部，此乃撰述本節時，所感最大的遺憾。今仍不揣淺陋，試圖就極有限的資料，對澹生堂藏書的內容作一分析，本節所依據的資料有以下幾種：

　　一、《澹生堂藏書目》，清光緒十八年紹興徐友蘭刻本。

　　二、清代以來各家藏書志。

　　三、承爍之文集及書信。

　　四、相關之期刊文獻。

　　至於敘述內容，則分為藏書的內容、藏書的版本、以及澹生堂抄本三部份討論。

一、藏書的內容

　　今依據承爍於萬曆四十八年所編的《澹生堂藏書目》，就其所著錄的書籍數量及種類，加以統計，得到一個概括的數字。所以說是概括的數字，是因下列幾點原因：

　　一、今所依據的書目是清光緒年間徐友蘭的劇本，並非原寫本，故唯恐刻本與原本間，尚有出入。

　　二、《澹生堂藏書目》中，有些書並未著錄卷數，尤以圖志類和釋家類為最多，使統計缺乏準確性。

　　三、書目中有互著和別裁的體例，但有些地方（尤以互著體例），並未標明，今統計時，凡屬於互著別裁體例而重出者，均已除去不計，但仍恐有因未標明而致疏漏處。

　　今將統計數量表列於下：

表 3-1　藏書數量統計表

經　部				史　部				子　部				集　部				合計
類目	種數	部數	卷數	類目	種數	部數	卷數	類目	種數	部數	卷數	類目	種數	部數	卷數	
易	165	167	1173	國朝史	483	487	7412	儒家	92	93	477	詔制	35	35	179	
書	45	47	303	正史	39	42	3915	諸子	117	122	659	章疏	104	104	1963	

詩	44	46	544	編年史	29	29	1294	小說	252	255	2714	辭賦	29	29	104	
春秋	57	61	935	通史	14	16	1795	農家	52	53	278	總集	142	142	5500*	
禮	97	98	1093	約史	25	25	230	道家	191	192	863	餘集	67	67	527	
孝經	29	29	50	史鈔	16	16	438	釋家	868	870	3626*	別集上	619	619	17898	
論語	38	39	316	史評	44	45	484	兵家	83	87	864	別集下	659	659		
孟子	15	15	74	霸史	12	12	236	天文家	32	32	231	詩文評	64	64	606	
經總解	92	92	929	雜史	34	34	652	五行家	135	135	682					
理學	194	196	1773	記傳	132	136	1516	醫家	185	187	1333					
小學	162	163	1081	典故	13	13	1012	藝術家	69	69	234					
				禮樂	54	54	399	類家	108	108	6980					
				政實	96	97	553	叢書	75	75	4000*					6731種 6781部 85630卷
				圖志	715	716	7510*									
				譜錄	108	108	818									
合計	938	953	8271		1815	1831	28264		2259	2278	22372		1719	1719	26723	

其中圖志、釋家、叢書、總集四類，未記卷數者較多，如圖志類有九十種未記卷數，釋家類中大乘經大多未記卷數，概以一卷計算。因此這四類的數字為一概略的數目。僅能供作參考。此外叢書類的書，有不少互見於國朝史及小說類，今為統計方便，一律算作叢書類，其他類中有重出者不算。以上的數字並不是一個精確的數字，但可以約略看出承爍藏書的大概。這本書目之中，每卷之後都有續收，統計時是續收和原藏合併計算。原藏蓋編於萬曆四十八年，但續收止於何時則不得而知。唯從圖志類續收目中，並未包括河南全省方志來看，應該沒有包括他晚年在北方所收購、鈔錄的書籍。從以上統計數字中，可發現經部之書於四部中收入最少，而其他三部藏書的總卷數則大略相當。但各類之間的收藏數量，就差距很大了。有多至萬卷以上者，亦有少至百卷以下者。這必然可以反映兩件事實：一是承爍藏書的興趣，二是當時出版的狀況。

今將藏書較多的幾個類目列舉於下，這些類目代表了承爍藏書中的一些特色：

（一）別集類：

共有一千二百八十八種書，一萬七千八百九十八卷。其分佈情形如下：

帝王集	三種十五卷
漢魏六朝詩文集	四十二種一百八十六卷
唐詩文集	八十種一千二百四十八卷
宋詩文集	一百四十八種四千一百一十一卷
元詩文集	五十一種八百六十八卷
國朝（明）御製集	七種四十八卷
國朝閣臣集	六十二種一千三百八十五卷
國朝分省諸公詩文集	八百零二種一萬零九百三十七卷

別集類是藏書目中，收入最多最豐富的一類。而從其中又可以發現，明人文集佔了絕大部分。可見承爍所言「今人所刻，即以大地為書架，亦無可安頓處，唯聽宇宙之所自銷磨」〔註16〕，絲毫不虛。明人刊刻文集興盛的程度，亦可見一班。

（二）圖志類：（即地理類）

共有七百十五種，其中有九十種未記卷數，僅以一卷計算，共七千五百一十卷。其分佈情形如下：

統志	八種一百八十八卷
通志	卅七種一千零十九卷

〔註16〕《澹生堂集》卷十八，〈與潘昭度〉函。

郡志	一百種二千三百零五卷（一種未記卷數）
州志	六十種四百九十三卷（八種未記卷數）
邑志（即縣志）	三百廿五種二千二百六十卷（七十種未記卷數）
關鎮	九種一百零二卷（一種未記卷數）
山川	七十六種七百十卷（三種未記卷數）
攬勝、園林、祠宇、梵院	七十九種二百四十五卷（四種未記卷數）
續收	廿一種一百零八卷（三種未記卷數）

這個數字還不包括承㸁後來收集的河南全省志書，如果再加上河南的志書，就更爲豐富了。

方志是中國歷史上極爲重要的一種史料，它包含了各地的地理、政治、經濟、社會等詳細資料，顧頡剛先生在《中國地方志綜錄》一書中便曾詳言方志的重要性：

夫以方志保存史料之繁富，紀地理則有沿革、疆域、面積、分野；紀政治則有建置、職官、兵備、大事記；紀經濟則有戶口、田賦、物產、關稅；紀社會則有風俗、方言、寺觀、祥異；紀文獻則有人物、藝文、金石、古蹟；而其材料又直接取於檔冊、函札、碑碣之倫，顧亭林先生所謂採銅於山者，以較正史則正史題其麤疏，以較報紙則報紙表其散亂〔註17〕。

方志類的書既如此重要，而承㸁藏書中方志僅次於文集類，爲藏書第二豐富的大類，由這些方志中，當可尋得許多研究我國地區特性的寶貴資料。

（三）國朝史類：

共有四百八十三種，七千四百十二卷。其中以勅纂類最多，共三十五種三千零六十四卷；次之爲人物類，一百零二種一千零八十三卷；再次之爲編述類，廿八種九百五十四卷，及典故類，五十一種八百零六卷。

承㸁生性喜愛史書，對於明朝史十分注重，他自己編輯的《國朝徵信叢錄》，便是一部明史彙編叢書。他並且仿尤袤《遂初堂書目》，將明朝史書獨立爲一類，可見他對明史之重視。由其明史收入的豐富，亦可看出明朝史書著述的豐富了。

（四）正史、編年史、通史類：

正史類有卅九種，三千九百十五卷，編年史廿九種，一千二百九十四卷；通史十四種，一千七百九十五卷。合計八十二種，七千零四卷。

中國的史書如正史、編年、通史之類，通常都是長篇巨帙，卷數浩繁，比起其他類的書，購買更爲困難。承㸁〈藏書訓約〉中便有這樣一段記載：

〔註17〕顧頡剛序，《中國地方志綜錄》，序言部份（台北：新文豐，民國64年）。

　　　　然性尤喜史書，生欲得一全史，為力甚艱。遇聞旰江鄧元錫有函史，

　　　　隱括頗悉，郭相奎使君以活版模行于武林者百許部，一時競取殆盡。遂

　　　　亟渡錢塘，購得其一，驚喜異常，不啻貧兒驟富矣。

可見他在年輕時，想得一部史書多不容易。今觀其書目中，這三類書的搜集都十分完備，如二十二史中，除了《舊五代史》外，都齊全了。且其中不乏複本，也不乏各種好的版本。如《史記》有二部（監本、南監本）；《漢書》二部（監本、舊本）；《梁書》二部（舊本、南監本）；《通鑑紀事本末》二部（楚本、揚州本）等。這都可看出承爍對史書的重視。

（五）類家類：

　　共有一百零八種，約六千九百八十卷。

　　類書是中國古書中「大部頭」的書，一部類書有多達數百乃至上千卷的。《澹生堂藏書目》中，彙集的類書種數既多，且卷數完整，重要的類書如《北堂書鈔》一百六十卷，《初學記》三十卷，《藝文類聚》一百卷，《事文類聚》二百三十六卷，《白孔六帖》一百卷，《唐類函》二百卷，《冊府元龜》一千卷，《太平御覽》一千卷，《合璧事類前後續別外集》共三百六十卷，《山堂考索》二百二十卷，《記纂淵海》一百卷，《玉海》二百零四卷，《錦繡萬花谷前後續集》共一百二十卷，《荊川稗編》一百二十卷，《山堂肆考》二百四十卷，《廣博物志》五十卷，《喻林》一百二十卷等，全都收備，且均為完本，而以上所列舉還只是部份的書目，這在明代藏書中，是十分罕有的例子〔註18〕。如非付出極大的代價，是不可能搜集到這麼豐富完整的類書的。

（六）總集類：

　　共有一百四十二種，約五千五百卷左右，其中包括《文苑英華》一千卷，《唐宋八大家文鈔》一百四十四卷，《皇明文衡》一百卷，《古詩類苑》、《唐詩類苑》、《詩雋類函》、《唐詩品彙》、《三唐百家詩集》、《宋元名家詩集》、《盛明百家詩》等巨編。

（七）叢書類：

　　共有七十五種，約四千卷左右。

　　總集和類書在唐宋時代就已經相當盛行，但是叢書的盛行，卻要到明代以後，這大約是受了陶宗儀編《說郛》一書的影響。見昌師彼得〈說郛源流考〉一文言：

〔註18〕筆者曾查閱《百川書志》、《紅雨樓藏書目》、《世善堂藏書目》及《寶文堂書目》等，
　　　　其所收類書種數皆不多，且卷數有許多不全，未有能和《祁目》相埒者。

　　彙輯叢書之盛行，則自明正德嘉靖以後。其輯刻之人，率多雲間（即松江府）、吳郡人氏。如正德六年長洲沈津之《欣賞編》，正德嘉靖間吳郡顧元慶之《文房小說》及《明四十家小說》，嘉靖二十三年雲間陸楫之《古今說海》，……考諸家彙刻之書，或多採掇《說郛》節本，或仿《說郛》之例刪節諸書。揆其時，正當郁文博增訂《說郛》完成並流佈之後，其地則雲間爲陶宗儀僑居之鄉，吳郡則爲鄰邑〔註19〕。

　　承爍書目中叢書類的數量，頗爲豐富，當時著名的叢書，如袁裦的《金聲玉振》、顧元慶的《明四十家小說》、陸楫的《古今說海》、吳琯的《古今逸史》、商濬的《稗海》、程榮的《漢魏叢書》、李栻的《歷代小史》、胡文煥的《格致叢書》、陳繼儒的《寶顏堂秘笈》、朱當㴐的《國朝典故》、沈節甫的《國朝紀錄彙編》、《由醇錄》、周履靖的《夷門廣牘》、高鳴鳳的《今獻彙言》、周子義的《子彙》、范欽的《范氏二十一種奇書》、陸詒深的《煙霞小說》等等，大大小小的叢書全部收備，約達七十五種之多。而這些叢書在同時期左右的其他私家目錄中，卻不易見到。筆者爲了解明代藏書家對於叢書的歸類，曾經查閱各家書目。結果發現各藏書目中收錄的叢書，都只有寥寥數種：

△　陳第《世善堂藏書目錄》：〔註20〕
　　僅諸家詩文名選類中，有《漢魏叢書》二十本。

△　趙用賢《趙定宇書目》：〔註21〕
　　小說書類有《稗海大觀》、《秘冊彙函》。
　　佛書類有《說郛》、《古今說海》、《歷代小史》。

△　晁瑮《寶文堂書目》：〔註22〕
　　類書類有《百川學海》，子雜類有《梓吳》。

△　阮元編《天一閣書目》：〔註23〕
　　類書類內有《漢魏叢書》、《古今說海》、《稗海大觀》、《叢書輯要》。

△　徐𤊹《紅雨樓家藏書目》：〔註24〕

〔註19〕昌彼得，〈說郛源流考〉，《版本目錄學論叢》（二）（台北：學海，民國66年），頁237。
〔註20〕（明）陳第，《世善堂藏書目錄》，《書目三編》，（台北：廣文影印，民國58年）。
〔註21〕（明）趙用賢，《趙定宇書目》，《書目類編》第廿九冊（台北：成文影印，民國67年）。
〔註22〕（明）晁瑮，《寶文堂書目》，《書目類編》第廿八冊。
〔註23〕（清）阮元，《天一閣藏書總目》（清嘉慶十三年揚州阮氏文選樓刊本）。
〔註24〕（明）徐𤊹，《紅雨樓家藏書目》，《書目類編》第廿八冊。

有「彙書」類、但所收書皆爲類書，其他類目亦未見有著錄叢書者。

這的確是一個特殊的現象，明代叢書刊刻風氣已盛，各家藏書目中收錄的卻如此之少，這或許是因當時人尚不重視叢書的緣故。相形之下，澹生堂所收藏的叢書，就顯得特別的豐富了。

（八）釋家類：

共有八六八種，三千六百二十六卷。

釋書類的特色爲收入許多的佛經，其中《大乘經》就有三百十八種；《小乘經》有七十種；《宋元續入經》有六十八種。承爆年輕時讀書於山中僧舍，和雲樓老人、天台無盡等往來而通禪學〔註25〕，故他篤信佛教，而廣搜佛經，是十分自然的事。

（九）譜錄類：

譜錄類中所收書並不算多，但其特色在於收錄了《試錄》。承爆在與潘昭度書中曾言：

> 我朝會試廷二錄，自開科至今，其俱板存禮部，此昭代大典，藏書家不可不存。

因此他特於譜錄類中立試錄一目，收歷科的《殿試錄》及《會試錄》。登科錄的收藏，亦爲天一閣的特色，但天一閣中收藏有《登科錄》六十八冊，《會試錄》四十九冊、《鄉試錄》三百多種，可知其特色乃在於《鄉試錄》〔註26〕。而澹生堂藏書目中則有歷科《殿試錄》七十冊、歷科《會試錄》七十冊、歷科《進士考》四冊二十卷，收藏重點與天一閣有所不同。此外還另收有成化戊辰、甲辰、嘉靖丁未的《會試錄》，萬曆甲辰的《會試錄》及《三試錄》，蓋爲承爆及其先祖參加會試的試錄。

從以上的統計資料顯示，澹生堂藏書中以文集，尤其是明人文集數量最豐，其次則爲方志和明代史料。出乎意料之外，這個特色竟和四明范氏天一閣的藏書特色不謀而合。黃裳在〈天一閣被劫書目前記〉中說：

> 這個書目（天一閣被劫書目）雖然很不完備，但從中可以看出天一閣藏書的特色和被盜劫損失的嚴重。明季的史料和明人別集—也就是范欽生存時期的當代史料和文學資料—特別豐富。這種特色，確是天一閣所獨有的，在當時，甚至以後一個很長時期中的藏書家中很少看到〔註27〕。

〔註25〕見《澹生堂集序》中，陳序。
〔註26〕見《天一閣藏書總目》，傳記類附錄。
〔註27〕黃裳，〈天一閣被劫書目前記〉，《文獻》（1979年1月），頁99。

　　駱兆平曾經考察天一閣中所藏明代方志，省、府，州、縣志合起來，共約四百三十五種〔註 28〕。澹生堂藏書目中統志、通志、郡志、州志、邑志加起來，有五百二十種。其中或有明代以前的方志，必定也是少數，以種數來計纂絲毫不遜於天一閣。再以文集來說，今查閱阮元編的《天一閣藏書總目》，其中著錄明人文集者，有二百四十八種，雖阮元可能會刪去一些著錄〔註 29〕，但原來的數目，應當不會超過《澹生堂藏書目》的八百七十二種。所以，若是天一閣的特色與重要性，在于它所收藏的明人文集史料及方志，那麼澹生堂的特色與重要性，也絕不在天一閣之下了。而澹生堂除了在明人史料、文集與方志的收藏量上，足以與天一閣相抗衡外，其類書和叢書的收藏豐富，在明代的藏書家中，更是別具特色的。謝國楨曾說到明清時代的書籍，從目錄學的角度來看，最重要的資料是叢書、地方志、野史筆記、和詩文集等〔註30〕。這些資料必定是當時雕版事業的出版大宗。而澹生堂的藏書，也正以這些資料爲最豐富。因此，澹生堂的藏書特色，可以說正反映了當時的出版概況。

二、藏書的版本

　　黃裳在〈澹生堂二三事〉一文中，曾經提到了浙東（指范、祁兩家）和常熟（指錢、毛兩家）藏書家的不同之處，在於常熟派重視書籍的版本，而浙東派是以實用的角度來收書〔註31〕。前節中也曾提到，承㸁並不是一個以版本夸示的人，即使他在河南作官時，抄錄了許多極珍貴的書，也是指該書的內容而言。他藏書的目的乃在於讀書致用，因此也的文集中談及版刻的地方並不多。但承㸁也並非不懂版本，他與潘昭度函中曾說：

　　　　大約覓書如覓古董，必須先具賞鑑乃可稱收藏家，若只云漫爾收
　　藏，則篋中十九皆膺物矣。

可見他在買書時，態度是非常審慎的。他日記中便常記某書爲「佳本」，又如《澹生堂集》卷十四中〈讀書雜記〉，有〈秦少游淮海集三十卷〉一條云：

　　　　淮海閒居集十卷，監本已不可得。余向所藏者，乃嘉靖乙巳間翻本，

〔註28〕〈談天一閣藏明代方志〉，頁 180。
〔註29〕蔡佩玲，〈范氏天一閣研究〉，第四章，言「阮目仍不足反映藏書全貌」，如依馮氏的統計，阮元登閣時至少尚存五千一百多種書，卷數可達六萬卷之多。而阮目所漏載者，除一部分是因爲疏忽而來，另一些則是有意略去，……。
〔註30〕〈明清時代的目錄學〉，頁 36。
〔註31〕〈澹生堂二三事〉，頁 347。

　　　　然簡冊短小，字畫亦漫漶。余過淮陰，晤治水使者朱敬韜於舟次，語及，

　　出此本見贈，蓋萬曆本也，寫刻俱精，老眼得此甚快。

這些都證明他在購書、讀書時，很重視版本的選擇。《澹生堂藏書目》中，有一些版本的記載。這是繼尤袤《遂初堂書目》和晁瑮《寶文堂書目》之後，第三部記有版本的書目。從其中記載版本的體例來看，和清初錢曾撰述《讀書敏求記》的意義絕不相同，而十分近似《尤目》的體例，很可能是仿自《尤目》。由於著錄十分簡單，且數量不多，無法代表所藏版本特色，但仍將著錄版本名稱及數量，列於下表中：

表3-2　《澹生堂藏書目》中所記版本統計表

名　　稱	數　量	著　錄　分　佈　情　形	備　　　　註
監本	11	經部 8 史部 3	
北監本	1	經部爾雅	
南監本	2	史部 2	
官本	9	經部 1 史部 5 子部 3	常州官本、官板本、官板
御製鈔本	1	史部：皇明制書	
藩刻本	7	史部 3 子部 4	唐藩宙枝輯刻本、浙江藩司新本、趙藩本、楚藩本、趙藩刻本、徽藩刻本
藩藏本	2	史部 1 子部 1	趙藩藏板、趙藩藏本
舊本	29	經部 6 史部 12 子部 10 集部 1	舊板、舊板本、舊刻本
新本	23	經部 4 史部 10 子部 8 集部 1	新板、新刻本、新板本、南京新刻本、襄陽新本。
刻本	7	經部 2 史部 1 子部 4	權衡刻本、蔣暘重刻、王應龍序刊祝皇谿刻、楊南潤重刻……
翻刻本	1	史部：五岳遊章	
駢刻本	1	子部：劇談錄	
細楷精刻本	1	經部：九經眞文	
鈔本	58	經部 4 史部 1 子部 46 集部 7	
仿宋本	1	子：仿宋本考古圖	
地方刻本	43	經史 15 史部 6 子部 12 集部 10	閩本、常州本、婺源本、鳳陽本、楚本、揚州本、廣平本、南京板、金陵板、杭州本（杭板）、吳門刻本、吳板、蘇州板、湖州板、越板、建昌板吉安本、宣郡本、河南刻本、松江板、壽州板、陝西本、廣西板、廣陵本。
宋本	2	仕學規範 30 卷　宋板校刊淵明集 2 卷	
大本	1	子部：閩中荔枝譜八卷	
小本	15	史部 2 子部 13	小板

　　由於藏書目中，並未對這版本名稱作說明〔註32〕，所以我們也不太能了解如「新本」、「舊本」、「大本」、「小本」的區分界限為何。但可以想見，「舊本」是比較早的本子。藏目中著錄宋板的只有二種，但現今我們知道的澹生堂藏宋本書就有三種，且不同於所著錄的這兩種。因此承㸁必定沒有全部著錄。且藏書目中有六千七百種書，著錄版本的只有二百種，其他未著錄的，必定還有些好的版本。例如《澹生堂集》卷十四〈讀書雜記〉中所記〈江湖長翁集〉便是一部罕見的宋版書：

　　　　原集刻於嘉定年間，有渭南先生序。元朝兵亂後，其雲孫之婦獨自
　　　攜板，與一子同行。後其子孫保持版數百年，萬曆戊午時始由水部李公
　　　重新刊行。藏書家均無此書之寫本與刻本，宋朝經籍志亦未載。

　　此外從地方刻本的記載來看，承㸁藏書的版本，不只限於江南地區及福建地區，還遠至廣西、陝西等地，其地域性是相當廣泛的。

　　以上是就《澹生堂藏書目》中記載的版本項，略事分析，其次就各家藏書志中所著錄的澹生堂藏本來看，流傳至今的澹生堂藏本，宋刊本只有三種：

（1）、《新刊五百家注音辨昌黎先生集》四十卷外集十卷序傳碑記一卷韓文類譜十
　　　卷：見於《江南圖書館善本書目》，及《盍山書影》（見書影六）。《天祿琳
　　　琅書目》亦載有此書，謂正集後有木記「慶元六禩孟春建安魏仲舉刻梓於
　　　家塾」一行，而此本佚脫。內有「澹生堂經籍記」、「子孫世珍」、「曠翁手
　　　識」及「山陰祁氏藏書之章」四印。此書歷經朱彝尊、惠定宇及丁丙所藏，
　　　後歸江南圖書館所有〔註33〕

（2）、晦庵朱侍講先生《韓文考異》十卷：見於《善本書室藏書志》、《江南圖書
　　　館善本書目》及《盍山書影》（見書影七）。與前《五百家注昌黎先生集》
　　　為同時刊本。亦歷經朱彝尊、惠定宇及丁丙三家藏而歸於江南圖書館所有。

（3）、《麗澤論說集錄》十卷：國立中央圖書館《善本書目》所著錄。為宋刊明國
　　　子監修補本，書中有補版，卷末有明國子監修版跋文，末行被賈人剜去，
　　　故不識修補年代。歷經盧址抱經樓、許氏褱辛齋所藏（見書影八）〔註34〕。

〔註32〕（清）丁丙，《善本書室藏書志》，《書目叢編》（台北：廣文，民國56年），史部十
　　　　四「《澹生堂藏書譜》八冊《藏書訓略》二冊原寫本」，云前有曠翁自序。而徐刻本
　　　　則無，未知自序中是否有言著錄的體例。
〔註33〕江蘇國學圖書館，《盍山書影》不分卷，《書目四編》（台北：廣文影印，民國59年）。
　　　　江南圖書館，《江南圖書館善本書目》不分卷，《書目四編本》。
　　　　（清）彭元瑞等，《天祿琳琅書目》十卷，《書目叢編本》。
〔註34〕國立中央圖書館，《善本書目》增訂本（台北：編者，民國56年）。

元刊本有四種：

（1）、《爾雅注》：見於傅增湘《藏園群書經眼錄》，謂「小板心、八行十五字，黑口、左右雙闌，版心魚尾上方記大小字數，序後有「大德己亥平水曹氏進德齋」牌字六行。有「山陰祁氏」之印，後歷經馬氏叢書樓、天真閣、虞山張蓉鏡諸家所藏〔註35〕

（2）、《史記集解索隱》一三〇卷：見於《藏園群書經眼錄》，謂「蒙古中統段子成刊本，半葉十四行，行廿五字，注雙行同，白口，四周雙闌，版心上記字數，下記人名一字，左闌外上記篇名，間有補版，則黑口，無版心字數。」有「澹生堂經籍記」、「曠翁手識」、「山陰祁氏藏書之章」三印。傅按：

　　槜書隅錄載此本，闌外不記篇名，錢警石所舉誤脫字皆不誤，是別一刻本。且序文中統上加皇元二字，尤為翻刻之證，此帙則真中統本也，與錢氏所記皆合。

此書遂為傅氏所購去。

（3）、《樂書》二百卷目錄二十卷：亦見於《藏園群書經眼錄》：

　　元至正七年丁亥福州路儒學刊本，半葉十三行，行二十一字，白口，左右雙闌，版心上方有字數。

有「澹生堂」、「勤襄公五女」、「叔芷」、「若衡」、「禮蓮寶」、「姚氏畹貞」、「張蓉鏡印」、「蕘友張燮」……諸印。

（4）、朱文公校《昌黎先生集》四十集：見於羅振常《善本書所見錄》，謂「元刊元印本，半頁十行，行廿一字」，後為虞山張蓉鏡所藏〔註36〕

　　至於明代刻本或舊鈔本中，也有一些罕見且具價值的佳本。如〈讀書雜記〉中〈資治通鑑詳節一百卷〉一條言：

　　所標識皆蠅頭粟粒字，而筆畫勁逸，如鐵鷥翩翩。兼以書久失板，止此鈔本僅存，真足珍也。

又如丁丙《善本書室藏書志》史部有〈澹生堂藏明刊本福州府志〉一條云：

　　此志前後無序跋凡例，不知修於何時。據鄉舉表終於萬曆七年，則成書當在十年前也。乾隆甲戌福州知府徐景熹修府志，徧求其書不得見。徐志凡例言百餘年前閩中已無其書，矧至今日，益足珍秘矣。

又如丁志集部中有《西崑酬唱集》明鈔本為澹生堂所藏，丁氏言「明末諸家寓目

〔註35〕傅增湘，《藏園群書經眼錄》（北平：中華，1981年）。
〔註36〕羅振常，《善本書所見錄》，《書目類編》第七十九冊。

甚罕」。

　　黃宗羲曾經說過「夷度先生所積，眞希世之寶也。」〔註37〕，以他鑑別的眼光，所言必定不假，只可惜今日我們已經看不到這些稀世之冊了。

三、澹生堂鈔本

　　澹生堂藏書中，除了承㸁四處蒐購的典籍外，最著名的就是澹生堂鈔本了。全祖望便說「夷度先生精於汲古，其所鈔書多世人所未見。校勘精核，紙墨俱潔淨〔註38〕。」明以來的鈔本，向爲藏書家所秘寶，澹生堂鈔本在清朝便是遠近馳名的。承㸁自年輕時起，便喜歡鈔書，曾經「手錄古今四部，舉其中切近舉業者，彙爲一書，卷以千計，十指爲裂」〔註39〕。凡遇宋元人文集遺稿，無不鈔錄而存之〔註40〕。可見他鈔錄書籍之勤。究竟承㸁一生中鈔錄的書有多少呢？他在家書中曾提到一個約略的數字：

> 只如十餘年來所抄錄之書，約以二千餘本，每本只約用二食，紙張二、三錢，亦便是五、六百金矣。又況大半非坊間書，即有銀亦無可買處〔註41〕。

從這段話中，便可知道澹生堂鈔本的價值了。黃裳〈澹生堂二三事〉一文中也曾提到這些鈔本的珍貴性：

> 祁承㸁是目錄學者，他的鈔書是有選擇的，他認爲極珍貴重大的書，也不是漫爲誇示。從今存的澹生堂鈔本中，我們可以發現有遠勝於流行本，保存了不見于他本的佚文的情形。可見其所據抵本之佳〔註42〕。

　　承㸁十餘年來所鈔的書，便有兩千餘本。我們知道他所編的《澹生堂餘苑》和《國朝徵信叢錄》，都是鈔本。而《澹生堂藏書目》所著錄《澹生堂餘苑》，只有一百四十六冊，一百八十八種；《國朝徵信叢錄》有五十三冊，二百十二卷。可見除了這兩部叢書，澹生堂還有許多不知內容的鈔本。像承㸁在河南時鈔錄了很多書，黃裳就認爲極可能是錄自朱氏萬卷堂。

　　澹生堂鈔本的鈔錄，大約有三個來源，一是承㸁自己鈔錄校讎，二是倩人鈔

〔註37〕（清）黃宗羲，《思舊錄》，《梨洲遺著彙刊》（台北：隆言，民國58年），〈祁彪佳〉條。
〔註38〕《鮚埼亭集》外編卷二十，〈曠亭記〉。
〔註39〕《澹生堂集》卷十四，〈藏書訓約〉。
〔註40〕《澹生堂集》卷十八，〈與潘昭度〉函。
〔註41〕《祁承㸁家書跋》，頁266。
〔註42〕《澹生堂二三事》，頁340。

錄，三是以鈔本贈閱他人。《祁忠敏公日記》萬曆十二年三月十八日記曰：

> 先是錢牧齋向予借書，予以先人之命不令借人，但可錄以相贈，因
> 托德公兄簡出諸書。

五月初九日又記：

> 作書致錢牧齋，以抄書十種應其所索〔註43〕。

因此可知澹生堂鈔本有些是用來贈送他人的。這三種不同來源的鈔本，當以請人鈔錄的本子最差。澹生堂鈔本中有些魯魚漫漶，未經校對的本子，大約就是出于他人之手。

　　從各藏書志所著錄，可知澹生堂鈔本乃用藍格棉紙，版心刻「澹生堂鈔本」五字，半葉十行或十一行，每行字數則不一定，有十八字、二十字或廿一字的。承爍在家書中有命諸子購物一單，內有「杭州大樣放闊上好太史紙一簍，要抄書用」一條，便是澹生堂鈔本所用的紙。可見鈔本所用紙質甚佳。

　　現將筆者所找到藏書目（志）中著錄為澹生堂鈔本者，列表於下，以見澹生堂鈔本的存佚情形：

表3-3　各藏書目（志）中所載澹生堂鈔本一覽表

書　目	所經藏家或藏書印	所見藏書目（志）
三易備遺十卷	翰林院印、掃塵齋舊藏	莛圃善本書目
尚書集傳纂疏六卷	丁日昌舊藏	持靜齋書目
宋王質詩揔聞二十卷（據宋刻富川本過抄）	丁日昌舊藏	持靜齋書目
尹和靖論語解二卷	汪士鍾、韓德均錢潤文夫婦印	韓氏藏書目、文祿堂訪書記
九經疑難殘本四卷	張金吾舊藏	邵亭知見傳本書目、愛日精盧藏書志
滇載記	歸安姚覲元，彥侍潘志萬潘叔坡圖書、崦西草堂印	文祿堂訪書記
墨池璙錄四卷	淮陽張氏宗素堂、張凱次柳二樹書畫諸印	持靜齋書目
國朝名臣事略十五卷	王鳴盛、具埔、傅增湘舊藏	蕘圃群書題識、藏園群書經眼錄
南詔野史一卷	鄧尉山樵叔過眼、崦西草堂印	文祿堂訪書記

楊升庵雜說	張乃熊舊藏	莚圃善本書目
類說五十卷	項墨林鑒賞、天籟閣、健菴珊瑚閣珍藏印	文祿堂訪書記
廣筆疇	丁丙舊藏	善本書室藏書志、江南圖書館善本書目
蝶庵道人清夢錄一卷	張載華印，丁丙舊藏	善本書室藏書志
愧惔錄	張元濟舊藏書	涉園序跋集錄
會稽掇英總集二十卷	翰林院印、結一盧藏、張乃熊舊藏	莚圃善本書目
乖崖先生文集十二卷附錄一卷	（抄配澹生堂鈔本），丁丙舊藏	善本書室藏書志、江南圖書館善本書目
傅汝礪文集十一卷附錄一卷	呂留良舊藏，丁丙舊藏	善本書室藏書志、江南圖書館善本書目
周益公文集二百卷	張金吾舊藏	愛日精盧藏書志
勿軒先生文集	馬援、張金吾所藏	愛日精盧藏書志
傅忠肅公集三卷	北京圖書館藏	藏園群書經眼錄
聞過齋集八卷	張金吾舊藏	愛日精盧藏書志
華彥清黃楊集		藏園群書經眼錄
濊南遺老先生集四十五卷	有吳尺鳧手跋五則吳焯、尺鳧、繡谷熏息、曾給筆札等印	善本書所見錄、藏園群書經眼錄
在野集	丁丙舊藏	藏園群書題記、善本書室藏書記
丹崖集八卷	先圻曦伯所藏印、繆荃孫舊藏	藝風堂藏書續記
許白雲文集	振綺堂舊藏	江南圖書館善本書目
周翰林近光集三卷扈從集一卷附補遺	呂留良舊藏，丁丙舊藏	善本書室藏書志
臨安集	禦兒呂氏講習堂經籍圖書，難尋幾世好書人，玉雨堂印、韓氏藏書	藏園群書經眼錄
續軒渠集	涵芬樓藏	藏園群書經眼錄
安雅堂文集	抱經樓舊藏	藏園群書經眼錄
詩話補遺三卷	二樹書畫印，丁日昌舊藏	持靜齋書目
對床夜話五卷	丁丙舊藏	善本書室藏書志
咸平集三十卷	錢犀菴藏、江夏徐氏藏印	文祿堂訪書記

前列三十五種澹生堂鈔本，是自清代至今各藏書志（目）中考得，而其中現藏於台灣者，只有《三易備遺》十卷、《類說》五十卷，《乖崖先生文集》存七卷及《會稽掇英總集》二十卷四種，均存於國立中央圖書館。此外中央圖書館《善本書目》中尚著錄有三種抄本不見於各藏書志（目）的，分別爲《經子難字》二卷、《書蔡氏傳纂疏》六卷及《樂全先生文集》存三十七卷附行狀一卷（見書影九至十六）。至於台灣其他各圖書館的善本書目中，都沒有發現澹生堂鈔本。那麼台灣可看到的澹生堂鈔本，就只有上述七種了。

如黃裳所言，澹生堂抄本中，有相當草率，出于「抄胥」又未經校對的本子，馬瑗〈聞過齋集跋〉中就說澹生堂鈔本《唐子西吳魯客集》，「魚魯帝虎脫譌極多，殆不可讀，以意揣度乙出，而未有別本校對，但可存疑而己〔註44〕。」黃丕烈曾以元刻《國朝名臣事略》校澹生堂鈔本，謂「書之貴元刻而舊鈔之不可信，有如此也。」〔註45〕但鈔本中也不乏絕佳之本，不但多依據好的底本，像《詩揔聞》二十卷是據宋刻富川本過鈔，《書蔡氏傳纂疏》六卷是傳鈔元泰定間梅溪書院刊本。而且在鈔錄時，多半能保存舊本之式樣。其所傳鈔書多爲稀見之本，故對於保存失散的文獻，也極具貢獻。以下便舉藏書志中三例說明之：

（1）、《涉園序跋集錄》中〈愧郯錄十卷〉一條云：

　　菉圃謂原書空白十葉，與知不足齋刊本相合，定爲祖本，且謂抄本並非無據。余嘗見同式後印者二部，及曹溶學海類編印本，亦均無此十葉。……友人周君越然購得祁氏澹生堂鈔本半部。余聞之往假，開卷則此十葉者宛然俱在。因迻錄之，倩人依原書款式寫補各葉，前後適相銜接。……明清鼎革，忠敏遭難，藏書散盡，世極罕見。閱三百年於有人覆印之時，而是書忽出，且亡其半。而有此十葉之半部獨不亡，不可謂非異事也〔註46〕。

（2）、《藏園群書題記續記》卷四有〈校傳忠肅集跋〉云：

　　傳忠肅集三卷，刻於元慶乙卯。元明以來遂無覆本。光緒壬辰大興傅以禮節子始據舊鈔本校刻於福州，附校勘記一卷，繕寫工整，鐫刻精雅，當世奉爲善本。余頻年南北所覯寫本，不下六七，未曾著手比勘，蓋節子於此書致力甚勤，信其必無舛失也。日前獲見京館藏澹生堂寫本

〔註44〕（清）張金吾，《愛日精盧藏書志》（台北：文史哲，民國71年影印本），卷三十四〈聞過齋集〉一條。

〔註45〕（明）黃丕烈，《菉圃藏書題識》，《書目叢編》本。

〔註46〕張元濟，《涉園序跋集錄》，《書目類編》第七八冊。

半葉十一行，每行二十字，宋諱小字旁注，提行空格，一循古式，訝其
當有佳異，因對讀一過，乃知新刻譌謬，殆不可勝。計全書改訂之字，
凡三百又四十，……

（3）、《藏園群書題記續記》卷五，〈校華彥清黃楊集跋〉云：

據翼綸跋語稱其集始刻於元至正十一年，再刻洪武丁卯，其後隆慶
戊辰、崇禎辛已又相繼重刻；嘉慶丙辰族人宏源因板燬又覆刻之，今所
傳者，即其遞修補之本也。京師圖書館藏有澹生堂鈔本不分卷，前有成
化十八年安成彭華序，爲刻本所無，因取以對勘，則澹生堂本所溢出者
爲七絕四十六首，七律一百八首，七古五首，五絕四首，五律四十首，
五排一首，主古五首，詞三首，祭文二首，都二百十四首。尤可異者，
其各卷題目相同者而字句往往大異。有一詩而增至數聯者，幾於改不勝
改矣。

案彭華序稱仲子公愷收拾遺稿，僅得其半，門人呂偉文亟請鋟梓，
翁之玄孫守方旁搜徧購，又得若干篇考定完補，重刻以傳。是今世所行者，
爲公愷初刻之本。澹生堂所錄者，爲守方重輯之本，故相去懸絕乃如此也。
弟有不可解者，守方重輯者刻於成化，其後隆慶、崇禎，嗣有重鋟，顧何
以不取守方本而因仍公愷未完之本？豈當時求成化本已不可復得耶？嗚
呼，文之傳否與傳之早暮，疑有數存乎？雖有賢孫賡續完輯，然終未廣流
傳，設非祁氏錄此副本，俾後人得據而勘之，則此殘缺不完之本，將與世
而終古矣。然則收藏家與校勘家，其爲功於古人，豈不偉歟？

由以上三例中可看出，澹生堂鈔本的特色在于鈔錄時均依照底本原式，不任
意改動，所以很多失傳古本的版式，經由澹生堂鈔本而保存下來。此外澹生堂鈔
本依據底本確爲罕見之本，如《傳忠肅集》及《黃楊集》，連其子孫後代都不曾見
過的底本，卻因澹生堂鈔本而得保留，其中所保存的佚文，更對校勘學有極大貢
獻。如今澹生堂抄本所存已不多，但這些僅存的抄本，在中國古典文獻學上，仍
具有其特殊的價值。

第三節　子孫的續藏

承爜一生中最大的心願，就是期望子孫能克紹箕裘，使藏書延續下去。澹生
堂延續的時間，雖比不上天一閣，但也經過了祖孫三代的鼎盛時期。黃裳曾說「祁

氏三世藏書的數量及範圍，都遠遠超過其他的藏家」〔註47〕，這句話並不爲過。
清初小山堂主人趙昱的母親朱氏，自幼生長於曠園，由班孫夫人朱氏德蓉撫養長
大，趙昱的父母結婚時，便在曠園中的東書堂成婚，他們都曾見過澹生堂「牙籤
飄帙，連屋百城」的盛況。見趙昱《愛日堂詩稿》中所記：

> 先君曾假館澹生堂，其時祁五先生（按：即祁理孫）尚存，藏書充楹
> 五樓，望若嫏嬛秘府云〔註48〕

《春草園小記》〈曠亭〉條亦記云：

> 吾母嘗爲某言昔時梅里園林人物之盛，澹生堂藏書十萬卷，悉人間
> 罕覯秘冊。又東書堂爲五六兩舅父詩壇酒社名流往復之所〔註49〕。

可見澹生堂在理孫、班孫時，藏書仍非常豐富，祁彪佳及祁理孫、班孫也都繼續
有書籍入藏。當時著名的藏書家，如錢謙益、毛晉、黃宗羲、曹溶、朱彝尊等，
都和祁氏澹生堂往來甚密。從《祁忠敏公日記》中，可知錢謙益及毛晉都曾向澹
生堂借過書〔註50〕，黃宗羲〈天一閣藏書記〉一文中也曾說：

> 祁氏曠園之書，初庋家中，不甚發視，余每借觀，惟德公知其首尾，
> 按目錄而取之，俄頃即得〔註51〕。

至於曹溶和朱彝尊，是理孫、班孫的好朋友，也正是趙昱所言「詩壇酒社」的名
流。朱彝尊《曝書亭集》中還收了很多和理孫、班孫、曹溶相酬唱和應的詩〔註52〕，
便可爲證。由此可知，澹生堂在承爍去世後，仍持續了一段鼎盛時期，且在明末
清初時期，頗具有重要性。

黃宗羲曾說澹生堂的藏書「惟德公知其首尾」。今由《祁忠敏公年譜》萬曆四
十一年所記：

〔註47〕黃裳，〈遠山堂明曲品劇品校錄後記〉，《銀魚集》（北京：三聯，1985年），頁310。
〔註48〕（清）趙昱，《愛日堂詩稿》，見黃裳〈澹生堂二三事〉，頁340之引文。
〔註49〕（清）趙昱，《春草園小記》，〈曠亭〉條。
〔註50〕（明）祁彪佳，《祁忠敏公日記》，崇禎十二年五月初九日記：「作書致錢牧齋，以
　　　　抄書十種應其所索，又作書致毛子晉，索其所攜《餘苑》。」
〔註51〕（清）黃宗羲，《南雷文案》卷二，《梨洲遺著彙刊》，〈天一閣藏書記〉。
〔註52〕（清）朱彝尊，《曝書亭集》，《四部叢刊》初編（上海：商務影印），卷四有〈題祁
　　　　六班孫東書草堂〉、〈梅市飲祁四居士駿佳宅同徐十五祁六分韻〉、〈祁六坐上逢沈
　　　　五〉、〈祁理孫席上口占〉、〈祁六紫芝軒席上留別〉、〈梅市對雨遲朱士稚不至同呂師
　　　　濂祁理孫班孫分韻得泥字〉諸詩；卷五有〈偕曹寺郎溶施學使閆章徐秀才緘姜處士
　　　　廷梧張處士彬祁公子理孫班孫段橋玩月分韻得三字〉詩，後班孫遺戌出關時，朱彝
　　　　尊還作了一首〈夢中送祁六出關〉詩，可見二人交情深厚。

與兄元孺、德公、季超及從兄止祥讀書於密園〔註53〕

知德公應為二子鳳佳（元孺為長子麟佳，季超為三子駿佳）。承爜家書中凡有藏書事宜，總是囑附二郎（鳳佳）及四郎（駿佳）辦理，承爜去世後，駿佳隱居於山中，長兄元孺卒於崇禎九年（見《祁忠敏公年譜》），彪佳又多在外作官，故藏書僅鳳佳一人保管。從黃氏言其「按目錄取之，俄頃即得」看來，鳳佳對父親的藏書，非常熟悉且管理得很好。

彪佳平日亦喜聚書，日記中常提到購書之事。如崇禎四年十一月十日記：

午後與聖鑒姚甥出訪客，……步至前門買歷朝提錄及傳奇二種。

十五日記：

雪晴至廟市，逢王覺斯於書肆，買會典及李念塘、鄒匪石諸公疏十數種。

崇禎五年正月初八日記：

欲觀燈市……則市物尚未集，惟買洪武正韻及雍熙樂府二書歸寓。

崇禎十二年四月初六日記：

至書肆，買書數種歸。

此外他也常得到友人贈書，如崇禎十五年六月十三日記：

得許孟宏孝廉書贈予宋元通鑑紀事及儀禮經傳，又得毛子晉文學贈予十三經注疏，又得任正則文學書贈予。

十六年十一月二日記：

吳門陳文學名濟德者過訪，贈以家刻勸戒全書及裁定潛確書類〔註54〕。

此類記載在他日記中常可見到，可見他平日十分注意搜購圖書。崇禎十年寓山園築成後，他寫了寓山注，言其「自吳中乞身歸，計得書三萬一千五百卷，皮置豐莊之後樓，鎮日摩挲〔註55〕。」彪佳回鄉是崇禎八年，至崇禎十年已聚書三萬卷，可謂成績斐然。而他除了收購書籍外，亦很重視書籍的整理與修護。從崇禎八年到崇禎十一年的日記中，便有許多他整理書籍的記載。

七月初一日：予到家方兩日，屏謝諸應酬，獨與鄭九華於大樓整理書籍。

初二日：……歸復整書，得焦猗園經籍志，欲仿之分諸書作四部，且條為諸目。

初五日：予向書籍藏之先子樓上，取以編入四部，于是史與集之類頗多。

〔註53〕（清）王思任，《祁忠敏公年譜》，《臺灣文獻叢刊》第二七九種，《甲乙日曆》內附錄（台北：台灣銀行，民國59年），頁126。

〔註54〕以上所引俱見《祁忠敏公日記》。

〔註55〕《祁忠惠公遺集》卷七，〈寓山注〉。

初六日：程氏兩文學來晤，去則整書，是日已稍有次第，蓋所藏己十餘
篋矣。

初九日：舊書有為蠹魚侵蝕，重為裝訂。

九月初七日：午後夏孔林來晤，別去與鄭九華登樓簡裝演諸書籍，因嘆
卷帙浩繁，寗但不能讀，即求時為摹挲，亦可得哉。

初八日：於樓上簡近日裝書籍，以前所分之四部，條為諸目，大約仿先
人所藏書，而予書宋及其半。故歸併條目，以就簡約。

初十三日：與鄭九華所整者為前代及國朝文集，至此而四部已就緒矣。
晚取章奏詩稿及諸書之散辭者，彙而為帙，不欲片紙供覆瓿也。

十月初五日：與鄭九華觀新舟，簡收俵偘所製書，凡得五十餘套。

十一月十四日：登樓整書完矻。

由這些簡短的日記，可看出彪佳對書籍十分地珍惜愛護，除了整理書籍，編輯書
目外，還修補殘帙，裝訂俵偘，「不欲片紙供覆瓿也」，這種愛書惜書的態度，毫
不遜於乃父。在崇禎十二到十五年的日記中，也有不少整書的記載。

彪佳藏書數萬卷，「以朱紅小榻數十張，頓放縹碧諸函，牙籤如玉，風過有聲
鏗然」〔註56〕。他曾請黃宗羲入室評其藏書佳否，黃氏云「此等書皆閶門市肆所
有，腰纏數百金，便可一時暴富」〔註57〕，這下之意，所藏頗不如乃父之精。但
是祁彪佳的藏書中，卻有一個罕見的特色，就是他藏有非常多的元明戲典傳奇。
朱彝尊《靜志居詩話》中〈祁承㸁〉一條言：

> 參政富於藏書，將亂，其家悉載至雲門山寺，惟遺元明來傳奇多至
> 八百餘部，而葉兒樂府散套王與焉，予猶及見之〔註58〕。

朱氏既曾親見這些元明戲曲，此話當可信之。惟朱氏以為這些曲藏是承㸁所藏的，
並未可信。因《澹生堂藏書目》中著錄的戲曲集，只有餘集類中艷詩（附詞曲）
目內有古今雜劇二十冊，名家雜劇十六冊。可見這八百餘部的傳奇，當非承㸁所

〔註56〕《鮚埼亭集》集外編卷二十，〈曠亭記〉。

〔註57〕（清）黃宗羲，《思舊錄》，《梨洲遺著彙刊》（台北：隆言，民國58年）。〈祁彪佳〉
條。

〔註58〕（清）朱彝尊，《靜志居詩話》卷十六（清扶荔山房刻本），〈祁承㸁〉條。
黃裳，〈遠山堂明曲品劇品校錄後記〉，頁311。《澹生堂藏書目》中〈小說〉類下
有〈戲劇〉目，但所收書為談笑滑稽之語，如《開顏集》、《諧史》、《滑稽餘韻》等，
而非戲曲作品。又昌彼得與潘美月，《中國目錄學》（台北：文史哲，民國75年），
頁194，所記《澹生堂藏書目》的類目在〈餘集〉內有〈今樂府〉一目，而徐氏刻
本《澹生堂藏書目》中卻無此目。

藏。今查祁理孫所編《奕慶藏書樓書目》，子部有〈樂府〉一類，下設〈評譜〉（收典譜、曲學之書）、〈傳奇〉、〈雜劇〉、〈散詞〉四目。其中〈傳奇〉目內著錄傳奇全本五百五十六種，一百六十二本；玉茗堂四夢及六種傳奇（南四林、酬揚州等六種）。〈雜劇〉目中著錄元劇百種、古今名劇選共五十六種，名劇匯二百七十種，七十二本。〈散詞〉目則著錄九種樂府〔註 59〕。〈傳奇〉、〈雜劇〉及〈散曲〉三目總合正是八百多種，和朱氏所言恰相合。那麼這些傳奇戲曲當為彪佳或理孫所收藏的。

民國四十一、二年，大陸上有最後一批澹生堂遺書的散出，其中有二本《遠山堂明曲品》及《遠山堂明劇品》，是祁彪佳生前所編寫的。這兩本本子被黃裳購得，據他所言，這兩本劇品、曲品所著錄的劇曲，共有六百七十七種〔註 60〕。由此可證明，這些戲曲作品，是由彪佳購買、搜集而得的。黃裳並且認為，這是目前所知有史以來私人收藏中最大的一個曲藏。這確是有可能的，因為戲曲在中國傳統文學中，是居於等而下之的地位，一般藏家很少會刻意去搜集戲曲作品，以明代書目而言，只有《百川書志》，《寶文堂書目》及《紅雨樓家藏書目》三家，別立一類收入戲曲。《百川書志》史部有〈外史〉一類，收入傳奇及戲曲五十六種。《寶文堂書目》有〈樂府〉一類雜收傳奇及樂府之書，其中雜劇傳奇有一百多種。《紅雨樓家藏目錄》子部有〈傳奇〉一類，著錄傳奇雜劇等共一百二十餘種。以上三目，在數量上皆遠不及《奕慶藏書樓書目》，且分類也不及其纖細。故戲曲收藏數量龐大，是彪佳藏書中最重要的特色。

只要研究彪佳的家庭背景，就不難瞭解他何以如此熱衷於戲曲。彪佳的兄長麟佳、駿佳及從兄豸佳，都有戲曲創作的經驗，豸佳更有戲曲天才。彪佳本人也曾作過一齣〈玉節記〉〔註 61〕。他的兄弟們都喜愛作戲曲，他也因此刻意收藏戲

〔註 59〕（清）祁理孫，《奕慶藏書樓書目》，《書目類編》第卅冊。又黃裳在〈遠山堂明曲品劇品校錄後記〉頁 311，據鄭振鐸先生引文，言「《奕慶藏書樓書目》卻著錄了《名劇匯》七十二本（凡二七○種，有詳目），雜劇十四本（無目），未訂雜劇二帙（無目），抄本雜劇十二本（無目）」，和《書目類編》本所著錄概不相同。據趙萬里所編《西諦書目》（《書目類編》第四十三冊），目錄類有《奕慶藏書樓書目》不分卷二部，而《書目類編》本則有五卷，是據上海古典文學出版社出版者所印；古典文學出版社則據燕京文學圖書館藏舊鈔本所印。此外昌師彼得有〈國立北平圖書館善本闕書目〉一文，其中所列書目中，亦有《奕慶藏書樓書目》為四卷。為何會有如此差異？已無從查考，但《書目類編》本錄數量與朱氏所言較合。

〔註 60〕〈遠山堂明曲品劇品校錄後記〉，頁 311。

〔註 61〕〈遠山堂明曲品劇品校錄後記〉，頁 312，記祁麟佳作有〈太寶山房四劇〉，祁豸佳作有〈眉頭眼角〉、〈玉犀記〉，祁駿佳作有〈鴛鴦錦〉。又該文註二十六引清淵王介

曲作品。《祁忠敏公日記》崇禎八年十一月初四便記曰：

> 予坐書室竟日不出戶，整向日所蓄詞曲，匯而成帙，然頤誤之癖，
> 于此已解。

可見他確有收藏詞曲的癖好。他在北京時，還計畫收買余迎慶家藏的詞曲，並和當時俗文學家馮夢龍來往，訪求當地曲家著作〔註62〕。黃裳認為，彪佳生長在一個文學氣息極濃厚的家庭中。夫人，兄弟都具備相當的文學修養。所以他才會在那個不重視俗文學的時代中，刻意去收藏戲曲作品。

這批豐富的曲藏，很可惜並未遺留下來，但由彪佳所著的《曲品》、《劇品》中，仍可窺見其粗貌，黃裳大略說明了《明曲品》、《劇品》的內容：

> 這一批典藏的散失，是極可惜的，可是彪佳的兩本稿本（遠山堂明曲品劇品）卻保留下來了。它替這個曲藏保留了一個粗略的面目。兩品所著錄的劇曲，共六百七十七種，這是一個值得重視的發現。拿來和明代的呂天成，清中葉的姚梅伯，和近人王靜安的著錄比較一下，保留了未經著錄的劇曲達三百七十六種。也是園舊藏古今元明藏劇的發現，為元、明（主要是元人）增添了一百三十五種孤本，那麼《遠山堂曲品》《劇品》的發現，就為明人劇曲增添了更多的著錄，雖然那原本大抵是失傳了〔註63〕。

呂天成，字勤之，號郁藍生，別號棘津，明萬曆年間浙江餘姚人，其年代約和承爍同時，是明代的戲曲評論家。他亦曾作過一部曲品，評定從元末至明萬曆年間的戲曲作家一百二十位，及傳奇二百二十本。據其曲品自敘言：

> 上自先輩才人之結撰，下逮腐儒老優之攢簇，悉搜共貯，作江海大觀。既而謂多不勝收，彼攢簇專收之，污吾篋，于是多刪擲，稍稍散失矣〔註64〕。

則呂天成初亦致力於戲曲的收藏，然他以為詞曲作品多不勝收，不必盡藏，故又多丟棄。所以他的曲品只著錄了二百二十本傳奇，是彪佳《曲品》、《劇品》的三

錫美申纂，男王九游龍甫校《明才子傳》補傳卷下（溫故齋皮紙黑格舊抄本）有〈祁彪佳〉條：「世培天縱之才，文章經濟，無不敏妙，司理閩中，斷獄如神，自作〈玉節〉傳奇……」及註29所引《祁彪佳日記》中許多關於戲曲創作的記載。

〔註62〕同前註，註文中引吳江詞隱先生原編，鞠通先生刪補之《重定南詞九宮詞譜》，凡例續記中記：「先是甲申冬杪，子猶（即馮夢樓）送安撫祁公至江城（祁公前來巡按時，托子猶遍索先詞隱傳奇及余拙刻，并吾家諸弟侄輩諸詞殆盡，向以知音，特善子猶，是日送及平而別）……」。

〔註63〕〈遠山堂明曲品劇品校錄後記〉，頁312。

〔註64〕路工，〈明代戲曲評論家呂天成〉，《訪書見聞錄》（上海：古籍出版社），頁249，及頁247所引。

分之一而已。呂氏爲當代戲曲評論家，但他對戲曲的重視態度，竟比不上彪佳。時至今日，這些當日被他忽略的戲曲早已失傳殆盡。幸而彪佳的《曲品》、《劇品》，還保留了這些作品的大概記錄。使我們能瞭解當時俗文學的發達盛況，可說是空前的。

黃裳在曲品劇品的校錄後記中，舉出了彪佳編錄曲品劇品的幾個特點：

（1）、祁氏的批評，不只是站在作家的立場，也是站在導演和演員的立場。

（2）、祁氏的著錄尺度，要比呂天成寬得多，只要是稍有可取，就不肯埋沒作者的勞績。這就保證了著錄出色的豐富。

（3）、劇曲作者在舊時代是一向不受重視的。在這二本著錄裡，卻多少保留了撰人姓氏，和一些零星的記事，成爲極珍貴的史料。

（4）、劇品是清錄稿本，曲品則經過作者藍筆墨筆兩三次修改。我們可以看到有的戲被作者抽去，又安排在另外的地方。雖然在同一品中，次序先後也是幾費斟酌的，完全說明了作者選擇品隲態度的嚴肅〔註65〕。

由於彪佳在著錄的標準上，較呂氏要寬得多，所以《遠山堂曲品》及《劇品》的內容，也比呂氏曲品豐富得多。就研究中國俗文學史而言，《遠山堂曲品》《劇品》，也保存了更多珍貴的史料。最令人佩服的，該是彪佳的獨具慧眼，能將別人棄若敝帚的戲曲，當作文學作品來欣賞。不但廣事搜羅，還一一品評著錄，才使這些早已失傳的戲曲作品，在三百多年之後，還能被人知道。澹生堂的曲藏，以及《曲品、劇品》，在歷史上當具有非凡的價值。

順治二年清兵南下，彪佳投池殉國。在他死前曾將一部份藏書移入山中，見《祁忠敏公日記》三月十三日記：

> 記鄭九葦移先人所藏書於大樓，欲漸移山中。

後來黃宗羲入山檢閱的澹生堂藏書，大約就是這裏所說的「先人遺書」。但由趙昱所記其父母曾見澹生堂藏書盛況看來，澹生堂的藏書在理孫、班孫之時，都還非常豐富。至少在班孫遣戍出遼（順治十八年）之前，這十幾年間澹生堂藏書都是豐富完好的。民國四十年左右散出的澹生堂遺書中，有一些理孫、班孫的手批本（詳情見下節中論述）。其中《老子全抄》一書中，有駿佳的題記曰：

> 此先夷度府君手自點閱之書也，計其時尚爲諸生，先人手澤，子孫當世珍焉，不肖男駿佳謹識。時辛亥（黃裳按：爲辛酉之誤）孟春，己七十

〔註65〕〈遠山堂明曲品劇品校錄後記〉，頁312。

八歲矣〔註66〕。

又《唐宋八大家文鈔》一書中有祁班孫手批曰：

> 予家自夷度公至于先忠敏，雖不能如歐陽公、王廷尉，然亦不爲之
> 下。閱聚而必散之語，使人愴然。祖父所遺而失于子若孫，可不慎哉！
> 至于兵火所加，亦將盡心於是，力竭而不足，則天之命乎〔註67〕？

由這些題記及批文可看出，承燁的子孫十分珍愛先祖所藏，並願竭力守之。無奈
他們生於易代變亂之際，爲了抵抗異族，連性命和前途都難顧全，祖先遺留的藏
書，自亦難逃散失的命運。

第四節　藏書的散佚

藏書有聚亦必有散，承燁雖期勉子孫能使藏書有聚無散，但世間鮮有聚而未
散之事。即若天一閣之延綿數百年，但散出的閣藏亦不在少數。潘師美月曾論私
人藏書散佚的原因有四：一曰燬於兵燹，二曰燬於水火，三曰子孫不肖，四曰書
禁之厄〔註68〕。今考澹生堂藏書的流散，既非燬於兵燹水火，也並非由于子孫不
肖或直接的書禁之令，其原因可說十分複雜，而和清代異族統治鎮壓，有密切的
關係。

易代之初，祁氏一家雖遭彪佳投池殉國之慟，但理孫、班孫還能以讀書養母
爲事，與四方人士交游甚歡，祁五六公子的名聲亦遠播四方，並未受到政治的波
及。但理孫班孫都不是吟詠終日而不問世事的書生，他們繼承了父親的志節，不
向清廷屈服，而和當時反清復明的志士相往來，並支時這些起義士。魏耕事變就
是一個明顯的例子。不但如此，他們「對異族統治者的一切措施，都抱著反對的
態度，不承認新朝的正朔，不參加新朝的考試，認爲這也是一種抵抗的方式。對
不顧名節，熱心利祿，死抱著對時文不放的知識分子，是深惡而痛絕的」〔註69〕。

這種堅貞不屈的態度，終於導致了澹生堂悲慘的結局。假若當初貝勒（清軍
統帥）賄誘彪佳降清時，彪佳順從了；假若理孫、班孫像當時一般人那樣，順應
清廷的招撫；那澹生堂必可光明正大的延續下來。可是他們都沒有如此作，而選
擇了抗清效明的另一條路。他們可說「忠孝不能兩全」的情況下，不得不犧牲祖

〔註66〕〈澹生堂二三事〉，頁341。
〔註67〕〈遠山堂明曲品劇品校錄後記〉，註文中所引。
〔註68〕潘美月，《宋代藏書家考》（台北：學海，民國69年），頁23～5。
〔註69〕〈遠山堂明曲品劇品校錄後記〉，頁309。

父所留的藏書。

關於澹生堂藏書散出的時間，黃宗羲〈天一閣藏書記〉中有這樣一段記載：

> 祁氏曠園之書，……亂後遷至化鹿寺，往往散見市肆。丙午（按：
> 即康熙五年）余與書賈入山，翻閱三晝夜，余載十綑而出，經學近百種，
> 稗官百十冊，而宋元文集已無存者。……山中所存惟舉業講章、各省志
> 書，尚二大櫥也。

黃宗羲入山翻閱澹生堂藏書，是康熙五年，其時正逢魏耕事發，班孫遣戍關外後
五年（按：魏耕事發生於順治十八年）。據黃氏所言，在他入山之前，澹生堂藏書
已可散見於市肆，故藏書之散出，當在祁氏兄弟遭難後不久。當時班孫被遣戍關
外，理孫「歲必拮据，經營數百金，以濟其用」〔註 70〕。可知祁氏在遭到變故之
後，經濟情況已大不如前，又因其為「抗清份子」，必處處受清廷牽制。由《祁忠
敏公年譜》前彪佳十一世孫允所撰跋文，便可瞭解當時他們處境之艱困：

> 先忠敏公文集，公長子奕慶府君謂「初則以畏禍避仇，不敢刻，既
> 則以遭難破家，不能刻：引為切骨恨、莫大罪、畢生未了心。晚年，切
> 望後人稍有能力者，首任刻行；若力不能刻，必抄存名山，以俟因緣，
> 或遇有力大人好義，刻行手書，遺訓，世守勿忘，但卒未能行。」

在這種情形之下，澹生堂想必成了清廷的眼中釘，要想保存十萬多卷的藏書，自
然是非常困難。趙昱《春草園小記》中曾提到：

> 六舅父坐事遣戍瀋陽，旋出家為僧，終於戍所。五舅父暮齒頹齡，
> 焚香講讀，守而不失，惜晚歲以佞佛視同土苴，多為沙門賺去。

由此可知，澹生堂藏書雖在魏耕事發後不久即散出，但並未全部散盡，理孫猶盡
力守而不失。至於理孫晚年佞佛，使藏書多為沙門賺去，恐也是不得已的。試想
當時班孫雖逃回關內，但落髮為僧，不敢以本姓稱之，僅在暗中和其兄往來，連
祁氏家人都不知他的下落，可見清廷的追查是很緊的。在清廷的鎮壓之下，寓山
園只得被捨為佛寺，以逃避清兵的耳目〔註 71〕。家園既捨為佛等，龐大的藏書自
然無法容納。黃裳在〈梅花墅〉一文中便說：

〔註 70〕《紹興縣志資料》第一輯，人物列傳〈祁理孫傳〉。

〔註 71〕（清）趙一清，《東潛文稿》卷七（民國中國書店影印本），〈外氏世次記〉中言：「暨
　　　　乎忠敏殉節，六先生又坐事，遣戍出關，向所謂寓山園者，已舍之佛徒，荒塵凝座，
　　　　遺像長懸，梵唄齋鐘，空山答響。」
　　　　又趙一清，《九方集》（原本不見，此乃引李宗侗文）：「正月晦日至梅市，訪祁氏故
　　　　居大樓，是先祖就婚之所，巋然無恙。……又西五里即寓山園，則忠敏公殉節處也，
　　　　已捨為佛等。拜瞻遺像，或嘆不已。」

看這光景（指許自昌梅花墅），和山陰祁氏後人的將寓山園舍爲寺、
肖彪佳像祀之的辦法，如出一轍。正是甲申、乙酉之際，南中舊家巨族
的典型出路。所不同者，祁氏子孫還曾作過最後的掙扎，爲禍最烈〔註72〕。
可見祁氏子孫放棄祖先所傳的藏書，必有不得已的苦衷。

　　澹生堂藏書的下落，全祖望〈小山堂祁氏遺書記〉中說其「菁華歸於南雷，
奇零歸於石門〔註73〕」此即黃宗羲〈天一閣藏書記〉中所記。康熙五年，黃宗羲
與呂留良共同入山買書，吳孟舉則另以三千金託呂代爲購書〔註74〕。後黃宗羲購
書十綑而出，呂留良則買了三千本，見呂氏家訓眞蹟中有〈得山陰祁氏澹生堂藏
書三千餘本示大火〉一詩：

　　　　阿翁銘識墨猶新，大擔論觔換直銀。說與癡兒休笑倒，難尋幾世好
　　　　書人？宣綾包角藏經笈，不抵當時裝訂錢。豈是父書渠不惜？只尋參透
　　　　達摩禪〔註75〕。

他們三人可能將山中所藏的菁華都取去了。這中間還發生了一段著名的故事，造
成黃、呂二人交惡的原因。見全祖望〈小山堂祁氏遺書記〉一文所記：

　　　　嗚呼！吾聞澹生堂書之初出也，其啓事端多矣。初南雷黃公講學於
　　　　石門，其時用晦父子俱北面執經，已而以三千金求購澹生堂書，南雷亦
　　　　以束脩之入參焉。交易既畢，用晦之使者中途竊南雷所取衛湜禮記集說、
　　　　王稱東都事略以去，則用晦所授意也。南雷大怒，絕其通門之籍，用晦
　　　　亦遂反而操戈。而妄自託爲建安之徒，力攻新建並削去蕺山學案私淑爲
　　　　南雷也。……然用晦所藉以購書之金，又不出自己而出之同里吳君孟舉。
　　　　及購至，取其精者，以其餘歸之孟舉，於是孟舉亦與之絕。是用晦一舉
　　　　而既廢師弟之經，又傷朋友之好，適成其爲市道之薄，亦有何於講學也？

此事在《黃梨洲先生年譜》及《南雷學案》〈呂留良先生〉條中亦有記載〔註

〔註72〕黃裳，〈梅花墅〉，《銀魚集》，頁363
〔註73〕《鮚埼亭集》外編卷十七，〈小山堂祁氏遺書記〉。
〔註74〕黃嗣艾，《南雷學案》，《清代傳記叢刊》（台北：明文，民國71年），頁444言：「又
　　　　聞祁氏曠園之書，亂後遷至化鹿寺，先生尚富於貲，南雷勸以五千金收而有之，先
　　　　生不從，旋亦自挈三千金與南雷公所磬之薪資，偕呂晚村分取其書」。
〔註75〕（清）呂留良，《呂晚邨家訓眞蹟》（台北：廣文影印，民國64年），頁187。
〔註76〕（清）黃垕炳，《黃梨州先生年譜》，《梨州遺著彙刊》，康熙五年記：「祁氏曠園之
　　　　書，亂後遷至化鹿寺，公過郡，與書賈入山翻閱三晝夜，載十綑而出。」
　　　　黃嗣文，《南雷學案》卷四，呂留良條言：「先是祁氏澹生堂藏書出售，先生持吳孟
　　　　舉三千金以往，南雷公亦以束脩入之參焉。交易畢，各載書歸。先生門人某中途破
　　　　緘篋竊南雷公所得衛湜《禮記集說》、王稱《東都事略》去，南雷公責之，門人竟

76）。而包賫編〈清呂晚村先生留良年譜〉時，曾參看《黃梨洲先生年譜》及《呂晚邨家訓眞蹟》，且康熙五年年譜中還引用了黃氏的年譜，但這段故事在年譜中卻隻字未提。在序言中則說：

> 黃梨洲後來和晚村不睦了，他二人的友誼究竟爲什麼破裂，我們實無法知道，但他們破裂的痕跡，在高旦中墓誌銘的爭執，是完全顯露了〔註77〕。

其實這段故事自清初以來即十分著名，包賫爲編呂氏年譜，必然廣泛搜集呂氏資料，不可能不知這段故事的。或許他爲了顧全呂氏的形象，所以不提此事始末。對於黃呂交惡，也就以「不知原因」草草交待了。

黃宗羲在康熙四年時，建續鈔堂於南雷，但「垂老遭大水，卷軸盡壞，身後一火，失去大半」〔註78〕。澹生堂的舊藏可能就有不少燬於這一水一火中。黃氏死後，門人鄭梁子鄭性，爲其整理散亂破損者，還可得三萬卷，便築二老閣藏書其中。二老閣藏書世代相傳，至清乾隆間，才「半軼於四庫採輯寫本還眞之日，後又不戒于火，半爲護火者奪去，雖有存者僅矣」〔註79〕。這批傳至黃宗羲手中的澹生堂藏書，大約也喪亡殆盡了。

至於呂氏講習堂的藏書，結局也十分悲慘，呂留良死後慘遭清廷的文字獄案，他的藏書財產全被變價而充公〔註80〕，不知下落。不過還有幾本澹生堂的舊藏得以徼幸流傳〔註81〕，但也是百不存一了。

澹生堂藏書中，另有一部分爲趙氏小山堂所得到。小山堂主人名趙昱，字功

反覆爲譜。致先生雖無事，亦皆以攻擊南雷公爲口實。」

〔註77〕包賫，《清呂晚邨先生留良年譜》（台北：台灣商務，民國67年），頁6之序言。

〔註78〕（清）全祖望，《鮚埼亭集》外編卷十七，〈二老閣藏書記〉。

〔註79〕（清）謝振定，《知恥齋文集》卷二，（清嘉慶間刊本），〈鄭訒齋公墓誌銘。〉又黃氏藏書及二老閣藏書下落，可見羅友松與蕭林來，〈黃宗羲藏書考〉，《華東師範大學學報》（1980年四期8月），頁85～89。

〔註80〕《清呂晚邨先生留良年譜》，頁200～201，引雍正十年十二月乙丑諭內閣言云：「呂留良、呂葆中俱著戮屍梟示，呂毅中著改斬立決；……呂留良之詩文書籍，不必銷毀，其財產令浙江地方官變價，充本省城工之用。」

〔註81〕各藏書志（目）中所載呂氏講習堂藏澹生堂藏本，共有六種：
《黎嶽詩集》一卷附錄一卷
《傅汝礪文集》十一卷附錄一卷
《周翰林近光集》二卷扈從集一卷附補遺
《對床夜話》五卷　以上俱見《善本書室藏書志》
《止齋先生文集》五二卷附錄一卷
《臨安集》　以上見《藏園群書經眼錄》

千，號谷林；其弟趙信，字意林，二人皆喜聚書而被稱之「二林」。趙昱《春草園小紀》中云：

> 使君諱承爆，爲中丞忠敏公父，忠敏公，吾母外祖也。……吾母見
> 之復悽然曰：吾自幼失怙，嬬母煢煢，爾舅不事生產，家益貧困，賴外
> 家撫吾備至。……五之配曰張楚纕，六即吾姑名趙璧者也，皆能詩，吾
> 少育於六舅母，而卒來爲汝家婦，適符趙璧之稱，寧非數耶？

因趙昱說其母是祁彪佳的外孫女，所以趙東潛〈外氏世紀次〉一文中乃記曰：

> 浙東朱氏，有明望族，少師尚書，余王母曾大父也，公之孫子升公，
> 余王母所自出，娶同邑忠敏祁公女，故余王母實爲祁氏甥。

這和一般史傳中記載班孫娶朱少師燮元之孫女朱氏德蓉爲妻，大有出入〔註82〕。今從黃裳〈遠山堂明曲品劇品校錄後記〉中引文，可證明東潛之語有誤。黃裳引舊抄本張楂《云琴樓遺稿》卷前商景蘭（即彪佳夫人）序言云：

> ……平生性喜柔翰，長婦張氏德蕙，次婦朱氏德蓉，女修嫣、湘君、
> 又俱解讀書。

可知朱氏應爲班孫夫人。但趙昱母親又爲何要稱彪佳爲外祖，稱理孫、班孫爲舅父呢？這段淵源故事，全祖望在《鮚埼亭集》中曾有提及。《鮚埼亭集》卷十三〈祁六公子墓誌銘〉記曰：

> 孺人朱氏者，工詩，其來歸也，與君姑商夫人，嬬張氏、小姑湘君，
> 時相唱和，商夫人字家婦曰楚纕（按：即理孫夫人張氏），字介婦曰趙璧（按：
> 即班孫夫人朱氏），以志閨門之盛。公子披難，孺人尚盛年，朱氏哀其煢
> 獨，以姪從之，遂撫爲女。孤燈緇帳歷數十年，未嘗一出廳屏也。其所撫之
> 女，後歸杭之趙氏，是爲吾友谷林徵士之母。谷林兄弟聚書之精，其淵
> 源頗得之外家。

又外編卷二十〈曠亭記〉言：

> 仁和趙徵君谷林，其太君朱氏，山陰襄毅公女孫，祁氏之所自出。
> 祁公子東遷，夫人年少，日夕哭泣，其家爲取朱氏女甥使育之以遣日，

〔註82〕《祁忠敏公年譜》中記：「德蕙字楚纕，諭德元忭孫，理孫室，德蓉字趙璧，太師
燮元孫，班孫室。」
　　（清）徐鼒，《小腆紀傳》，《台灣文獻叢刊》第一三八種，〈商夫人〉條下記：「張
氏，理孫婦，名德蕙；朱氏，班孫婦，名德蓉，字趙璧。」
　　（清）溫睿臨，《南疆繹史摭遺》，《台灣文獻叢刊》第一三二種，〈伯商夫人〉條下
記：「班孫遣戍關外，後遁歸爲僧；其娶，即朱氏，故少師黔督燮元女孫。」所言
皆與趙言不合。

即谷林太君也。

由此可知趙昱母親朱氏爲朱燮元孫朱子升之女，朱德蓉爲其姑姑，後因子升早卒，班孫又遭難，朱氏家人乃將子升之女，即趙昱母親送給朱德蓉撫養。趙母自小在祁家長大，故稱祁氏爲外家，稱理孫班孫爲舅父。

趙昱的母親自小在曠園長大，年輕時曾追隨中表姑湘君輩讀曠園書，故結婚之後，「時時舉梅里書籤之盛以勗諸子」〔註83〕。趙昱的父母當年就是在東書堂中舉行婚禮的。由於母親的教誨，使他後來也勤於搜羅典籍，成爲清初一大藏家。他更致力蒐藏澹生堂遺書，所得雖僅數十本而已，卻愛護倍至〔註84〕。全祖望乃特作〈小山堂祁氏遺書記〉一文記之：

> 二林兄弟聚書，其得之江南儲藏諸家多矣，獨於祁氏澹生堂諸本，
> 則別貯而弄之，不忘母氏之遺也。……今二林與予值承平之盛，海內儲
> 藏畢出，衛湜王稱之本家各有之。二林亦能博求酉陽之秘，可以豪矣。
> 而獨惓惓母氏先河之愛，一往情深，珍若拱璧，何其厚也。

可見澹生堂中祖孫相傳愛書惜書的風氣，經由趙氏之母，傳給了小山堂。澹生堂藏書雖散，而其精神猶存。且丁氏《善本書室藏書志》中曾言：

> 吾鄉藏書之風，肇之小山，而小山實承曠園之餘韻〔註85〕。

則澹生堂的價值，尚不僅在于其本身藏書豐富，更在于祖孫一脈相傳愛書藏書的精神，間接開啓了杭州一帶的藏書風氣。

小山堂藏書的時間並不長，在趙昱死後，悉歸於廣陵馬氏〔註86〕。而孫峻所撰〈八千卷樓藏書目序〉中言：

> 乾隆壬辰詔開四庫，徵天下遺書，吾杭之進書者，若鮑氏知不足齋、
> 汪氏開萬樓、吳氏瓶花齋、汪氏振綺堂、與吾家壽松堂，得五家焉。……
> 先通議公所進之書多小山藏本，小山之書多澹生藏本，蓋通議之考娶於
> 趙氏；二林之考娶於祁氏，兩家書散半爲館甥所得也。咸豐辛酉寇峰再
> 熾，寒家所藏圖籍，盡付雲煙。峻生也晚，不獲覩當時珍秘，但聞諸家

〔註83〕《鮚埼亭集》外編卷十七，〈小山堂遺書記〉。

〔註84〕（清）趙昱，《愛日堂集》言：「購得山陰祁夷度先生文集又吳門王郡棠見遺澹生堂藏書印章，子蓄祁氏書僅數十冊，年年欲廣收而未能也。」原書未見，此見李宗侗〈曠亭讀書圖歌注〉引文。

〔註85〕（清）丁丙，《善本書室藏書志》卷十四，「《澹生堂藏書譜》八冊《藏書訓略》二冊」。

〔註86〕葉昌熾，《藏書紀事詩》卷五（台北：世界，民國65年），頁264，〈趙昱谷林〉條。

君所詔而已〔註87〕。

這段故實在《藏書紀事詩》或〈清代藏書家考〉等文中均未記載。壽松堂主人為孫宗濂,字粟忱,號隱谷,仁和人。其子仰曾即四庫詔書時進呈書目者,見《四庫提要》云:

> 乾隆三十九年五月十四日,奉上諭:今閱進到各家書目,浙江吳玉墀、孫仰曾、汪汝瑮,俱藏書舊家,每人賞給初印之佩文韻府一部,以示嘉獎〔註88〕。

孫仰曾當即孫峻所說的「通議公」,而孫宗濂極可能就是趙昱的女婿。澹生堂,小山堂,與壽松堂之間的淵源關係,也就脈絡清晰了。

澹生堂藏書的歷史,到此理當告一段落了。趙昱生前曾三度過訪曠園,只見園已荒蕪,亭已傾圮,寓山園也已捨為佛寺〔註89〕,藏書想必早已散盡,有清三百年間,也從未聽說山陰梅市的祁氏,有再從事藏書者。誰知民國四十年左右,大陸上卻有一批澹生堂遺書,經祁氏子孫秘密保存了十一代之久,才流散出來。黃裳在〈遠山堂明曲品劇品校錄後記〉中,詳述了此事的經過始末。

據黃裳所記,祁氏澹生堂的遺書,是在民國四十年的冬天開始散出。當時是杭州舊書業聯營組織,從紹興買到的;而紹興書商則是從山陰梅市的祁家,論斤秤出。四十一年到四十二年之間,澹生堂遺書開始陸續在上海大量出現,且價錢愈來愈高,注意的人也多起來。其中有些精品,如萬曆以後的鄉試錄,明刻精圖的戲曲總集等,一出現立即被人買去,另外有不少祁彪佳的著述、稿本及手蹟,便被中共收至各圖書館中。謝國楨在《江浙訪書記》中也特別提到這批遺書的下落。記中〈江浙成都訪書觀感〉一文中言:

> 又杭州古舊書店嚴寶善同志到浙江各地去採購書籍,如紹興祁氏澹生堂和遠山堂抄藏的書籍,祁彪佳一生的著述、文集、日記、奏稿、揭帖,均是作者的手蹟,為四、五十種,為研究清史和江南奴僕暴動的重要資料,今分藏於北京、南京各圖書館,尤以浙江圖書館所藏為主〔註90〕。

可見這批遺書的出現,在大陸上確曾引起很大的重視。

〔註87〕孫峻,〈八千卷樓藏書目序〉,《八千卷樓藏書目》,《書目四編》。

〔註88〕(清)紀昀等撰,《四庫全書總目提要》(台北:台灣商務),卷首〈聖諭〉。

〔註89〕見《春草園小記》中所記云:憶初過曠亭時,斯亭巍然修整,再過蔓草侵階,日就傾圮;三過并亭亦無之,扃棄牆下,幸不為風雨所剝壞。急向園叟售之而歸,謀於竹間構亭懸額焉。

〔註90〕謝國楨,《江浙訪書記》(北京:三聯,1985年),頁12。

紹興修志委員會在民國二十六年排印《祁忠敏公日記》時，後面附有一份〈祁忠敏公遺書存目記〉，著錄有祁彪佳著述、尺牘等三十五種，二百零九冊，其中有許多孤本、清稿或遺墨〔註91〕。這些遺著是修志委員會訪彪佳十一世孫允時才發現的。存目記言：

> 先是本會採訪員童君谷幹鼎璜，詣梅墅訪公後裔，獲見公十一世子明先生允，乃盡發公遺著相示。會中同人皆狂喜，遂偕往肅敬拜觀。因商之子明先假鈔日記，蒙其慨允。日記之作起自崇禎辛未，迄於弘光乙酉，蓋其後人所鈔存者；而甲申、乙酉二年間都五部，則公親筆存焉。……

祁氏子孫所保存的尚不只祁彪佳的遺書，還包括了承㸆、理孫、班孫生前的一些藏書，祁氏數代的著述文集，承㸆的親筆家書等等。這些珍貴的家藏要保存數百年之久，是冒著極大的危險的。黃裳在〈談禁書〉一文中便提到：

> ……祁氏子孫深藏密鎖了三百多年的先世著述，大半是抄本與稿本。其中絕大部分是符合禁燬條件的。經過清初的殘酷鎮壓，祁氏遭到家破人亡的慘禍，但還是冒著殺頭滅族的風險，保存下了這些著作，事實本身就是極為悲壯的〔註92〕。

承㸆以及彪佳的著述，在清朝都被列入了禁燬書目，而祁氏子孫無懼於禁燬之令，暗中保存祖先遺著及藏書達三百年，甚為難能可貴。只可惜這些家傳遺書，還是在大陸變色之後散出了。然這件事實的本身，仍舊十分令人感動，表面看來園已毀書已散，暗地裏祁氏子孫卻世代相傳地，慎守先祖所遺。迫於外在的惡劣環境，他們不得不放棄十萬卷的龐大藏書以及園亭池館，但他們卻選擇先祖遺書中最珍秘的一部份，累世相傳。澹生堂可說是名亡而實存，打破了「君子之澤，五世而斬」的定律。承㸆生前刻藏書銘期勉子孫「益之守弗失」，祁氏子孫雖未能作到增益藏書，卻努力地作到了「守弗失」。也可算是不負承㸆所望了。

這些澹生堂遺書散出之後，一部分被中共充歸國有，另一部份則流入民間。

〔註91〕存目記云：「右明山陰祁忠敏公著書三十五種，都二百九冊，皆不分卷。舊已刊者曰：《西臺疏章》二冊，《按吳疏章》三冊，《按吳政略》六冊，《祈雨禱文》一冊，《遺言遺囑》一冊，《寓山注》一冊，存書不多，幾同孤本。餘悉具寫成帙，……《西臺疏章》內之第二疏清稿，第四疏初稿、改稿、清稿，第七疏原稿，第八疏初稿、改稿、清稿……尺牘內之〈奉差乞休在里〉（崇禎癸未年秋至甲申年春）、〈撫吳〉（崇禎甲申年四月至十二月）」。

〔註92〕〈引疾歸里〉（宏光乙酉年春至殉節）諸稿則係先生遺墨，黃裳，〈談禁書〉，《榆下說書》（北京：三聯，1983年），頁55。

充歸國有的部份，大多爲祁彪佳生前著述遺稿。《江浙訪書記》中便有〈記祁彪佳所著書〉一文言：

> 彪佳所草疏稿、尺牘，及積存當日揭帖函件，不下數十種，其所手書稿件，皆用版心所刻澹生堂或遠山堂藍格紙親筆手書。而澹生堂或遠山堂鈔藏之書，最有名于世者也。今彪佳所手寫按吳疏稿等項稿本或刻本，分藏于北京、南京、杭州各圖書館，浙江圖書館見祁氏遺著，不下二、三十種之多：

讀宜焚草小引	一帙
按吳疏稿	
林居尺牘	丁丑、丙子
西台疏草鈔	崇禎五、六年
巡城疏鈔	崇禎五年
辛巳越見記	
詞隱先生北詞韵選	
未上疏揭稿鈔	崇禎七年
崇禎七年揭帖十份	北京圖書館有八份
私雜件原稿	
翁賢書（思貽先生贊）原稿	
在籍公聚	原稿　崇禎十六年癸未二月
爲許（都）逆危浙請浙敕撫臣監軍會剿事	
按吳請留州守原稿	
贈文義公居官要類附殘稿	
特藏忠敏公撫疏稿 [註93]	

北京、南京圖書館所藏內容爲何，謝文並未提起。但黃裳在〈祁承㸁家書跋〉一文中提到「曾以澹生堂藏書十許札，分贈北京、金陵圖書館」，細目爲何則不知曉。

流入民間的一部份遺書，只有黃裳在〈祁承㸁家書跋〉及〈遠山堂明曲品劇品校錄後記〉中提到，黃裳所記可能尚非全部，但亦不下二十種，茲錄於下：

（一）、手批本藏書：

聊爾編	寫本
易測	

〔註93〕謝國楨，《江浙訪書記》，頁183。

老子全抄

通鑑前編　　　　　　　　　　　　以上為承㸁手批本

水月齋指月錄　萬曆本　理孫手批本

五朝注略

唐宋八大家文抄　　　　　　　　　　以上為班孫手批本

（二）、藏書部份：

明刻精圖戲曲總集柳枝集酹江集

明人畫絹本江蘇北部地域圖

吳越詩選殘本　魏耕、朱士稚、錢纘曾選　順治中冠山堂刻

（三）、鄉試錄部份：

萬曆以後鄉試錄若干

（四）、祁氏歷代著述部份：

祁司員（承㸁之高祖）粵西奏議

祁承㸁兩浙古今著述考稿本

祁承㸁澹生堂集　　　　　　　　　　崇禎刻本

重編澹生堂文集八卷底本　　　　　　祁駿佳手訂

祁承㸁家書數十通

祁彪佳救荒全書稿本十數冊　　　　　毛訂原裝，手蹟累累

遠山堂抄本尺牘

曲品　　　　　　　　　　　　　　　啓元社黑格抄本

遠山堂文稚　　　　　　　　　　　　啓元社黑格抄本

祁彪佳守城全書

遠山堂尺牘底冊

遠山堂明曲品稿本

遠山堂明劇品

澹生堂詩文鈔　　　　　　　　　　　清初鈔本

祁駿佳禪悅合集殘稿

　　以上所列，只是黃裳所買下或他所見到的本子，其餘黃裳所未見到的，可能還有不少。其中《吳越詩選》，便保存了大量明清之際的詩人作品，如吳梅村詩，有不少全集刪去的作品。又黃裳見到祁氏子孫所保存的《澹生堂集》，集中凡奴、虜、酋等字，都已用濃墨仔細塗去了（按：台灣所藏本則仍維持原樣），這些塗過

的地方，在澹生堂詩文集中，又仔細地加以修改過。可見祁氏子孫確是冒著極大危險，竭盡所能地保存這些祖傳遺物。黃裳亦曾說明這些遺書的珍貴程度：

> 諸書以承爜《兩浙古今著述考》稿本，彪佳《守城全書》、《曲品》稿本；祁理孫、班孫手批《水月齋指月錄》、《五朝注略》、刻本彪佳《按吳政略》爲最精。承爜彪佳鄉試原卷及此家書數十通爲最秘。吳縣潘氏輯印《明清藏書家尺牘》，煌煌六巨冊，網羅靡遺，獨無澹翁一札，只以抄本一葉入之，實非眞蹟。可知其流傳之絕罕矣〔註94〕。

承爜的家書眞蹟，價值不但在流傳絕罕，其中更記錄許多明季經濟、政治的資料：

> 晚明官場、科試、騷遞、豪奴、興造諸端，罔不涉及，其官書所不記，野史所未詳者，多能于此中得其實狀。又往往記東人之入侵，曹、鄆之白蓮教，鄒、滕民變，三王之國，宿州礦工起義，此尤晚明國政巨事。所關匪細，儘見記錄者。其事諸子以經營田產，興造屋宇，墾荒機房諸事，更爲詳細，地主鄉宦資生之道，俱可于此中知之，又晚明經濟良史料也。即囑諸子購備衣物一札，所列士宜名色，亦頗有關係。蘇州織物，鳳陽角帶，陸文遠之黃頭筆，杭州之太史紙，皆人所不記者。當日不過日用之物，無以之入著述者，日月既邁，後不更知，是可重之又一事也〔註95〕。

承爜的家書，保存了許多當時的史料；承爜的《兩浙古今著述考》，更早已失傳，而三百年後稿本又再現，實是考證兩浙文獻的最佳資料。這批遺書的出現，無論就歷史研究或就藏書史言，都是價值非凡的。而祁氏子孫的世守精神，更將傳爲書林佳話。

第五節　澹生堂藏書印章考

蔣復璁先生撰〈兩浙藏書家印章考〉一文言：

> 各家藏印，雖覺無關宏旨，但於知人論世，未始無憚乎史蹟〔註96〕。

欲考一書之所藏源流，除了書上的手書題跋外，藏書印是最好的辨認方法。

〔註94〕〈祁承爜家書跋〉，頁 235。
〔註95〕〈祁承爜家書跋〉，頁 233。
〔註96〕蔣復璁，〈兩浙藏書家印章考〉，《文瀾學報》三卷一期（民國 26 年 3 月），頁 1。

澹生堂藏書素爲藏家所寶重，然必先識其藏印，才能識其藏書。民初福建人陳群
得到了一本澹生堂藏書，便特書一跋云：

　　此係澹生堂藏書，有印記五方，洵足珍也，得者寶之〔註97〕。

　　可見澹生堂藏印爲士林之所珍視。唯今所見藏書志中所記澹生堂藏書印，多
屬承㸁所有，而祁理孫、班孫的藏印，則甚罕見。故就所搜集之資料中，試將祁
氏一族中，自承㸁以下各人藏印，一一考出列於下：

（一）祁承㸁藏書印：

　　　臣㸁敬識

　　　曠翁手識（白文方印）

　　　曠園

　　　山陰祁氏藏書

　　　山陰祁氏藏書之章（白文方印）

　　　憲章昭代

　　　澹生堂藏書記

　　　澹生堂經籍記（朱文長方印）

　　　子孫永珍

　　　子孫世珍（以上俱見於〈兩浙藏書家印章考〉）

　　　子孫寶之

　　　山陰祁氏

　　　澹生堂（以上見《藏園群書經眼錄》）

　　　子孫永寶（見《善本書所見錄》）

　　　昭代憲章（見《善本書室藏書志》）

　　　澹生堂中儲經籍主人手校無朝夕讀之欣然忘飲食典衣市書恒不給後人但
　　　憐阿翁癖子孫益之守弗失（見《善本書室藏書志》、《東湖雜記》、《書林
　　　清話》）

（二）祁駿佳藏書印：

　　　男駿佳印（見〈兩浙藏書家印章考〉）

　　　祁印駿佳　白文方印

　　　季超氏印　白文方印（以上見〈澹生堂二三事〉）

（三）祁理孫印：

〔註97〕蘇精，《近代藏書三十家》（台北：傳記文學，民國72年），頁171所附之題跋墨蹟。

理孫

理孫之印

奕慶（以上見〈兩浙藏書家印章考〉）

藏書樓經籍記子孫世守　白文大方印

智曇　白文扁方印

鉢公　白文扁方印

法名智曇　白文方印

奕慶藏書　朱文方印（以上見〈遠山堂明曲品劇品校錄後記〉）

（四）祁班孫印：

祁班孫（見〈兩浙藏書家印章考〉）

道僧

五雲頭陀

班孫印

班孫

奕喜印（見〈遠山堂明曲品劇品校錄後記〉）

附錄

　　趙昱子趙東潛，曾作了二首〈曠亭讀書圖歌注〉，將澹生堂藏書的故實，一一用詩歌敘述表達。李宗侗並寫了一篇〈趙東潛曠亭圖書圖歌注〉，登於《華岡學報》上〔註98〕。原詩見於《九方集》中，今遍尋《九方集》而不，故據李文將原詩錄於下，以作本意之終結。

　　山陰祁氏華族良，蓬萊淺駒隙忙。翩翩公子年少郎，自許忠義酬先皇。

　　一朝運去勢難挽，弟兄爭坐甘斧戕，竟遭其季戍邊陽。從此林亭日益荒，曠園無復曩時望。惟有守貞六大娘，二九盛年早毀粧。黟惟太君祁之甥，遂往奉侍慰餘生，嫻習禮儀鳴衍璜。先祖就婚東書堂，太君作嬪爰歸杭。爾時澹生十萬籍，朱墨勾乙儲石食。家公顧視顏色喜，太君謂否徒慨慷。五先生者實家督，守茲群典侔琳琅。學佛成仙學道死，鷺鷟崔馭雙翱翔。桀黠窺伺謀奪之，儒林謹咋滋紛爭。蔚我微君思繼起，小山圖史慎弄藏，瞥見外氏舊銘勒，減衣縮食重新裝。梅里蹢躅訪遺迹，曠亭榜題棄道旁。

〔註98〕李宗侗，〈趙東潛曠亭讀書圖歌注〉，《華岡學報》二期（民國54年12月），頁235～245。

亟爲購取君子澤，輸以白粲四百強。太君回憶說江鄉，紫荊花樹猶蒼蒼。
卜築竹間垂烈光。吁嗟廿載終漫浪，邇來如夢亦如幻，雲煙過眼同枯盲。
乃有第五擅才調，人身驃騎誰頡頑！咨予往事奚爲爾，不壓諄復語特詳。
學古之人畊且養，語未卒既心怦怦。西偏列屋並古香，朝夕嘯咏郊匡牀，
顏曰曠亭囑阿兄。阿兄狀似失林麞，別無長物足寶惜，惟餘此額堪激揚。
八分隸楷法久亡，安得妙手郵亭王？夷度使君遠流芳，忠敏克紹聲騰驤。
少師尚書蜀孔明，兩家姻媾朱陳英。聯珠疊琲孰敢方，金童玉女世艷稱。
願因宅相勤縹緗。嗚呼！太君之德永莫忘。

第四章　祁承㸁對圖書的搜集、整理及利用

　　夫藏書事業，必然包括了搜集圖書、整理圖書與利用圖書三步驟。此三步驟，即現代圖書館事業的範疇，也是現代圖書館學所研究的內容。王師振鵠言圖書館的定義爲：「將人類思想言行的各項記錄，加以蒐集、組織、保存，以便於利用的機構〔註1〕。」此即搜集、整理及利用圖書也。邢雲林更說明了此三者間的關係及重要性：

　　　　聚集而後始能整理，整理而後始能應用，因應用而後始求聚集。此

　　三者如階之級，鍊之環，彼此維繫，互爲因果，不可廢其一也〔註2〕。

　　蒐集或聚集，就是指圖書的購求、交換等工作；組織保存或整理，就是指圖書的分類、編目與典藏等工作；利用則是指圖書的閱覽、參考、借出等等。凡有藏書事業，就必有此三項活動步驟。但在圖書館學這門學科未興起前，無論中西方，都鮮有藏書者將此三項活動加以記錄，或申述其方法的〔註3〕。而承㸁早在現代圖書館學興起前兩百年，就著述〈藏書訓略〉及〈庚申整書小記〉等文，記述其搜集、整理、利用圖書的過程及方法，實爲中西圖書館學的先驅者。故本章將

〔註1〕王振鵠，〈圖書館與圖書館學〉，《圖書館學》（台北：學生，民國62年），頁43。
〔註2〕邢雲林，《圖書館圖書購求法》（南京：正中，民國25年），前言部份。
〔註3〕在中國，承㸁之前只有鄭樵《通志藝文略》中有〈求書之道有八論〉，承㸁之後才有曹溶〈流通古書約〉、丁雄飛〈古歡社約〉、孫慶增〈藏書紀要〉等論及圖書整理、流通之著述。在西方，則見王師振鵠〈圖書館與圖書館學〉一文中，指出歐美各國亦是從十九世紀後半葉才開始著手做有系統的研究。又鄭肇陞譯，Jesse H.Shera原著之《圖書館學概論》（台北：楓城，民國75年）一書頁16，則指出歐洲第一本圖書館組織和管理的指導書籍是1627年出版的。較〈澹生堂藏書訓略〉所作時間（1613年）已晚了十四年。

詳論其對圖書的選擇、鑑別、採訪、整理、利用諸法，至於分類及編目，由於各成一體系，另分別於五、六兩章中論之。

第一節　圖書的選擇

選擇圖書是搜集圖書的第一步工作，在現代圖書館學中，這門工作十分重要，甚至被看做是圖書館館藏發展的藍圖，因而被稱做「館藏發展政策」〔註4〕。這是因爲現代的典籍資料浩瀚如海，圖書館在搜集文獻時，勢必要加以選擇，一面是圖書館不可能收藏所有資料，必須就各館功能及特色，做重點的收藏；另一面也是文獻出版過多而良窳不齊，圖書館必須加以適當的選擇，以提供優良的讀物來服務讀者，才能達到圖書館服務的功能〔註5〕。

吳師明德便曾說：

圖書館想要建立並發展適當、有用的館藏，必須要有較爲正式的選書政策，確定選書的原則以及範圍等等，以做爲選書的依據或指南〔註6〕。

但古代藏書家對於書籍的選擇，多偏重於僞書的鑑別以及版本的好壞，而較少著重於內容的選擇。《圖書館採訪學》一書便說：

早先的書籍收藏單位，只顧兼收天下之書，無所謂圖書選擇之事。
古代圖書館的圖書選擇，主要目的在鑑別僞書。印刷術流廣之後的圖書選擇工作，主要的重點在於版本上的取捨〔註7〕。

這確是一個事實。藍文欽在研究鐵琴銅劍樓的藏書內容後，對瞿氏的圖書採訪，作了以下結論：

〔註 4〕見王錫璋，〈館藏發展與本館採訪作業〉，《圖書與圖書館論述集》續集（台北：文史哲，民國 74 年），頁 2 言：「圖書資料徵集、採訪的目的，即是在建置一所配合圖書館任務，以發揮其功能的館藏，……而館藏的發展，更與徵集採訪有密切的關係，因此，館藏發展（Collection Development）這個名詞，已經常在討論選擇、採訪圖書資料方面的論述中被提到，有的甚至於以「館藏發展」來涵蓋圖書選擇與採訪，……」又見吳明德，〈公共圖書館的書面選書政策〉，《台北市立圖書館館訊》二卷三期（民 74 年 3 月），頁 1 言：「書面選書政策等於是圖書館館藏發展的藍圖，在某些文獻中，選書政策亦稱爲館藏發展政策」。

〔註 5〕顧敏，《圖書館採訪學》（台北：學生，民國 68 年），頁 51 言：「麥高文曾於 1930 年代在西方圖書館界提出了一套圖書選擇的理論，他認爲圖書選擇是圖書館中最基本的任務，或者稱爲最基本的職能。優良的圖書選擇會導引出優良的讀者服務。」

〔註 6〕〈公共圖書館的書面選書政策〉，頁 1。

〔註 7〕《圖書館採訪學》，頁 49～50。

從藏品數量分佈的情形看來，這並非一種有計畫而均衡的採訪，多半是因著機緣或興之所至的購藏。此當爲一般私人藏書家的共通點〔註8〕。這當可以代表古代藏書家的普徧情形。但承㸁在購求書籍時，卻並非如此。他曾經說「吾儒聚書，非徒以資博洽」〔註9〕。所以他的藏書是十分有選擇性的。在〈藏書訓略鑒書訓〉中他也說：

夫藏書之要在識鑒，而識鑒所用者，在審輕重、辨眞僞、覈名實、權緩急而別品類〔註10〕。

其中的〈審輕重〉及〈權緩急〉，正是承㸁選擇圖書的原則。〈審輕重〉一條云：

夫垂于古而不能續于今者經也，繁于前代而不及于前代者史也，曰亡而日逸者子也，日廣而日益者集也。前有所亡而後有所益，聚散略相當者，類書雜纂也。前者尚存後者愈蔓，紛遝談譌而不可律者，雜史與小說之類也。故得史十者，不如得一遺經；得今集百者，不如得一周秦以上子；得百千小說者不如得漢唐實錄一；此其書之不相及也。購國朝之書十，不能當宋之五也；宋之書十，不能當唐之三也；唐之書十不能當漢與六朝之二也；漢與六朝之書十，不能當三代之一也，此其時之不相及也，總之所謂審輕重也。

承㸁首先說明各種書籍歷代消長的情形，並就此情形，定出各類書籍的輕重次序。大約是以經部爲重，史部次之；時代越早價值越重，越晚則價值越輕。但他如此定輕重，並非沒有理由的。他乃是依據「業爲世用」的原則，來權衡各書的輕重緩急。故他又有〈權緩急〉一條言：

吾儒聚書，非徒以資博洽，猶之四民所業，在此業爲世用孰先？經濟。古人經濟之易見者，莫備于史。夫執經術以經世，自漢以下，何可多得？即荊公亦一代異人，且以禍宋。至如考見得失，鑑觀興亡，決機于轉盼之間，而應卒於呼吸之際。得史之益，代實多人。故尊經尚矣。就三部而權之，則子與集緩，而史爲急。就史而權之，則霸史緩，而正史爲急。就正史而權之，唐以前作史者，精專于史，以文爲史之餘波，故實而可循。唐以後能文者泛濫于史，以史爲文之一體，故蔓而少實。然唐任李淳風于志表，則有專門於漢者矣，宋採范祖禹等之持論，則有

〔註8〕 藍文欽，〈鐵琴銅劍樓藏書研究〉，頁139。

〔註9〕 （明）祁承㸁，《澹生堂集》卷十四（明崇禎六年原刊本），〈藏書略訓〉鑒書訓之〈權緩急〉條。

〔註10〕《澹生堂集》卷十四，〈藏書略訓〉。

核實于唐者矣。所急各有在也。……

　　承爜對書籍的選擇，完全是從「經世致用」的觀點出發，而迴異於一般藏書家只珍重版本的選擇。他之所以強調史書的重要，是因為讀史可以「考見得失，鑑興觀亡」，使人得益較多。但在史書中，他亦有所選擇，應以正史為急，霸史雜史為緩。正史中尤以唐以前之史書為急。但唐以後的著作他也並非全排斥，故他又接著說：

　　　　其他若顏師古之精于漢也，司馬貞之叢于史也，劉知幾之辯於道也，魏元成之該於志也，皆史之所宜急者也。至如李仁父之長編續涑水者乎？陸文裕之史通削繁刊繆，而有功劉氏者乎？邱文莊之續史綱引伸曲暢，而善嗣朱氏者乎？此皆聚書所宜首及。

故他對於唐以後重要的幾部史書，亦給予極高的評價與重視。此外他非常重視當代的史書：

　　　　雖然，學不通今，安用博古？昭代雖右文而史不統一，致璅官璅說，月盛日繁，是非刺謬，聞見牴牾，令人莫知所適。至於大禮大獄，宗藩邊疆之事，學者益無可考。即如雙溪暇筆之說，行而非有視朝餘錄以參觀，則當時宸藩之護衛與迎立之大典，文忠幾不能自白矣。諸如此類，安可枚舉？故凡涉國朝典故者，不特小史宜收，即有街談巷議，亦當盡採。此尤以從周之士所宜亟圖者也，故特示兒輩，以知所急焉。

由此可看出，承爜的藏書雖然豐富，但他絕非隨便收藏，只求藏書數量的增加而已。他乃是有原則的選擇圖書，並且以此原則告示其子，此即如同前所言之「選書政策」。

　　除了〈藏書訓略〉鑒書訓中談及選書的原則外，承爜還在《澹生堂集》卷十八〈與潘昭度〉一函中，談及他選書的方法：

　　　　每遇古人書，便須窮究其來歷。大約以文獻通考及藝文志所載者為第一格，次之則前代名賢之著述，再次則近代名賢之著述。然著述之中，以表章九經為第一格，次之則記載前代治亂得失事，再次之則考證古今聞見所未及事。若只以詩文鳴於時，無論近時，雖前代亦不足甚珍。但漢唐之集存者最少，有一部行世者，即當收此一部。宋元人文集十不存一，而世人所見者，亦不過眼前抄襲字句為舉業家用者。如歐蘇曾王之類。不知如范香溪、李端叔、晁无咎、陳古靈之類，亦煞有大家風度。若張文定、韓持國、田表聖、尹師魯、文潞公、韓魏公、范文正公、司馬溫公，雖不在字句中爭奇，然一代名臣，何可不收。至元人如王秋澗、

劉靜修、貢玩齋、柳文蕭之類，皆一代大手筆，與楊廉夫、王元章諸公以樂府詩歌鳴世者不同。故弟於文集中凡宋元人遺稿，倘得寓目，亦無不抄錄而存之。蓋文集一事，若如今人所刻，即以大地爲書架，亦無可安頓處，惟聽宇宙之所自爲銷磨。

由上文中，可歸納出他選擇圖書的幾個方法：

（一）、是參考前代的目錄書，如《文獻通考經籍考》，或各代經籍藝文志。他並非憑主觀喜好來選書，而必有選擇的依據－即前代的目錄書。這正有如現代圖書館中，依據各種圖書選目來選擇書籍〔註11〕。

（二）、是依據作者的名望來選書，如前代名賢及近代名賢的著述。這一方法，在現化圖書館學中也被應用到。如〈圖書資料的選擇〉一文中所提到選擇圖書的具體方法，第一項便爲研究著者：

　　　瞭解著者，對於選擇圖書具有決定性的作用。著者是否具有著者的資格，是否名實相符，可以立即從其著作上表現出來。在文學史或思想史中，有些名垂不朽的作家，也即由於他們的輝煌的作品所致〔註12〕。

（三）、是依據作品的時代，時代越早的作品，存世的本子越稀，故不論其內容如何，就保存文獻的觀點，自當亟力加以收藏。所以他說「漢唐之集存者最少。有一部行世者，即當收此一部。」

（四）、是依據作品的內容，他認爲一般人搜集宋元人著作，只重視著者的知名度。如唐宋八大家的文集，藏書家便爭相收藏，但卻不知其他宋元人文集中，亦不乏內容頗佳，有大家之風的作品。所以他非常重視一書的內容，並不只憑一般人的標準來選書。

　　顧敏先生在《圖書館採訪學》一書中，曾提到選擇圖書的依據有三〔註13〕：

（一）、圖書背景的研究：包括著者及出版環境的研究。此即承㸁選擇圖書的第二及第三種方法——依據著者的名望及作品的時代來選書。

（二）、圖書內容的研究：可直接研讀圖書或參考書評、書目等資料。此即承㸁選擇圖書的第一及第四種方法－參考前代的目錄書及作品的內容。

（三）、圖書形式的研究：即書籍的結構、印刷、紙質、裝訂等方面。這就古書而

〔註11〕王振鵠，趙來龍，〈圖書資料的選擇〉，《圖書館學》，頁225，言選擇圖書的方法第四，爲〈利用書評書目〉。

〔註12〕同前註，〈圖書資料的選擇〉，頁218。

〔註13〕《圖書館採訪學》，頁60～62。

言，就是版本的講求。承㸁選擇圖書重實用過於版本，於前章中已論及﹝註14﹞，故他在鑒書訓中並未提及版本的選擇。但他亦十分注重版本的好壞，前章中論藏書版本時亦詳言之﹝註15﹞，此處不再贅述。承㸁曾自言：

> 凡試事過武林，遍問坊肆所刻，便向委巷深衢，覓有異本，即鼠餘蠹剩，無不珍重市歸﹝註16﹞。

于此就可見，他十分重視舊有稀見的版本。

綜合以上所述，可知承㸁在選擇圖書的方法上，與現代圖書館中選書的方法，正不謀而合。在不講求選擇圖書的古代，承㸁不僅重視圖書選擇，且講求選書的方法，而其方法更能與現代圖書選擇法相吻合，僅僅這點就足以證明他確是一位了不起的藏書家。

承㸁重視經史、重視古籍的選擇標準，是否合理呢？黃裳在〈天一閣被竊書目前記〉中，曾對他的選書標準有所批評：

> 這裏所說的收藏標準（註：指承㸁的藏書標準）是很明確的，它其實也代表了漫長的封建時代，藏書家的普遍意見。就是說，首先要選取有來歷、見于著錄的，是前代名賢而非時人的著作；得到特別重視的經部書，其次才輪到史，而且還是古史，至于文集則看做十分次要的東西，對漢唐宋元人的集子，尺度還較寬，至于當代人的文集，簡直就很少收藏的價值﹝註17﹞。

黃裳之言，是針對承㸁〈與潘昭度〉一函所發。的確，重經史輕子集，貴古賤今，正是中國士大夫傳統的觀念。而承㸁的藏書觀，也確給人重經史輕子集，以及貴古賤今的感覺。黃裳甚至因為承㸁的話，就相信承㸁必定不重視也不收藏明代著述。所以他說：「如果用天一閣、澹生堂兩家目錄試加比勘，就顯然可見，范氏收藏當代人撰著的豐富是突出的﹝註18﹞。」

究竟承㸁的藏書觀，是否只代表一般士大夫的傳統觀念呢？只要分析《澹生堂藏書目》的藏書內容，就可以瞭解。本書前章中統計《澹生堂藏書目》的各類書藏量，便發現澹生堂藏書最豐富的前三類書是明代別集、方志及明代史書﹝註

﹝註14﹞參見本論文第三章，頁 64，二、藏書的版本。
﹝註15﹞參見本論文第三章，頁 64，二、藏書的版本。
﹝註16﹞《澹生堂集》卷十四，〈藏書訓約〉。
﹝註17﹞黃裳，〈天一閣被竊書目前記〉，《文獻》1979 年一期（1979 年 12 月），頁 99。
﹝註18﹞同前註，〈天一閣被竊書目前記〉，頁 100。
﹝註19﹞參見本論文第三章，頁 59～61。

19〕。就數量言，明代別集多達八七一種，一萬二千三百多卷；方志類書有七一五種，七千五百多卷；明代史書有四百八十三種，四百八十七部，七千四百十二卷。方志類雖包括前代方志，但方志盛行是明代以後的事，故其中大多數必屬明代方志。以此三類的藏書量和天一閣相比，相信絕不遜色，甚至有可能超過天一閣〔註20〕。天一閣的特色，也正是澹生堂的特色。黃裳之言，誠非公允之見。

其次在統計澹生堂藏書數量時，也發現幾個特殊現象：

（一）、以經、史、子集四部藏書量相較，經部書九百五十三部，八千二百七十一卷；史部書一千八百卅一部，二萬八千多卷；子部書二千二百七十八部，二萬二千多卷；集部書一千七百十九部，二萬六千多卷。經部之書獨少於其他三部，且數量相差甚多。

（二）、承㸁曾說：「得今集百者，不如得一周秦以上子；得百千小說者，不如得漢唐實錄一」，而其藏書目中，諸子類書僅六百六十卷左右，和明代別集一萬二千卷，不成比例。又小說類書有二千七百餘卷，漢唐實錄書則只兩、三種，不能成類而附於典故類中。

（三）、別集類中，元以前詩文集總共只有二百四十八種，六千二百四十五卷；而明人文集多達八百七十一種，一萬二千餘卷，前代文集的總合只有當代文集數量之半。

如果承㸁果真只是如一般士人之貴古賤今，重經輕文的話，何以他的藏書目中，會出現他所重視的書－經書及諸子、實錄類存量甚少，而他所輕視的明代文集，反而數量最多的現象呢？這可以證明，他並非絕對的重經輕文或貴古賤今，而是他注意到了當時出版的狀況以及古書散佚的現象，是非常不均衡的。就出版狀況言，當代著述不斷急遽增加，刊刻也最豐富，不必費力氣就可以收藏到許多當代著述。袁恬《書隱叢說》曾言：

> 官書之風，至明極盛，內而南北兩京，外而道學兩署，無不盛行雕造。官司至任，數卷新書，與士儀並充餽品〔註21〕。

葉德輝《書林清話》中更有〈明時刻書工價之廉〉一條云：

> 前明書皆可私刻，刻工極廉。聞前輩何東海云：刻一部古注十三經，費僅百餘金，故刻稿者紛紛矣。嘗聞王遵嚴唐荊川兩先生相謂曰：數十年讀書人，能中一榜，必有一部刻稿，屠沽小兒，身衣飽煖，歿時必有

〔註20〕參見第三章，頁63～64。

〔註21〕原書不見。見屈萬里，昌彼得原著，潘美月增訂，《圖書版本學要略》（台北：文化大學，民國75年），頁59所引。

一篇墓誌銘，此等版籍，幸不久即滅，假使盡存，則雖以大地爲架子，

亦貯不下矣〔註22〕。

不但官司上任必刻新書，進士得第必刻一書，連一般市井小民、販夫走卒之類，
歿時都必刻墓誌銘。其刻書之盛，恐猶逾於今日，又焉能刻書不濫？無怪乎承爍
要說「若如今人之刻，即以大地爲書架，亦無可安頓處，惟聽宇宙之所自爲銷磨」。
連黃裳也不得不同意承爍這話，所以他也說：

祁承爍的話有他正確的一面。他指出了明人刻書之濫，（但這也正
好反映了當時雕版事業的興盛，已經達到了空前的情況。）也指出了只
有經得起讀者選擇和時間考驗的著作，才有可能流傳下來〔註23〕。

而從另一面看，古籍的散佚卻是非常迅速的。雖然明代翻刻古書的風氣很盛，
書帕本也以先哲著作爲主〔註24〕，但仍有許多稀見古籍，不會再被人翻刻或刻印。
就如承爍所言，一般人只重視歐蘇曾王等名家作品，對其他唐宋前賢的著述就甚
少注意。所以他雖然亟力搜集周秦諸子以及漢唐宋元人文集，數量仍舊有限。而
他對宋元人文集，即使不能買到，倘若看到也必鈔錄以存。這些鈔錄的宋元別集，
就有不少是不見於後世的孤本〔註25〕。可見承爍之所以特重宋元以前的著述，實
在是基於保存文獻的卓越見識，而不同於一般藏書家之寶重舊本。《圖書版本學要
略》卷三便有專論〈舊本書之可貴〉一節，言舊本書之可貴有以下四點：

其一爲「宋元刻本，未經後世重刻者已多，一旦珍籍復出，藏家焉得不珍如
瑰寶？」其二爲「後世版刻，往往刪削舊文，致使許多寶貴史料，被割裂而不全」，
其三爲「舊校殘闕，後世傳刻，即據此殘闕之本，於是謬種流傳，學者遂不復窺
見全豹」，其四爲明人刻書多校勘不精，譌文誤字，以意改書，改換書名，變亂舊
章等等，若無舊本正其譌誤，則故書之眞相多失，本來面目罕存〔註26〕。

可見舊本並非不應珍惜，而是要珍惜有方，如毛晉只珍藏善本舊書，卻不據
善本刻書，實未善用舊本之可貴。又如清朝藏書家，收藏舊本爲玩古董者，實甚

〔註22〕葉德輝，《書林清話》卷七（台北：世界，民國72年），頁185～186。
〔註23〕〈天一閣被竊書目前記〉，頁99。
〔註24〕屈萬里與昌彼得著，潘美月增訂，《圖書版本學要略》卷二，（台北：文化大學，民
國75年），頁59言：「蓋官司到仕，率取當地先哲著作刊板；比任滿返京，以所刻
書，裹以巾帕，贈諸達官，即世所謂書帕本也。其書精校者少，故頗爲藏家所詬病，
然甚多稀見之書，藉茲以傳，故亦未宜厚非。」
〔註25〕參見本論文第三章（頁71～72）所舉《愧惔錄》、《傅忠肅集》、《黃楊集》三例，
皆保存後世不見之舊本佚文及式樣。
〔註26〕《圖書版本學要略》卷三，頁71～73。

淺妄。而承㸂之珍惜舊本，重在保存舊文，使之流傳。故其澹生堂抄本多世所未見之本，且其鈔錄舊文均一循古式，保存了舊本書的式樣及內容，正可補後代版刻刪削、脫誤、濫改舊文之失，其價值與貢獻均莫大焉。《圖書版本學要略》又言：

> 夫舊本書之可貴如此，吾人不讀書則已，如眞以實事求是之精神治學，安得不寶之重之〔註27〕？

承㸂之寶重舊文，正是此「實事求是之精神」也。

　　綜合本節所論，承㸂在〈審輕重〉及〈權緩急〉二說中，闡明了其選擇圖書的輕重及先後次序，這與現代圖書館中「選書政策」或「館藏發展政策」有相同意義；承㸂在〈與潘昭度書〉中，則說明了其選書的方法及依據，此亦同於現代圖書館學中選書的方法及依據。可見承㸂在圖書的選擇上，已具有十分成熟的思想及見解。同時他選書的標準，一則是以「業爲世用」的原則，強調書籍內容的實用性；一則是就保存文獻的觀點，亟力搜集傳世漸稀的舊文古籍，實具有極高的見識與眼光。

第二節　圖書的鑑別

　　本節所論圖書的鑑別，包括〈藏書訓略〉鑒書訓中〈辨眞僞〉及〈覈名實〉二部份。前者涉及古書辨僞學，是整理或採購中國古代文獻，所獨有的一門學問；後者則近似西洋圖書館採訪學中「查核書名」的工作。此二者皆屬於圖書採訪之前，鑑別查核的工作，故於本節中一併論之。

一、辨眞僞

　　這一步工作在現代圖書館學中，自無此需要。但若是購買珍善本書或手稿眞蹟等特殊資料，則鑑定眞僞當爲必要程序。否則花費許多而買回贋品，就得不償失了。而在中國古籍的整理工作上，辨別一書的眞僞則是非常重要的。孫欽善有〈古籍辨僞學概述〉一文言：

> 辨僞學是古文獻學的一個重要方面，它的內容是研究考辨古書眞僞的方法和問題，辨僞是一項鑒別史料的基礎工作，對于整理古籍來說，也是一個首要的環節〔註28〕。

這是因爲中國的歷史文化悠久，古籍的著述十分豐富，但在流傳的過程中，頗多

〔註27〕《圖書版本學要略》卷三，頁73。
〔註28〕孫欽善，〈古籍辨僞學概述〉（上），《文獻》（1982年12月），頁212。

散佚亡失。於是後人僞託前人之作也就很多，造成僞書的充斥。《中國古典文獻學》一書便分析僞書出現的原因有以下三點：

（一）社會原因：

　　由於歷代兵燹動亂，自然災害，典籍的散失與積聚變動極大，原書遺失後，後人便僞造原書，如《列子》一書即是。

（二）政治原因：

　　由於朝廷內部派系爭權，爲了製造輿論根據，就編造僞書，以達某種政治目的。如許多古文經的出現，便是此因。

（三）好事者個人所爲：

　　漢世遊俠往往僞託古人以抬高自己，他們製造僞書的目的，在於欺世盜名，擴大個人社會影響〔註29〕。

　　由於古代僞書甚多，故辨別僞書十分重要，張舜徽便說：

　　　　古代文獻堆積如山，其中眞僞參半，時代混淆，如果不能辨識清楚，便談不上進一步研究整理。我們想從祖先們遺留下來的殘編斷簡中得著一些正確的東西，那末考訂材料的眞僞，自然成爲極迫切的工作了〔註30〕。

欲整理研究古籍，必先辨別僞書；欲收藏古書，當然也應辨明眞僞。否則就如承㸁所言：「若只云漫爾收藏，則篋中十九皆贗物矣〔註31〕。」

　　古籍辨僞的工作，一般皆認爲源起於漢代，以後唐宋元明，都有學者從事古書辨僞的工作〔註32〕。而到了明代胡應麟著《四部正譌》一書，才成爲我國辨僞學發展成熟的標誌。〈古籍辨僞學概述〉一文言：

　　　　晚明的胡應麟，在宋濂、楊愼等人的直接影響下，總結發展前代辨僞的成果和經驗，著成《四部正譌》一書，此書把考辨範圍，擴大到四部（涉書六十六種及讖緯詩話諸書，仍以諸子書爲多），不僅在諸書考辨上有不少卓見，而且更重要在于系統地歸納了作僞的複雜情況，總結了辨僞的各種方法，成爲我國辨僞學發展成熟的標誌〔註33〕。

〔註29〕《中國古典文獻學》（台北：木鐸，民國72年），頁206。

〔註30〕張舜徽，《中國文文獻學》（台北：木鐸，民國72年），頁184。

〔註31〕《澹生堂集》卷十八，〈與潘昭度〉。

〔註32〕《中國古典文文獻學》一書頁207言：「東漢以後，辨僞古書工作日益興起。」同時列舉唐代劉知幾、趙匡、啖助、柳宗元等人的辨僞說。及宋代歐陽修之辨《易繫辭》、同馬光之疑《孟子》、王安石之考《春秋》等宋代辨僞的工作成果。張舜徽在《中國文文獻學》一書頁185，亦言「辨僞工作的展開是從漢代學者的開始的」。

〔註33〕孫欽善，「古籍辨僞學概述」（中），《文獻》（1983年1月），頁254。

胡應麟《四部正譌》中，綜合分析了四部書中僞書種種不同的情況：

> 凡四部書之僞者，子爲盛，經次之，史又次之，集差寡。凡經之僞，易爲盛，緯候次之。凡史之僞，雜傳記爲盛，瑣說次之。凡子之僞，道爲盛，兵及諸家次之。凡集，全僞者寡，而單篇別什，借名竄匿者甚眾〔註34〕。

同時他也歸納了辨別僞書的八種方法：

> 覈之七略，以觀其源；覈之群志，以觀其緒；覈之並世之言，以觀其稱；覈之異世之言，以觀其述；覈之文，以觀其體；覈之事，以觀其時；覈之撰者，以觀其托；覈之傳者，以觀其人〔註35〕。

這些方法，比較科學而有系統，在吸收前人成果的基礎上，從文獻著錄情況、作者處境、文體形式、語言稱呼以及典籍由來等各方面，進行考察，層層推勘，細心審訂諸書〔註36〕，故後代學者咸對胡氏辨僞之說，置予佳評。

而承㸁的〈辨眞僞〉一說，即是繼承胡氏《四部正譌》，再有系統地全面整理僞書出理的種種情況，歸納爲二十一條。他首言曰：

> 夫所謂辨眞僞者，經不易僞，史不可僞，集不必僞，而所僞者多在子。且非獨僞也，孫文融有言，諸子至秦絕矣！古操術，今飾文，其深不當也；古初見奇，今奇盡，其精不當也；古殫一生精力，今以餘技騁，其工不當也，故曰絕也。夫自漢而後，即眞者尚不能與周秦竝，況其僞哉。然又混淆而難別，……故子之雜也，史之稗也，說之璅也，易相溷也，惟辨其眞則得矣。要而言之，四部自不能無僞。

承㸁言四部作僞的種種情況，正是承胡應麟而來。而他更歸納二十一種僞書出現的情況以告誡子孫：

（一）、僞作於前代，而世率知之者，風后之握奇，岐伯之素問是也。

（二）、僞作於近代而世反惑之者，卜商之易傳，毛漸之連山是也。

（三）、掇古人之事而僞者，如子華、尹喜之類是也。

（四）、挾古人之文而僞者，如越絕、鶡冠是也。

（五）、傳古人之名而僞者，如湯液、相經是也。

（六）、蹈古書之名而僞者，如汲冢發而師春補，檮杌紀而楚史傳是也。

（七）、有憚於自名而僞者，如魏泰筆錄之類是也。

〔註34〕（明）胡應麟，《四部正譌》，《少室山房筆叢》（清光緒卅二年廣雅書局刊本）。
〔註35〕同前註，《四部正譌》。
〔註36〕《中國古典文文獻學》，頁 209。

（八）、有恥於自名而僞者，如和氏香奩之類是也。

（九）、有襲取於人而僞者，如法盛晉書之類是也。

（十）、有假重於人而僞者，如子瞻杜解之類是也。

（十一）、有惡其人僞以禍者，如僧孺行紀之類是也。

（十二）、有惡其人僞以詆者，如聖俞碧雲騢之類是也。

（十三）、有本非僞人托之而僞者，如陰符之類是也。

（十四）、有書本僞，人補之而益僞者：如乾坤鑿度、諸緯書之類是也。

（十五）、僞而非僞者，如洞靈真經本王士元所補而以僞亢倉。

（十六）、非僞而曰僞者。

（十七）、非僞而實僞者，如化書本譚誚所著而宋齊邱竊而序傳之。

（十八）、當時知其僞而後人弗傳者，如劉炫魯史之類是也。

（十九）、當時紀其僞而後人弗悟者，如司馬潛虛之類是也。

（二十）、本無撰人，後人因近似而僞記者，如山海稱大禹之類是也。

（二十一）、本有撰人，後人因亡逸而僞題者也，如正訓稱陸機之類是也。

承㸁的歸納，難免失之繁瑣，但亦足證明他十分重視辨僞之學。一般研究辨僞之學者，如宋濂、楊愼、焦竑等，都是考據學家〔註37〕。但承㸁並非考據學家，卻十分留心前人辨僞之作，才能有系統地歸納僞書出現的情況，總結明代辨僞的成就。同時更將之應用在圖書採訪學上，使辨僞學更趨於實際，此為其〈辨真僞〉之說最大的價值。

二、覈名實

亙古迄今，圖書浩瀚，頗有名同而內容實異，名異而內容實同的書。或有原來名稱不用，通用後來書名者。又有書名相同而作者紛岐者。這些不同種類，書名作者混淆的情形，不只在古書中常遇到，即使是現代的出版品中，此種現象亦屢見不鮮。所以圖書館的採訪工作中，有一項必要的步驟就是查核書名，除了核對館藏及訂購紀錄，以避免重複訂購外，更要核對標準目錄及書名權威檔（Title authority file），以避免因上述現象而購買到同書異名的複本書〔註38〕。

承㸁在搜集圖書時，便發現這個問題，因此他特立〈覈名實〉一條言：

〔註37〕〈古籍辨僞學概述〉（中），頁254～256。

〔註38〕參見 Wallace J. Bonk and Rose M. Magrill, *Building Library Collections* （Metuchen, N. J. :The Scarecrow Press. Inc. 1979）, PP. 278~281.

書籍與代日增，而亦與代日亡之物也。躱按籍而求，固已有虛用其
力者矣。乃有實同而名異者，有名亡而實存者，有得一書而即可躱見其
餘者，有得其所散見而即可湊合其全文者，又有本一書也，而故多析其
名以示異者也。

除了提出以上四種名實相混的情況外，承㸁還一一詳細舉例，告誡諸子，其目的
乃在「既不至虛用其力，亦不至徒集其名，得一書始得一書之實矣。」

　　可見承㸁在圖書採訪之前，覈核圖書甚爲嚴謹，必詳細查核各書的書名及內
容，才加以搜集，正是做到了現代圖書採訪業務中「查核書名」的這一步工作。
採購圖書前，先經過「辨眞僞」和「覈書名」這二步驟，就可以避免各種錯誤，
輕而易舉地採購到適合收藏的書籍。

第三節　圖書的採訪

一、承㸁圖書採訪的理論

　　訪求圖書，必須要講求方法，很多異本秘笈，若非刻意搜求，是不可能獲致
的。楊嗣昌作〈澹生堂初集序〉言：

先生求書都邑坊市列肆之林，公私廨舍掌故之府，名山壞宅壁蠹之
餘，委巷窮簷斷爛攤地和合墐墙之物，往往搜獲秘文。其所不得，或千
里題緘，因人覓募〔註39〕。

可見承㸁訪求書籍，並不只限於書肆，而是無孔不入地搜求，因此他的藏書才能
既富且精。他遂將積聚十多年的求書經驗，寫成〈藏書訓略〉中〈購書訓〉一篇，
成爲宋鄭樵談求書八法之後，第二篇談到圖書採訪方法的文章〔註40〕。

　　承㸁認爲「購書無他術，眼界欲寬、精神欲注而心思欲巧」。所以〈購書訓〉
就從這三方面分別加以討論：

（一）眼界欲寬

蓋今世所習爲文，人守一經，從博士弟子業者也。如古之著書立言
不求聞達者，千百中不一二見焉，習俗溺人，爲毒滋甚。每見子弟於四

〔註39〕見《澹生堂集》中之〈舊序〉。
〔註40〕《澹生堂集》卷十四，〈藏書訓略〉之〈購書訓〉。

－105－

股八比之外，略有旁覽，便恐妨正業，視爲怪物。即子弟稍竊窺目前書
一二種，便自命博雅，沾沾自喜，不知宇宙大矣。

承㸁懇切地指出了當時讀書人的弊病，讀書習文只爲科舉中第，除了八股等類文
章外，不敢更多涉獵旁覽，所學甚爲狹隘。這確爲明末普遍的風氣。明代學風浮
濫不實，素爲人所詬病，在緒論中亦已論及。吳辰伯亦曾言當時學風：

> 談性理以實踐標榜，掩其不讀書之陋；談文學者以復古號召，倡不
> 讀漢後云說。兩家互相應合，形成一種淺薄浮泛的學風。即有一、二傑
> 出之士，亦復泛涉淺嘗，依傍門戶，不能自立一說、進一解，蠅襲蛙傳，
> 風靡一世〔註41〕。

吳氏所言正和承㸁之言相合。然承㸁雖生當明末，處於這學風浮濫的時代，但他
卻未受影響，且深切了解當時人的惡習，所以特以「眼界欲寬」來提醒子孫，不
要受了當時風氣的影響，而畫地自限。須要多考覽各代目錄書，以及近時各家的
收藏，藉以了解古今著述的豐富，以及學問境界之無窮。而不以自己所藏所讀爲
滿足。

昌師彼得更進一步說明「眼界欲寬」在現代圖書館學中的意義：

> 圖書館負責採訪的，不可僅據坊肆的出版書目來採購，還需要主動
> 的去搜集資料，參閱其他圖書館的書目，以及各種書刊上所刊載的圖書
> 消息，遇有本館所無的，即設法採購〔註42〕。

承㸁採訪書籍便是如此，隨時留意當時著名士紳的藏書情形，藉以警易自己。故
他能詳述明代各藏書家的藏書狀況：

> 若勝國兵火之後，宋文憲公讀書青蘿山中，便已聚書萬卷；如雲間
> 陸文裕公、婁江王大司馬、吳門劉子威，此其家藏書皆不下數萬卷。更
> 聞楊儀部君謙，性最嗜書，家本素封，以購書故，晚歲赤貧。所藏書十
> 餘萬卷，纂其異聞，奚囊手鏡。若金陵之焦太史弱侯，藏書兩樓，五楹
> 俱滿，余所目睹，而一一經校讎探討，尤人所難。婺州胡元瑞，以一孝
> 廉，集書至四萬二千三百八十四卷，此皆近日士紳家事也。安可以鬚眉
> 男子，竟同三家村擔校漢乎？余故略一拈出，令汝輩知曠然宇宙，自有
> 大觀。所謂眼界欲寬者此也。若曰六經皆註腳，何必乃爾？余與汝輩宋
> 至此地位，不得作欺人語。

〔註41〕林慶彰，《明代考據學研究》（台北：學生，民國72年），頁18之引文。
〔註42〕昌彼得，〈祁承㸁及其在目錄學上的貢獻〉，《圖書館學報》十一期（民國60年六月），
頁149。

可知明朝雖受了八股制義及陽明學風的影響，一般人皆束書不觀，導致人心敗壞，禮法蕩然。但有明一代，仍有不少實事求是的學者，專心致力於讀書考據的工作。這些學者如宋濂、陸深、王世貞、胡應麟、焦竑等，或爲一代名儒，或爲考據大家，而也們也都是當時著名的藏書家。承爜之意，便是要子孫能見賢思齊，突破當時普徧敗壞浮濫的風氣，並擴大自己的眼界，從藏書著手來充實自己，這正是一個圖書館採訪人員應具有的積極、主動的精神。

（二）精神欲注

> 夫所謂精神欲注者，正以人非大豪傑，安能澹無嗜好？倘嗜好一著于博飲狹邪馳馬試劍，傷生敗業，固不必言。即染翰臨池鼎彝金石，非不稱清事。然右軍竟以書槩其品，而閻立本且悔恨流汗，戒子孫勿復工繪事。至於玩古之癖，令人憔悴欲死，又不足言矣。惟移此種種嗜好，注于嗜書。余亦不遽望爾輩以冥心窮討，苦志編摩。惟姑以此書日置几席，閒視同玩器裝潢、校讎朝斯夕斯。隨意所善，閱其一端，一端偶會，此卷自不忍不竟。一卷既洽，眾卷復然。此書未了，恨不能復及一書。方讀其已見，恨不能讀其所未見。自然飲食寢處，口所囁嚅，目所營注，無非是者。如阮之屐，嵇之鍛，劉伶之飲，非此不復知人生之樂矣。如此，則物聚於所好，奇籍秘本多從精神注向者得之。使爾輩爲向上之士，自足成其博雅。即以庸人自安，亦定不作白丁。……古今絕世之技，專門之業，未有不由偏嗜而致者，故曰精神欲注者，此也。

承爜此段話代表了兩層涵義。第一層是對一般人而言，最好的嗜好莫過于讀書。這也正是今日社會耳熟能詳的「提高讀書風氣，建立書香社會」的意義。近年來，教育當局及文化界人士均有感於物質文明的進步，反而使得精神文明漸漸地喪失，以致社會間道德風氣日下，一般人多在物質世界中迷失了自己。是以不斷提倡要建立一個書香的社會，使人人皆有讀書、愛書、買書的習慣。事實上此一現象正是古今皆然，古人常將嗜好著于博飲狹邪馳馬試劍等，而導致傷生敗業。明末整個社會風氣的敗壞，也正因爲一般人皆束書不觀，以爲良知自在而導致猖狂無度。承爜有感於此，乃鼓勵子孫「移種種嗜好於讀書」，培養愛書讀書的興趣，使其能奮發向上，而不致於同流合污。在當時「反讀書、反道德」的社會風氣裏，承爜能獨有此見識，實甚爲難得。也正因承爜如此勉勵，祁氏子孫都能不負期望，皆以文章名於當世，且都成了反清效明的民族鬥士。丁丙乃言祁氏「一門群從，

政事文章，不可謂非藏書之食報也〔註43〕。」

「精神欲注」的第二層涵義，是對專業圖書館員而言。館員要有敬業的精神，愛書知書，他就更會積極主動地訪求、提供好書給讀者。假若館員本身不讀書，對知識沒有興趣，他又怎能去替讀者選擇好書呢？又怎會主動去搜集更多圖書資料給讀者呢？現代圖書館學家薛拉便說：

> 一所真正的圖書館，並不只是一連串偶然情況下聚在一起的書堆而已，而是爲刺激讀者作有目的思考而設計的有意義的創置。……如果圖書館員要當「知性之屋」的建築師，他就必須瞭解書和人，以及人對於書的使用情形〔註44〕。

雖然現代圖書館服務的重點在於人，但做爲一個成功的館員，就當具有愛書讀書的嗜好，他才能瞭解書，並瞭解人對書的使用情形。將精神投注於圖書採訪的業務中，他才能真正做好採訪的工作。所以，「精神欲注」實爲一個專業圖書館員所應具備的條件。

（三）心思欲巧

> 「眼界欲寬」是指藏書的範圍要寬，眼光要遠；「精神欲注」是指要專注精神訪求圖書；而「心思欲巧」則是指採購圖書時要靈活運用各種方法。

鄭樵在《通志校讎略》中有〈求書之道有八論〉曰：

> 求書之道有八，一曰即類以求，二曰旁類以求，三曰因地以求，四曰因家以求，五曰求之公，六曰求之私，七曰因人以求，八曰因代以求。當不一於所求也〔註45〕。

承㸁認爲鄭樵之論雖佳，但古代典籍流傳至後代，往往十者九亡，若僅憑鄭樵的求書八法，有些書即國家秘府亦不能收，民間更無從而得了。所以他提出了三種補充鄭樵八求的方法：

（1）、輯佚法：

> 書有著于三代而亡于漢者，然漢人之引經多據之。書有著于漢而亡

〔註43〕 丁丙，《善本書室藏書志》卷十四，《書目叢編》（台北：民國56年），頁642，〈澹生堂藏書譜八冊〉一條。

〔註44〕 鄭肇陞譯，Jesse, H. Shera 原著，《圖書館學概論》，頁56。

〔註45〕 （宋）鄭樵，《通志》卷七十一，《校讎略》，《中國目錄學資料選輯》（台北：文史哲，民國70年），頁354。

于唐者，然唐人之著述尚存之。書有著于唐而亡于宋者，然宋人之纂集
多存之。每至檢閱，凡正文之所引用，註解之所證據，有涉前代之書，
而今失其傳者，即另從其書，各爲錄出。如周易坤靈圖、禹時鈞命訣、
春秋考異、郵感精符之類，則于太平御覽中閒得之。如會稽錄、張璠漢
紀之類，則於北堂書鈔閒得之。如晉簡文澹疏、甘澤謠、會稽先賢傳、
渚宮故事之類，則于太平廣記閒得之。諸如此類，悉爲裒集。又如漢唐
以前殘文斷簡，皆當收羅。此不但吉光片毛，自足珍重，所謂舉馬之一
體，而馬未常不立于前也，是亦一道也。

輯佚古書的始源，大約肇於北宋黃伯思《東觀餘論》卷下跋愼漢公所藏的《相鶴
經》，謂其書是從馬總的《意林》及《文選》鮑照《舞鶴賦》李善注輯出裒合而成。
至南宋時則有王應麟輯齊魯韓三家詩的佚文爲《詩考》，又輯鄭云注《周易》的佚
文。但自元以後仿行的並不多〔註46〕。故陳光貽在〈輯佚學的起源、發展和工作
要點〉一文中說：「輯佚之學盛于南宋，而消沈于元明〔註47〕。」入清以後，輯佚
古書的風氣才又大盛。承㸁在輯佚學消沉的時候，能知道運用這種方法來增加古
籍的數量，實甚爲難得。

（2）、分析法：

　　　　一書之中，自宜分析，如杜氏通典著於唐，惟唐之故典可按耳，乃
後人取歐陽永叔、呂作恭議論附其後，不幾淄澠乎？如水經一書，註乃
侈于其經，奇詭宏麗，後人但知酈道元之有注，而桑欽著經之名反隱矣。
又如世說，詞旨本自簡令，已使人識晉人丰度于眉宇間，若劉孝標之註，
援引精覈，微言妙義，更自燦然，可與世說各爲一種，以稱快書。如此
之類，析而爲兩，使竝存于宇宙之閒，是亦一道也。

關於這一方法，主要目的在增加藏書的數量，實際上並沒有什麼意義。所以昌師
乃評曰：

　　　　按合經於注，或將有關的資料採輯附入本書中，本爲方便讀書的
人，今祁氏欲反其道，雖然能增加藏書的數字，而無益於用，故此法沒
有人仿行〔註48〕。

（3）、輯序文為目錄法：

<hr>

〔註46〕〈祁承㸁及其在圖書錄學上的貢獻〉，頁149。
〔註47〕陳光貽，〈輯佚學的起源、發展和工作要點〉，《史學史研究》1983年一期，頁76。
〔註48〕〈祁承㸁及其在圖書目錄學上的貢獻〉，頁150。

若夫前代遺書，見有鏤板，或世家所秘，省郡所藏，即同郡共里，
尚兼難收。況粵有刻而吳未必知，蜀有本而越未能遍，如此者更多也。
又安能使其無翼而飛，不踁而走哉？且購書於未集之先易，何也？凡書
皆可購也，即因地因人因家因代無不可者。購書於書稍集之後難，何也？
海內通行之書，大都此數十百種耳，倘一概求之，或以千里郵至，或以
重值市歸，乃開篋，而已有在架矣，有不意興索然者乎？余謂古書之必
不可求，必非昭代所梓行，若昭代之所梓行，則必見序於昭代之筆。其
書即不能卒得，而其所序之文，則往往載於各集者可按也。今以某集有
序某書若干首，其書之序刻於何年？存於何地？採集諸公序刻之文，而
錄爲一目，自知某書可從某地求也，某書可向某氏索也。置其所已備，
覓其所未有，則異本日集，重複無煩，斯眞夜行之燭而探寶之珠也。

這一種採集各書序文編爲目錄的方法，事實上正是一種「出版目錄」或「書評書
目」的編製。要做好採訪工作，掌握出版消息是非常重要的。薛理桂先生稱此爲
「採訪的上游工作」，並說明其重要性：

圖書採訪較感困難的工作，該是出版消息如何確實、有效的掌握。
如能掌握住館內所需求的圖書資料出版消息，即是採訪工作成功的一半
〔註49〕。

可知能否有效掌握出版消息，關係採訪工作成功與否至鉅。在現代，各種出版消
息的目錄，都有政府或民間的專門機構來負責編製，在美國更有如 Bowker 或 H. W.
Wilson 等以出版書目、索引等參考書聞名的大出版公司，專司圖書選目、期刊索
引的編製〔註50〕，館員只要依據這些選書工具（Book selection aids），就可輕而易
舉勝任圖書採訪的工作。但在中國古代，並沒有任何的出版目錄可供藏書家參考，
再加上中國的幅員遼闊，古代的交通又不發達，鏤板或爲世家所秘，或爲省郡所
藏，即使同在一鄉一郡，尚難兼收，更何況其他省份的出版消息，就更不易獲致
了。承㸁雖生在古代，卻十分具有現代圖書館學的思想，他乃想到可以利用各家
文集中所寫的諸書序跋，編爲一目，不就成爲一部可觀的「出版品目錄」了。此
種輯諸書序跋爲目錄的方法，可以有諸多好處：

一是知道某書大約刻於何時何地？就現代而言，就是知道一書的出版年代及

〔註49〕薛理桂，〈如何做好採訪的上游工作－國內圖書資料出版消息的有效掌握〉，《台北
市立圖書館館訊》二卷三期（民國74年3月），頁12。
〔註50〕參閱王錫璋，〈期盼圖書選目的編製－兼介國外幾種選目〉，《圖書與圖書館論述集》
（台北：文史哲，民國69年），頁87～110。

地點、出版者等等。

二是知道某書可從何地求，可向何者求？就現代而言，就是知道資料獲得的來源。

三是核對己所收藏，如已收有此書，就不必再花費力氣，千里郵購，造成複本。這就現代而言，正是採訪圖書之前「查核館藏」的工作。

四是就序文的內容，可大要瞭解一書之內容如何？價值如何？有無必要搜購？此序文可看作是「解題書目」或即現代所謂之「書評」，作爲選購圖書的參考。

可見此種輯序文爲一目的方法，一舉數得，十分富有科學的精神，也符合現代圖書採訪的程序及方法，確爲一種了不起的發明。即使在今日，圖書館若要採訪民國初年或清代刻印的圖書，這種方法仍然值得參考。

由錢亞新所著〈祁承㸁－我國圖書館學的先驅者〉一文中；知道承㸁自己確曾編過這種類似於現代圖書選目的目錄。由於錢氏在大陸曾看過〈藏書訓略〉的原寫本，發現原寫本在〈購書訓〉的後面有一段按語，但這段按語在各種刻本中均刊落未載，錢文中乃敘述這段按語的內容爲：

> ……他把名存而書不傳者編爲〈名存錄〉，把難得而須力求者編爲〈苦購錄〉，把已經刊刻者編爲〈廣梓錄〉，并附以〈購書檄〉一篇，作爲購求圖書的工具〔註51〕。

這實在是一種非常科學的方法，他不僅知道編製目錄來作爲圖書採訪的參考工作，還依照不同的需要，編製三種不同的目錄：〈名存錄〉就是〈佚書目錄〉，〈苦存錄〉類似現代旳〈絕版書目〉或〈稀見書目錄〉，〈廣梓錄〉則是一般性質的出版目錄。可見他確實掌握住了各種出版消息，知道那些書已失傳不可得，那些書必須力求而難以獲得。即使是現代的圖書館，能這樣有系統地編製目錄，採訪圖書的，恐怕也不多見。承㸁生於古代，卻能在圖書採訪上，有如此科學的觀念與方法，實令人佩服不已。

二、承㸁圖書採訪的實際

現代圖書館中資料的來源，大多由訂購、贈送及交換三種管道而得，故採訪

〔註51〕錢亞新，〈祁承㸁——我國圖書館學的先驅者〉，《圖書館工作》（1962年一期），頁47。

部門的業務，也常會依此三項來畫分〔註52〕。在以前，藏書家得書的來源，也大多來自搜購、受贈及交換三項途徑。但明、清時代的藏書家，多有喜好鈔書的習慣，是以借鈔圖書，亦成爲藏書重要來源之一。承㸁藏書的來源，亦不外乎此四種，除了別人贈送的書籍外，無論是搜購、交換或是借鈔，都可以看出其對採訪書籍用心之深，用力之勤。故本節中論其圖書採訪的實際、將分爲搜購、交換及借鈔三項來討論。

（一）搜購

前面已提到，承㸁搜購圖書，並不限於書肆而己，乃遍及「都邑坊市列肆之林，公私廨舍掌故之府，名山壞宅壁蠹之餘，委巷窮簷爛攤地和合堁墻之物」，這正是靈活運用了鄭樵的求書八法。除了親自採訪之外，他還透過各種途徑來求書：

一是託人代訪求書，如《澹生堂集》卷十八有〈與陶公望〉一函云：

> 近有一事，敢與兄約，吾兩家世受易，豈可略于世業。復錄得竹居王孫家抄本數十部，合之家藏，可得二百種，皆前賢專門之學。而吾浙藏書家，惟苕上最多，有前賢解易之書，幸多方訪求。

又如〈與郭青螺〉一函云：

> 凡老公祖鄴架所藏如宋元人之文集，除耳目常見外，或前代與國朝記載及小史之類，俱煩命掌記者，錄一目以見示。如向所未曾經目，則當借鈔。在宋朝如劉須溪諸公，皆貴鄉人，其遺集定副本也。外一單皆貴鄉前輩各公也，其集有存於其子孫者，並一查示之。（卷十七）

書籍出版散在各地，憑己之力無法一一訪求，託友人代爲求書，就解決了這一困難，實不失爲良方。在他的日記中常記某人寄書給他，如戊午曆（萬曆四十六年）

二月初三日記：

> 得鉛山笪赤如寄至書……併得寄錄皇明大政記六卷，此書爲玉山夏浚所輯，考據詳核，信而足徵，本朝亦良史也。予得之姻家陶別駕處，然中缺十六卷，每閱之則以爲恨，因托笪兄轉爲鈔補。

二月十七日記：

> 得舊寅沈五知寄至國朝紀錄彙編。

二月廿八日記

〔註52〕顧敏，《圖書館採訪學》，頁29，言採訪業務分工標準，其一爲「依資料來源區分、可分爲訂購、贈送交換三股」。

得方伯蕭生公祖寄至金華志并浙江通志，余方緝兩浙著作考，正需
檢閱，得之甚快。

四月朔日記：

蚤起，得友人寄至書數種，内有西溪叢話，爲剡溪姚寬所著。

四月十二日記：

得同年廣州林公書，并得寄至廣東通志，乃萬曆間郭元祿棐所修。

五月十三日記：

蚤起，得都運陳公望川書……因并寄來瞿塘日錄及薛文清集。

五月廿四日記：

得海門周師書，并寄滁陽王文成公祠志及金剛經解與太上感應篇。

六月十二日記：

得郭大司馬寄至易解，每卦總爲一論。

七月初四日記：

得許玄祐寄至公樞十九山，閲之，多小說家語。（以上均見《澹生
堂集》書卷十三戊午曆）

這些僅是半年之間所記，就有諸多友人寄書給他，就可見他託人訪求圖書之勤。
這樣大大地增加了圖書採訪的管道。

二是組織搜書之會。《澹生堂集》卷十二〈數馬歲記中〉云：

遂與肅之及二三同調爲搜書之會，期每月務得奇書及古本若干，不
如約者罰。

集眾人之力搜求書籍，效果自然更佳。卷十八〈與徐季鷹〉一函便說：

苦于僻居海濱，聞見有限，必須相結同志者五六人，各相物色。而
又定之以互易之法，開之以借錄之門，嚴匿書之條，峻稽延之罰，秘本
不踵而集。

這一種搜書之會，其實就是現代圖書館界所倡導的「資源分享」（Resource sharing,
〔註53〕），搜書會的同志，就有如館際合作中的各會員，「每月務得奇書及異本若
干」，正是館際合作中的「合作採購」；「定之以互易之法，開之以借錄之門」，則
正是所謂的「圖書交換法」及「館際互借」，可見「資源分享」的觀念及應用，實

〔註53〕同前註，頁 150 言：「圖書採訪和圖書館的服務資源直接有關，因此，現代圖書館
的一項重要課題就是－資源分配的問題，也稱爲資源分享。」頁 152 註 1：「見 Allen
Kent 著，"Livrary Resource Sharing Networks: How to make a Choice". *Library
Acquisition：Practice and Theory* 2：2（1978）：69～72.

非今日才有，早在承㸁的時代，就已經有具體而微的「資源分享」了。

三是借閱他人目錄或利用各書中的引用書目。這正是他所說「眼界欲寬」的實踐。如前所記〈與郭青螺〉一函中言：

> 凡老公祖鄴架所藏，如宋元人之文集，除耳目常見之外，或前代與國朝記載及小史之類，俱煩命掌記者錄一目見示，如向所未經寓目，則當借鈔。

又如戊午曆四月十五日日記云：

> 得范元辰年兄寄示天一閣書目。

可見他常參閱當時藏家目錄，以擴大自己藏書來源。又如《澹生堂集》卷十八〈與潘昭度〉中云：

> 前見貴郡閔子京兄緝有湘煙錄，喜採奧書及韻書，斷是佳士，其引用書目雖不甚廣，然其中有數種弟知其久不行世矣。此兄何從得來，一單寄兄，幸為弟特一詢之。

〈與管席之〉函中云：

> 偶於記聞得數種（指正史稗史之書），皆此中藏書家所絕無者，或宅上鄴架中一檢，不妨借閱錄竟，即專人函璧。

這些都說明他利用各種途徑，各種方法，來擴大採訪圖書的範圍，任何有關圖書資料的消息，他都不輕易放過；任何可以獲得圖書的機會，他也不輕易錯失。

（二）交換

圖書館採訪學中言圖書交換的意義為：

> 圖書館中的書刊交換工作是一種以「物」易「物」的行為，藉著以物易物達到各勻所需，各勻所求的圖書採訪目的。……交換活動愈頻繁，所獲得的出版品也愈多，對於圖書館資源的增加，有很大的幫助。除了購買之外，交換工作是圖書館增加資源的重要方法〔註54〕。

可見妥善運用交換圖書的方法，可以在節約經費的好處之下，增加館藏資源。承㸁便十分善用這一方法。〈藏書訓約〉中便言：

> 自入白門，力尋蠹好，詢於博雅，覓之收藏，兼以所重易其所闕，稍有次第。（《澹生堂集》卷十四）

承㸁平日常會獲得友人贈書，但這些書多為坊肆常見之書，且多重複之本，他就

〔註54〕《圖書館採訪學》，頁99。

利用這些複本書進行交換工作。適巧他在南京作官，藏書之家頗多，交換複本書，就爲他增加不少藏書。他隨時把握住交換書籍的機會，所以萬曆四十一年他巡視江南馬政時，竟帶數篋重籍隨行，用以交換得書五十六種〔註55〕，數量實在不少。

　　承㸁雖藉易書來增加所藏，但他交換書籍仍是有原則的。因爲中國的古書，同一書往往有數種版本，不同版本內容亦稍有異，不能一概視爲複本。從《澹生堂藏書目》中可發現，承㸁藏書中亦有不少複本，而這些複本書多爲版本不同者，如《周易註疏》，有監本及閩本；《呂氏讀詩紀》有舊本及新本；《儀禮註疏》更有監本、閩本及常州本三種。又有同一書而卷數相異者，如《孔子家語》有廿一卷本及十卷本；《楊慈湖遺書》有六卷本及十六卷本。諸如此類，在澹生堂書目中再三可見，而承㸁也多爲這些複本書註上版本。可見他用來交換的書，當是版本相同的複本或是版本較差的本子。同一書而版本相異者，他仍舊加以保留的。

（三）借鈔

　　古人所以常須要傳鈔書籍，是因爲有些珍貴秘籍，坊間根本無法買到，只得從藏家借閱傳鈔。或有些書前代刊刻一次，後代便未曾再刻，欲得其書便須借鈔。又有些書後代雖有重刻，但脫誤妄改已失原貌，此時只得傳鈔舊本，方得窺其全貌。承㸁十分勤於鈔書，在年少時便「手錄古今四部，取其切近舉業者，彙爲一書，卷以千計〔註56〕。」他在晚年時更在家書中說：

　　　　只如十餘年來所鈔錄之書，約以二千餘本。每本只約用二食、紙張
　　二、三錢，亦便是五、六百金矣。又況大半非坊間書，即有銀亦無可買
　　處〔註57〕。

　　他鈔書的範圍極廣，凡是宋元人文集，倘得寓目，必鈔錄而存之；前面所舉他向藏書家借閱目錄，凡自己沒有的，也一一借鈔；又書中有殘本的，知道別人有全本，亦託其鈔錄之。換言之，凡是不能用購買或交換得到的書，他都用借鈔的方式得到。他所借鈔之書，均爲珍秘罕見的版本。現在中央圖書館尚存的澹生堂鈔本中，其中一部會《稽掇英總集》，就是他在萬曆四十六年同王菫父所借錄的，據他說此書乃爲「閣中宋本」〔註58〕，此書後來傳本甚稀，故瞿鏞還借此澹生堂

〔註55〕見《澹生堂集》卷十二，〈數馬歲記中〉言：「時余適攜重籍數篋，易書五十六種，……。」
〔註56〕見《澹生堂集》卷十四，〈藏書訓約〉。
〔註57〕黃裳，〈祁承㸁家書跋〉，《中華文史論叢》（1984年四期），頁266。
〔註58〕見《澹生堂集》卷十三，戊午曆二月初六日記：「從王菫父借得《會稽掇英集》，乃閣中宋本。」二月廿九日記：「錄完《會稽掇英集》，同兒子手校一遍。」

鈔本鈔錄之〔註 59〕，足見其鈔本書之珍貴。澹生堂鈔本的特色及價值，在第三章中已多有論及，此處就不再贅言。

我國對於圖書採訪學的理論，均移植自西方的圖書採訪學，卻忽略了中國古代的先賢，已在圖書採訪的理論上，立下了穩固的基礎；在圖書採訪的實踐上，更豎立了良好的典範。現代圖書採訪學中採訪圖書的幾個基本要項：選擇書籍、訂定選書政策、參考選書工作、查核書目記錄（包括核對館藏及檢查標準目錄）、主動蒐集各種書目資料，以及實際採訪作業如採購、交換、贈送、館際互借、合作採購等等，承爗都有著書立說，也都躬自實踐而成效卓著。他實在是我國圖書館採訪學的先驅。今日圖書館採訪學研究的範圍當然日趨複雜，遠超過了古代。但細究之下，二者講求的基本原則及方法仍是相同。承爗圖書採訪的理論，精闢而獨到；圖書選擇、鑑別及採訪的方法，各有條理，多所發明。這些理論和方法，到今日仍為圖書館採訪學中所不可缺少的。吾人在研究圖書館採訪學時，除了接受西方學說之外，實不應忽略我國先賢在這方面的成就。

第四節　圖書的整理及利用

一、藏書樓的建築

圖書館的建築，向來被列為圖書館學研究的項目之一，袁國慰〈圖書館的建築與設備〉一文言：

> 圖書館是為一指定用途而建築的房舍，因此房舍的設計都當以圖書
> 館功用為原則，不是只求美觀的〔註 60〕。

就古代言，藏書樓建築最重要的自是防水，防火、木料堅實，通風不溼等因素。可惜中國古代建築，大多不能符合這些條件，是故不少公私藏書毀於水火蟲蠹，陳登原《古今典籍聚散考》一書遂特立〈人事〉一卷，敘古今藏書水火蟲蠹之厄者〔註 61〕。

承爗早年藏書於戴羽堂，曾因僕人不戒于火，燒盡一萬餘卷的藏書，自是而後，承爗便十分留心藏書樓的建築。他曾說「藏書第一在好兒孫，第二在好屋宇」

〔註 59〕（清）瞿鏞，《鐵琴銅劍樓藏書目錄》卷廿三，《書目叢編》，「《會稽掇英總集》二十卷」一條言：「此書傳本絕稀，從澹生堂鈔本傳錄」。

〔註 60〕袁國慰，〈圖書館的建築與設備〉，《圖書館學》，頁 415。

〔註 61〕陳登原，《古今典籍聚散考》卷四，《書目類編》第九六冊（台北：成文，民國 67年），頁 455～500。

〔註62〕。可知他對藏書樓建築的重視。載羽堂大火是發生在萬曆二十五年，到萬曆二十九年，承爍才開始興建澹生堂，並名其園爲「密園」。見《澹生堂集》卷十一〈密園前記〉所言：

> 余少有玄晏之嗜，結盧儲書，沉酣自適，每謂蠹魚，殊大解事。忽爲祝融所崇，浮家沉宅，往來鑑湖。辛丑上太常歸，念無一枝可棲者，偶於家左得廢園如掌，縱大不及百赤（疑爲「尺」之誤），衡倍之，古檜二章已據三之一矣。檜而外，環爲小溪，溪繞籬與池，合三隅皆水，據地又二之一也。參差紆折，小搆數椽，幽軒飛閣，皆具體而微，可歌可嘯可眺可憑，又可鎮日杜門，夷然自適也。

由於密園中有亭曰「曠亭」，故世亦稱爲「曠園」。後來趙一清便寫了〈重書曠亭記〉一文及〈曠亭讀書圖歌注〉一詩，紀念澹生堂之盛衰。密園內的景緻，承爍另作有〈行園略〉一文詳述（亦見《澹生堂集》卷十一）。從〈行園略〉中可看出，密園內除澹生堂外，藏書之所有密閣、臥讀書架、脉望窩、快讀齋、夷軒、輪廖樓等多處地方。〈密閣〉一條言：

> 就日爲度，而四敞之，以貯古籍。

脉望窩則言爲「藏書之所」。又「臥讀書架」言：

> 藏之見壁不見書，故而闢之，見書見壁。方蝶舞之栩栩，何知蠹魚之爲適，蓋臥則宜榻，讀則宜庋。

此外夷軒、快讀齋等，皆爲承爍讀書之所在。而最主要的藏書處，當爲輪廖樓了：

> 有樓三楹，主人以庋書者，爲輪廖樓。四敞玲瓏，可便檢閱。樓之下爲竟志堂，……。

　　由此可知，輪廖樓是一棟三間的藏書樓。承爍在〈行園略〉中對輪廖樓的介紹不多，因他說另有詳文介紹之。很可惜那篇介紹輪廖樓的文字，並未收入《澹生堂集》中，使我們無法了解其建築情形。但可確定的是，承爍當時確曾把輪廖樓的建築概況記載下來。

　　此外，在承爍晚年的家書中，有〈藏書事宜〉及〈啓造事宜〉二文，被其子孫保存下來了，成爲瞭解其藏書樓建築最直接詳細的資料〔註63〕。由〈藏書事宜〉一文中，可知承爍在天啓四年左右，由於原有的輪廖樓已不敷使用，遂囑咐二子鳳佳及三子駿佳，另蓋一樓以爲藏書之用。見其文曰：

〔註62〕黃裳，〈祁承爍家書跋〉，頁265所附家書原文。
〔註63〕〈祁承爍家書跋〉，頁265～8之家書原文。以下所引有關藏書樓建築之文，俱見於此。

必須另構一樓，迥然與住房、書室不相接聯，自爲一境方好。但地
避且遠，則照管又難，只可在密園之內外截度其地。汝輩可從長酌定一
處來。我意若起樓五間，便覺太費，而三間又不能容蓄。今欲分作兩層，
下一層離基地三尺許，用閣柵地板，濕蒸或不能上，只三間便有六間之
用矣。前面只用透地風窗，以便受日色之曬，惟後用翻軒一帶，可爲別
室檢書之處，然亦永不許在此歇宿，恐有燈燭之入也。樓上用七架，又
後一退居，退居之中即肖我一像，每月朔日，子孫瞻禮我像，即可周視
藏書之封鎖何如。而此樓之制，既欲其堅固，又欲其透風，須與我匠人
自以巧心成之，但汝輩定此一處，可吩咐築基地也。

黃裳認爲此處所言的藏書樓是澹生堂或東書堂〔註 64〕，其實澹生堂早在萬曆廿九
年就已興建，東書堂則是祁彪佳後來在「寓山」所築〔註 65〕。今由承㸁所著〈牧
津次序序〉一文所言：

　　天啓甲子仲秋……山陰祁承㸁書於紫芝軒，時軒方落成之三日〔註 66〕。

天啓甲子即天啓四年，正是承㸁寄此封家書之後不久，則這棟新的藏書樓，當爲
紫芝軒無疑。

由上文看來，紫芝軒的設計乃分上下二層，每層三間。下層高出地面三尺多，
用閣柵地板，以防蒸濕之患。樓前則用透地風窗，可避免受陽光日曬。樓後又有
一室，可做檢閱書籍之用，即今之「閱覽室」也。爲防祝融，故紫芝軒爲純粹的
藏書樓，不能於其中歇宿，且與密園中的住房、書室皆分開。此項設計考慮周詳，
使藏書樓既能通風，又能免除日曬及淫氣。和寢居之處隔離，則又可收防火之效，
實爲精心設計也。

此信之後，承㸁又有〈啓造事宜〉一文，詳細就房屋建築的各項重要事宜，
一一囑咐。共分爲十一條，分別就房屋起造日期、定磉日期、放階檐日期、豎柱
上樑日期等就曆書所指，擇日擇辰。可看出當時人是頗爲迷信曆書的。如豎柱上
樑一條云：

　　豎柱上樑日用十一月廿一日甲申，看通書雖有豎造所收，然此日及
　　十一月內之絕煙火日也，又與寅生人相沖，此不宜用。其十一甲戌日亦

〔註 64〕黃裳，〈澹生堂二三事〉，《社會科學戰線》（1980 年四期十月），頁 340 言：「這封
　　　　信中所精心設計的藏書樓，應該就是澹生堂，也可能就是東書堂。」
〔註 65〕見（明）祁彪佳，《祁忠惠公遺集》卷七，《乾坤正氣集》第三十冊（台北：環球，
　　　　民國 55 年），〈寓山注〉內有東書堂一條。
〔註 66〕（明）祁承㸁，《牧津》序，（明天啓間原刊本）。

收豎造，但戌日值□星是伏斷，恐更當避。可再與徐尚吾斟一十全完美
之日，第一要緊。

又有一條為討論建築之樣式的：

　　　門台之前，須留餘地，此是正理，汝言甚可從。但廳屋前決無不用
儀門之理。如前面無一墻，則兩邊皆不可用墻。近來宅子有如此散而不
收者乎？造儀門而不用木椽，只如人家用石柱磚樣，此不過一墻耳，豈
得以作層數算乎？若門台之必用兩柱，大屋之只用五架樑，一皆如汝所
言。但大廳在翻軒外用十八扇地氣窗門裝過，則仍用老廊六尺，決不用
腰檻欄杆也。

可見承㸁對於建築之各項細節，都經過仔細斟酌。門台之前留有餘地，門台用兩
柱，大屋用五架樑，及大廳翻軒之外的十八扇透地氣窗門等等，從這些描述，已
可想見紫芝軒美觀大方的外形。

又有一條為用包工之事：

　　　徐作我用之十餘年，未覺有一毫壞我事，安可卻之？即汝欲用馬
作，必須兩家同起，決無專用素不效勞之人者！潘作可專令起門台，但
與他說過，不好則前功俱不准，不如只安心專管兩邊側樓一帶，及祠堂
未了之事為妥。

可知當時已有專經土木包工的商人，而承㸁對於包工的選擇益為謹慎，以確保建
築的品質牢靠。

最後兩條則是關於建材的購買：

　　　買建杉已再三與何姊夫說了，須買三大船，作大中小三等買之，大
約下價六、七百金之間，發到家則八百餘矣。又須買油杉與里溪百二十
者三、四□，方足椽料之用。其樹寧可一期買，不可于柯橋零買也。大
料是第一緊要事，其磚瓦及石料，若發在百金之上，每人須再付數十金，
總于寄回之內支用。

可知當時要蓋一幢房屋，從設計、購買建材、聘請包工、到實際建築，都須一一
計畫周詳。承㸁對住屋的建築，都不曾這樣仔細地擘畫，就可見他之重視藏書樓
建築了。歷代的藏書家，恐怕還從未有人這樣巨細靡遺地記錄藏書樓建築事項的。
是故黃裳認為這是極富價值的史料：

　　　它保留了上好的經濟史料，像起造澹生堂（按：此為紫軒之誤）這樣的
樓廳，在當時大約需要一千二、三百銀子。杉木要從福建買，而且要買
山樹，而當時的柯橋，是有木行這樣的店舖的。木材磚瓦石料的比價，

也説得清楚。土木營造包工商人的存在，也爲我們增添了新的知識。凡此都是一六二三年間，浙東一帶的情況〔註67〕。

除了藏書建築之外，承㸁對於書櫥亦有獨特的設計，其家書中有〈父字專付四郎遵行〉一文云：

> 書櫥可照大樓上樣式，一體做六個，只用一面開門，後面做定不動。可于三月間買木做，須木乾燥乃好。其闊大高低，俱照樓上櫥，但只放一本書，可稍淺三分之一耳〔註68〕。

承㸁對於書櫥都有一定的設計樣式，以他在〈行園略〉中所描述「藏之見壁不見書，故而關之，見書不見壁」，以及「四敞玲瓏，以便檢閱」看來，書櫥的樣式頗似今之「壁櫥」，貼牆而立，前有門可開關，故平日關閉時「見壁而不見書」。設計堪稱巧妙美觀。

書櫥的材料及油漆，亦非常講究，他在家書中均有特別叮囑：

> 如有尋乾燥木料，即可動工做，蓋做完又須加漆，待我回日可以整書也。此事全委在四郎料理，即動我新置五八舅內田租可也。……今各書安頓未得其所，眞令人夢寐不能忘懷耳。書櫥定用在十一月以前做完漆好，俟一回便要整書，其木料必須堅而乾〔註69〕。

由這些記載，可以瞭解承㸁對藏書建築的設計、書櫥的設計及所用材料，也可以大略瞭解明代一般藏書樓建築的情形。承㸁死後，祁彪佳及祁班孫都繼續使用這棟大樓，可知紫芝軒的建築確實堅固而耐用〔註70〕。

二、藏書的整理及利用

有好的藏書樓建築，仍須要勤加整理，書籍才不致爲水侵蟲蝕。從承㸁《澹生堂集》中看來，他時常整理插架、曝曬書籍，並分類編目。萬曆四十一年〈藏書訓〉約中言：

> 夏日謝客杜門，因率兒輩手自插架，編以綜緯二目。

萬曆四十六年他罷官在家，戊午曆中乃記曰：

> 曬書畢，數日來余躬率平頭如三四人，刷蠹理朽，揮汗插架，由朝

〔註67〕〈澹生堂二三事〉，頁340～341。
〔註68〕〈祁承㸁家書跋〉，頁256，家書原文。
〔註69〕〈祁承㸁家書跋〉，頁266，家書原文。
〔註70〕祁彪佳日記中有〈整書於紫芝軒〉之記（見崇禎八年十二月廿六日記），祁班孫則著有《紫芝軒集》（見全祖望《鮚埼亭集》〈祁六公子墓誌銘〉一文）。

及暮，瞬息不停，眞所謂我自樂此不爲疲也。〔六月初九日記〕

萬曆四十八年他返鄉休假，又整理一次藏書：

> 里居多暇，兼以暑月謝客，袒裼鞻屐，手自插架，揮汗如雨，樂此
> 不疲也。(《澹生堂集》卷十四〈庚申整書小記〉)

這三次都是他返家之時所記，可知他只要在家，就親自整理藏書，從曬書、修補殘帙、插架到編目，都是親手去做，而且樂此不疲，可見他對書籍愛護之勤。至於他作官在外時，無法親自整理書籍，就吩咐其子代爲整理。故家書中〈父字專付四郎遵行〉一文中乃言：

> 去年所發回書夾，可將氈條俱解去了，仍用油紙包好，決不可動我
> 一本。今次發來夾板，亦可收好。蓋以帶氈則易蛀也。其澹生堂書櫥中
> 書，兩年不曾日曬，汝可略一看。或不甚泡濕，則不必開他；如蒸濕不
> 堪，則須用心曬曝，然不可失一冊一卷也。

他爲了怕書籍受潮，又特吩咐其子將書櫥移至側樓，以避免蒸溼之患〔註71〕。於此種種，都可見承㸁即使在外作官，仍然不忘家中藏書。對於藏書的照護，眞是無微不至。

爲了防止藏書的失散，承㸁對於藏書的閱讀，亦管理有法。〈庚申整書小紀〉中記其管理之法曰：

> 借錄不出於園門，取觀不歸於私室，散佚勤收，如絕流之不遺涓滴；
> 蠹餘必理，同牧馬之去其敗勤，此吾堅壁清野之法也。

他不但自己如此踐約，還與子孫相與爲約：

> 今與爾輩約，及吾之身則月益；及爾輩之身則歲益之。子孫能讀者，
> 則以一人盡居之；不能讀者，則與眾人遞守之。入架者不復出，蠹嚙者
> 必速補。子孫取讀者，就堂檢閱，閱竟即入架，不得入私室。親友借觀
> 者，有副本則以應，無副本則以辭，正本不得出密園外。書目視所益多
> 寡，大較近以五年，遠以十年一編次，勿分析勿覆瓿，勿歸商賈手，如
> 此而已。(藏書訓約)

陳登原在《古今典籍聚散考卷》三論〈借書與不借書〉時，評承㸁此管理條例，雖較范欽天一閣「擅將書借出者，罰不與祭三年」之例稍寬，但仍顯其吝嗇〔註72〕。

〔註71〕〈祁承㸁家書跋〉頁 271：「我書到，汝可即揀一好日，將新側樓樓板俱細釘，仍
　　　買楮木數根，鋸開令乾，將一邊壁櫥移至側樓」，又言：「且欲將澹生堂書籍收拾在
　　　側樓，以防蒸濕之慮。」

〔註72〕陳登原，《古今典籍聚散考》，頁 412。

但就今日看來，閱覽及借出圖書，都應有管理的法則。即使是現代社會，圖書館都設有閱覽及借出的規則，仍然避免不了雅賊。就連陳登原亦云：「借人之書，竟有不還者矣，賢者亦未能免此焉。」又有〈借書之過〉一條言：「然藏書家之所以不肯借書與人者，借書者，亦與有罪耳〔註73〕。」可見隨便借書給人，後患無窮，對書籍的損失亦莫大。即使是自家人，隨便將書攜入寢室或攜出園外，也容易因疏忽而忘記歸架，造成藏書漸次失散。承㸁有此先見知明，故詳訂圖書管理法則如下：

（一）、書籍一旦入架，就不得再攜出室外。

（二）、書籍遇有破損蟲蠹，當隨即修補。

（三）、書籍必須在堂內閱覽，不得攜出室外。

（四）、書若有正、副本，可以副本借予他人，然必須保留正本於堂內。

（五）、書若無副本，而親友借之，則雖不能借出，但可以鈔錄副本。

（按：此乃據《祁忠敏公日記》所記。）〔註74〕

（六）、書籍應定期整理、編目，不得加以變賣、毀棄。

此管理法則仍然保有借閱、流通之精神，而又可以防止書籍失散，實可稱之管理有方。

然總而論之，承㸁藏書的目的，還是在讀書為用。陳登原論〈藏書家之功罪〉一章言：

昔錢曾嘗分藏書家為讀書之藏家，與夫藏書之藏家。以吾觀之，則歷來收藏之徒，殆均偏於後者。因其珍重書籍之情，嘗超過該書所能表示之真價值。書之真值，供人記誦而已；而收藏家則於供人記誦之外，兼以神怪非常之態度，待其所藏；換言之，則書癖是也〔註75〕。

持平而論，陳氏之言亦欠確當。夫古書之價值，絕非僅在供人記誦而已。若僅在供人記誦，則藏書家藏書皆應每卷記誦其內容乎？舊本書之珍貴，除了內容之外，也代表一國歷史文化、出版技術的成果。是以一書除了內容外，其外在形態亦有相當的價值。承㸁對古籍之愛護保重，實為內容形式兼顧，正猶如今日各國圖書館之保存善本古籍。

如以錢曾所言衡之承㸁，則其必屬於讀書之藏書家類。從承㸁的著述言論中，可以體會到他學識的淵博，凡古今四部各類之書，無不涉獵精通，陳繼儒說他：

〔註73〕《古今典籍聚散考》，頁414及410。

〔註74〕《祁忠敏公日記》中彪佳曾言：「以先人之命不令借人，但可錄以相贈。」

〔註75〕《古今典籍聚散考》，頁377。

> 宴坐密園內，環書爲巢，抽取何籍，輒指某架某部，而十不失一焉；
> 徵問故實所自出，輒指某書某卷某幾行，百而不失一焉。料揀貫串，巍
> 然推東南一大儒。(《澹生堂集》舊序)

可見他不但熟悉藏書的位置，連各書的內容也都如數家珍。他的兒子曾問他：

> 大人雖不懷用世之心，亦寧無憂國之念？奈何散散然耗精於鼠囓。
> 而不鼓念于聞鷄乎？〈庚申整書小記〉

承㸁乃回答曰：

> 至於憂國，人孰無胸？先輩有云，士大夫當有憂國之心，不當有憂
> 國之語。諒哉！斯言先得我心矣。

從承㸁一生的事蹟，正可看出他對於名利仕途十分淡泊，卻勤政愛民，表現出憂國憂民的情懷。他的讀書觀，和古代士大夫「書中自有黃金屋」的讀書觀，是截然有別的。他不但自己如此，亦勉勵兒孫能學以致用。〈讀書訓〉中有言：

> 若能常保數百卷，千載終不爲小人。諺曰：積財千萬，不如薄伎在
> 身。伎之易習，而可貴者無過讀書。世皆欲識人之多，見事之廣，而不
> 肯讀書，是猶求飽而懶營饌，欲煖而懶裁衣也。之推之言，其警人者至
> 矣。爾輩時讀一過，能無惕然，要以所貴讀書，非僅涉獵便可自足。

在〈庚申整書小記〉中，承㸁以兵法喻其對圖書整理、採訪、編目之方法，而最後乃總論之曰：

> 所患者，得之未能讀，讀之未能臆，如道濟之量沙，士終不能宿飽；
> 亦如餅師之作餅，終日未嘗入口，與旁觀者同爲柺腹耳。借箸空談，固
> 兵家之深病，亦吾輩之最宜警惕者也。

可知他一生勤奮不懈的搜藏書籍，整理愛護書籍，最終目的還在于「讀書爲用」。他的子孫雖未能如他所願做到使藏書有聚無散，但從他們不屈服於異族統計的忠烈義行看來，他們的確未負承㸁辛苦聚書的目的與期望，以憂國報國的實際行動，實踐了「讀書爲用」的精神。

第五節　論《澹生堂藏書約》的價值及影響

一、《澹生堂藏書約》的體例

《澹生堂藏書約》作於萬曆四十一年，承㸁在《澹生堂集》卷十二〈數馬歲記中〉，言其體例爲：「藏書約一卷，購書、鑒書之法各一卷，集錄古人讀書藏書

者共二卷。」

　　可知承爍當年所作共有五卷。此五卷今皆收入《澹生堂集》卷十四之內，分為〈藏書訓約〉及〈藏書訓略〉二篇。今分述各卷之體如下：

（一）〈藏書約〉：

　　〈藏書約〉可分為二部份。第一部份為承爍自敘一生藏書之經歷。第二部份則為與子孫相約藏書管理之法。

（二）〈購書訓〉：

　　即談購書之方法有三：眼界欲寬、精神欲注，及心思欲巧也。

（三）〈鑒書訓〉：

　　即論圖書識鑒之方法有五：審輕重、辨真偽、覈名實、權緩急、別品類也。鑒書法和購書法合為〈藏書訓略〉一篇。

（四）〈讀書訓〉：

　　前有序言，論讀書之重要，後採集朱熹、賈逵等二十三人讀書事例，以誡子孫。

（五）〈聚書訓〉：

　　前亦有序言，論聚書之可貴，後採集古人聚書足法者如張華、任昉等二十七人，以訓子孫。

　　歸納以上五項，則《澹生堂藏書約》的體例要可分三項，其一為藏書之約：藏書約的性質乃近以於圖書館中的管理法則或借閱、流通規則。

　　其二為記藏書讀書之故實：這些藏書讀書的故實，原多記載於方志、記傳等書中，承爍則自古書中摘錄，彙為〈聚書訓〉及〈讀書訓〉二編。

　　其三為論圖書採訪及分類的方法（以圖書採訪為主，但別品類一項則專論圖書之分類），即〈購書訓〉及〈鑒書訓〉二篇。

二、《澹生堂藏書約》的版本

　　承爍撰澹生堂藏書約，頗受後代藏書家的重視，故自明末迄今，此書曾經多次刊刻傳鈔，今就各種書目所載的不同版本，依次序列於下：

（一）萬曆四十四年原刊本

　　鄭振鐸《劫中得書記》中有〈澹生堂藏書訓約不分卷冊〉一條

　　　　此書為萬曆原刊本，讀書訓、約及整書小記等均備於一編。諸藏書
　　　　家皆未著錄，誠秘笈也。首有郭子章、周汝登、沈溭、李維楨、楊鶴、

馬之駿、錢允治諸人題序，亦他書所未見者〔註76〕。

鄭氏所得《藏書訓約》一冊，當爲原刊本無誤，但是否刻於萬曆四十四年則頗值得商榷，因〈整書小記〉一文乃寫於四十八年，怎有可能刻於萬曆四十四年？此原刻本其他書目中均未見，但錢曾《述古堂藏書目》卷四書目類下，亦有〈澹生堂藏書訓略〉一卷，當和鄭氏所藏本相同〔註77〕。藏書約前諸人題序，其他刻本中均未見，惟郭子章所撰序，見收於《青螺公遺書》卷十九內〔註78〕。

（二）明崇禎六年刻《澹生堂集》本，收入卷十四《讀書志》之內。

（三）清乾隆間歙西鮑廷博刻《知不足齋叢書》第五集本。

（四）清光緒八年肄水盧氏藝林仙館補刻乾隆本。

（五）清光緒十八年會稽徐友蘭刻《紹興先正遺書》第三集《澹生堂藏書目》本前附〈藏書約〉一篇。

（六）清光緒廿二年江陰繆荃孫刻《藕香零拾》本第一冊內。

（七）民國上海醫學書局鉛印《藏書指南》四種本。

（八）民國廿四年上海商務印書館鉛印《叢書集成》初編本。（以上六種見於《中國歷代書目總錄》）〔註79〕

（九）筆記小說大觀本。

（十）民國五八年廣文書局據知不足齋本影印《書目續編》本。

（十一）原寫本《澹生堂藏書譜》所附〈藏書訓約〉

　　　　見丁丙《善本書室藏書目》卷十四所著錄，又《八千卷樓藏書目》亦有著錄此本。

（十二）清傅以禮手鈔本.

　　　　附於曹溶、王端履舊藏《澹生堂外集》之後，見黃裳〈澹生堂二三事〉一文。卷末有傅以禮手跋〔註80〕。

三、《澹生堂藏書約》的價值及影響

《澹生堂藏書約》之所以爲士林所重視，其價值可由二方面論之：

〔註76〕鄭振鐸，《劫中得書記》（台北：木鐸），頁64。

〔註77〕（清）錢曾，《述古堂藏書目》，《書目類編》第卅二冊，頁45。

〔註78〕（明）郭子章，（清）郭子仁編，《青螺公遺書》（清光緒七年三樂堂刊本）。

〔註79〕梁子涵，《中國歷代書目總錄》（台北：中華文化出版事業，民國44年），頁476。

〔註80〕〈澹生堂二三事〉，頁341。

（一）就體例言：

前面曾論《澹生堂藏書約》的體例有三，此三種體例，皆屬承㸁所首創，而後始有繼起者紛效其體例而各成一格。今乃分述於下：

就藏書之約一項言，藏書家對其藏書之管理及借閱，當皆有某種程度的限制，但像承㸁這樣書之爲文以示子孫的，則甚罕見。而承㸁之後，遞事者頗多，最著名的就是明末清初二藏書家：曹溶的〈古書流通約〉以及丁雄飛的〈古歡社約〉〔註81〕。曹溶和祁理孫、班孫兄弟往來甚密；丁雄飛則與黃虞稷相善，二人之時代均稍晚於承㸁。曹溶且藏有不少澹生堂藏書，其中還包括了承㸁的《澹生堂外集》。故錢亞新便認爲，曹溶與丁雄飛的著作，乃是受了《澹生堂藏書約》的影響而產生的〔註82〕。

就記載藏書讀書故實一項言，承㸁以前也未曾有人採集古人讀書藏書之事彙爲一編的。而這項體例，正爲《吳興藏書錄》、《藏書紀事詩》、《武林藏書錄》等記述藏書家故實之書的先驅。承㸁集錄的體例雖甚簡略，未依時代先後排列，也未著出自某書，故張宗泰言其「未免編次草率」〔註83〕。然不可否認，這種〈藏書家小傳〉的體例，實爲承㸁開風氣之先。鄭振鐸曾購得一部〈讀書志〉，爲明江陰周高起所輯，明萬曆四十八年玉桂山房刊本，其體例正同〈讀書訓〉之體例：

> 細閱讀書志，正似將祁承㸁〈讀書訓〉擴大數倍之物。不分卷，卻
> 分「好、蓄、護、專、癖、慧、適、友、助、激、觀、遇、聞」十三部。

故鄭氏亦認爲周氏所輯乃受承㸁之影響而成〔註84〕。民國以後，這類文章或專著更多，體例益爲完整，資料也更豐富，若論其源始，實應推之於承㸁的〈讀書訓〉及〈聚書訓〉。且各書著述時，頗多引用〈讀書訓〉、〈聚書訓〉之資料〔註85〕，足證此二文確有其重要性。

就論圖書採訪分類之法一項言，承㸁以前，雖鄭樵有〈求書八法〉之論，但鄭著並非專論圖書採訪，僅此一條論採購圖書之法而已。故〈藏書訓略〉，就目前所知，可視爲我國最早專論圖書採訪的文章。承㸁之後，這類文章也漸多起來，最著名的就是孫慶增的〈藏書記要〉八則〔註86〕。〈藏書紀要〉的內容較〈藏書訓略〉要廣泛些，包括了版本鑑別、鈔錄、裝訂、曝書等方法，但其體例仍是延續

〔註81〕 繆荃孫刻《藕香零拾》及《書目類編》九一冊內均收有此二文。

〔註82〕 〈祁承㸁──我國圖書館學的先驅者〉，頁51。

〔註83〕 （清）張宗泰，《魯巖所學集》卷十一（永和：大華影印，民國57年），頁647，〈跋澹生堂藏書約〉。

〔註84〕 《劫中得書記》，頁65。

〔註85〕 如《藏書紀要詩》、〈明清嬋林輯傳〉、〈宋代藏書家考〉等均有引承㸁之文。

〔註86〕 （清）孫從添，《藏書紀要》，《藕香零拾》卅一冊（台北：廣文）。

〈藏書訓略〉而來的。

　　可知《澹生堂藏書約》在體例上，不但具有發凡起例的特殊價值，對後世更有其深遠的影響。

（二）就內容言：

　　本章前四節中，已就〈藏書訓約〉、〈藏書訓略〉中有關圖書選擇、鑑別、查核、採訪及管理各方面，一一詳細論之。其見解與方法，都與現代圖書館學相合，這當是《澹生堂藏書約》最具價值與貢獻的地方。歷來學者對於《澹生堂藏書約》，都給予極高的評價。如張宗《泰魯巖所學集》言：

> 全書精粹則在購書鑒書兩類。購書謂「眼界欲寬、精神欲注、心思欲巧」，持論宏闊，足當博古通今之目。鑒書謂在「審輕重、辨真偽、覈名實、而權緩急。」而於四部之書，歸重讀史。於書目之學，最取通考之藝文略（按：應通考之經籍考），持論俱當乎人心[註87]。

周中孚《鄭堂讀書記》則言其「雖為子孫而設，實可為天下法」[註88]。鄭振鐸在《劫中得書記》中評《澹生堂藏書約》言：

> 快讀數過，若與故人對話，娓娓可聽；語語皆從閱歷中來，親切之至。蓋承㸁不僅富於藏書，亦善於擇書、讀書也。惟甘苦深知，乃不作一字虛語。余所見諸家書目序跋及讀書題跋，惟此書及黃蕘圃諸跋最親切動人，不作學究態，亦無商賈氣。最富人性，最近人情，皆從至性中流露出來之至文也[註89]。

錢亞新在〈祁承㸁－我國圖書館學的先驅者〉一文中，推崇承㸁在《澹生堂藏書約》中的訓誡和方法，是「對我國圖書館學一套理論和實踐的先驅」[註90]。

　　喬衍琯先生撰〈澹生堂藏書約序〉則言：

> 私家富於藏書者代有其人，清葉昌熾藏書紀事詩所錄都千一百二十五人，葉氏未錄者，又不知凡幾。……然藏家編印書目者尚不乏其人，能就其收藏情形有所記述者蓋寡，有之，亦散見文集隨筆，鮮有能勒成篇卷，示同好者以塗軌者[註91]。

承㸁能將其寶貴的購書、鑒書經驗，詳細撰之於文並公諸於世，足見其並無將藏

〔註87〕《魯巖所學集》卷十一，〈跋澹生堂藏書約〉。
〔註88〕周中孚，《鄭堂讀書記》（台北：世界影印），《澹生堂藏書約》。
〔註89〕《劫中得書記》，頁64。
〔註90〕〈祁承㸁——我國圖書館學的先驅者〉，頁46。
〔註91〕喬衍琯，〈澹生堂藏書約序〉，《澹生堂藏書約》，《書目續編》（台北：廣文影印）。

書當作「私有財產」之意，而是希望藏書家能「共襄盛舉」，彼此交換藏書之經驗。故況能富推崇承㸁的學說帶動了明末清初的經驗圖書館學，使其更趨於成熟。見〈中國十五至十八世紀圖書館學思想論要〉一文言：

> 祁承㸁《澹生堂藏書約》，〈庚申整書例略〉的圖書館整理論，及華叔〈貯書小譜〉的小經驗。接著曹溶提出以錢謙益為鑑，呼吁「流通」中經錢謙益的保藏整理思想，黃宗羲的藏書讀書思想，徐秉義內府藏書記由「書者，載道之器，治法之所以出也」的認識，提出藏書患雜患偽，以至孫慶增《藏書紀要》，再現圖書館整理説，這就是本階段（指況文中的第二階段－圖書館整理説）的邏輯過程，其中以祁承㸁和孫慶增的著作為代表。……祁承㸁和孫慶增關于圖書館的整理學說，是我國經驗圖書館學的成熟思想，所以得到了後繼者的充分肯定〔註92〕。

由以上所引諸文，可知《澹生堂藏書約》確實受到後代學者一致的推崇與肯定。

我國古代並無所謂的圖書館學，故一般學者論及中國古代圖書館史，均不認為有「圖書館學」的思想。但承㸁的《澹生堂藏書約》，卻證明我國古代亦有圖書館學的思想，且無論就理論、方法及實踐各方面來說，都有具體成就。歐洲第一本圖書館理論的專著，據薛拉著《圖書館學概論》一書所言，乃是法國皇家圖書館館員諾第（Gabriel Naud'e）所著的組織圖書館指導（Advis pour dresser une bililioth'e gue）一書，出版於西元1627年，其內容大要據薛拉所記為：

> 諾第陳述他的藏書哲學，強調現代書籍和古籍珍本的重要性，異教書籍和支持宗教的書籍同等重要，並主張依主題分類系統排列書籍，俾易了解〔註93〕。

依此看來，諾第的著作，年代較《澹生堂藏書約》稍晚（藏書約作于1613年），其內容也只限于圖書選藏之標準及圖書分類而已，尚未具備整體圖書館學的雛型。是故《澹生堂藏書約》不但著述時間，較諾第之書為早，內容也較其完整而成熟。那麼這部著作，或有可能是世界第一部完整而成熟的圖書館學論著。這將使我國古代圖書館學的發展，超過了同時期的歐洲國家，《澹生堂藏書約》的價值，就更值得重視了。

〔註92〕況能富，〈中國十五至十八世紀圖書館學思想論要〉，《武林大學學報》1984年四期，頁92。
〔註93〕《圖書館學概論》，頁16。

第五章　論祁承㸁在分類學上的成就

　　前章中論及承㸁對圖書選擇、採訪、整理各方面的成就。本章及下章則要就承㸁對圖書的分類與編目，分別做進一步研究。圖書採集之後，若僅隨意堆置而不編目，或雖編成目錄而類例不明，以致無從查檢，或查檢費時，也就失去了圖書的功能及意義。是故分類與編目，是藏書家整理藏書最重要的一部份工作。本章中擬先論承㸁對圖說的分類，分爲六節：首節先論承㸁圖書分類的理論，次節述《澹生堂藏書目》分類的情形，三、四兩節分別論藏書目中類目及子目的設置，第五節再綜合評論其分類的優劣得失，第六節則論《澹生堂藏書目》對後世的影響及貢獻。

第一節　論祁氏圖書分類的理論

　　余嘉錫先生著《目錄學發微》一書言：

> 目錄之學，由來尚矣。詩書之序，即其萌芽，及漢世劉向、劉歆奉詔校書，撰爲七略、別錄，而其體裁遂以完備。自是以來，作者代不乏人，其著述各有相當之價值。治學之士，無不先窺目錄以爲津逮，較其他學術，尤爲重要〔註1〕。

目錄之學所以如此重要，在於其功用不僅是部次群籍以便庋藏檢閱；更要能「辨章學術、考鏡源流」，以爲讀者涉學之門徑。是故清儒王鳴盛曾說：

> 目錄之學，學中第一要緊事，必從此問途，方得其門而入〔註2〕。

〔註1〕余嘉錫，《目錄學發微》（台北：藝文印書館，民國63年），頁1。
〔註2〕（清）王鳴盛，《十七史商榷》卷一（清光緒十九年廣雅書局覆刻本）。

又說：

> 凡讀書最切要者，目錄之學，目錄明方可讀書；不明，終是亂讀〔註3〕。

一般讀者要治學涉徑，都必須由目錄之學開始，可知目錄之書，必兼學術之史；目錄書的編纂者，更要能「深明於道術精微、群言得失之故」，才足以勝任這份工作。而目錄書的編纂，首重在分類。《中國目錄學》一書便說：

> 我國自來圖書編目，首重類例，因爲典籍眾多，假若不能群分類聚，則無法見其學術系統，也無以貯藏檢點〔註4〕。

「類例既分，學術自明」〔註5〕，這是中國古代圖書分類和西洋分類學最大的不同之處，也是古代圖書分類的特色。可惜歷代以來，部次甲乙，紀錄經史者代有其人，但能推闡大義，條別學術異同者，卻是少之又少〔註6〕。尤其是明代的目錄書，受了《文淵閣書目》任意創新類目的影響，大多任意添增類名，卻毫無條理可言，更談不上是條別學術的異同了。余嘉錫便曾譏評這一類的書目說：

> 故如文淵閣書目但以千字文編號，每號爲若干櫥；李蒲汀書目但分房屋朝東朝西，一屋幾櫃，一櫃幾層者，固絕不足以語類例〔註7〕。

凡這一類的書目，雖亦爲藏書簿錄，卻絕不足以言目錄之學。而究其原因，乃缺少對目錄學的了解與認識，故雖在類目上加以變化，卻只是依個人喜好而定，就學術觀點言，並沒有多少意義與價值。如昌師所言，「要知曉《七略》所著錄的書的內容，就先要懂得它分類的方法」〔註8〕，中國古代的分類法，由六分法變爲五分法又變爲四分法，這些淵源流變的原因與過程，是編目錄書者所必須深明的。

後世目錄學者，多推承爍所編《澹生堂藏書目》（以下簡稱《祁目》）爲明代編次最有法，於分類最有貢獻的一部書目，姚名達《中國目錄學史》便說：

> 統觀有明一代中，對於隋志之修正，分類之研究，比較肯用心思，有所發明者，允推祁承爍爲冠軍。其所撰澹生堂藏書目錄，既增減類名，復詳分細目、名詞之確當，大勝於上文諸錄。……歷觀古今四部目錄，未有能超錄此澹生堂書目者也〔註9〕。

昌師彼得亦說：

〔註3〕同前註，《十七史商榷》卷十七。
〔註4〕昌彼得與潘美月，《中國目錄學》（台北：文史哲，民國75年），頁69～70。
〔註5〕（宋）鄭樵，《通志校讎略》（台北：新興，民國48年），〈編次必謹類例論〉。
〔註6〕（清）章學誠，《校讎通義》敘言（台北，世界，民國51年）。
〔註7〕余嘉錫，《目錄學發微》，頁138。
〔註8〕昌彼得與潘美月，《中國目錄學》，頁70。
〔註9〕姚名達，《中國目錄學》（台北：台灣商務，民國70年），頁138，141。

　　　　明代對於目錄最有貢獻的，要推祁承爍。……他的澹生堂是明末清
初有名的藏書樓。所編的《澹生堂藏書目》不僅著錄豐富，達十萬卷，
而在分類上及編目方法上有若干甚具價值的創見〔註10〕。

　　《祁目》能獲得如此高的評價，甚至被評為四部分類法目錄之冠，絕非徼幸
而得。從承爍著述中，發現他確曾對圖書分類潛心研究，而有十分透徹的了解。
因此他在〈藏書訓略〉中及〈庚申整書小記、例略〉中，都提出了他對圖書分類
的見解及理論〔註11〕。

　　承爍在〈藏書訓略〉鑒書訓中，提到「藏書之要在識鑒，而識鑒所用者，在
審輕重、辨眞僞、覈名實、權緩急而別品類」。其中的「別品類」，就是指圖書的
分類。他又說「以上五則，雖總歸識鑒，而別品類為難」。於此便可見他對分類的
重視。承爍在〈別品類〉一段中，首先將中國古代圖書分類的流變予以詳述：

　　　　區別品流，始於七略，嗣此而後，代有作者。王儉之七志，多本劉
氏，特易詩賦為文翰，易術數為陰陽，易方技為術藝，無輯略而有圖譜。
及益以佛道二書，名雖七而實九也。阮孝緒之七錄，又本王氏而加以紀
傳史書之盛，始與經子並別矣。四部之分，實始荀勗，以甲部紀六藝小
學等書，以乙部紀諸子兵術等書，以丙部紀史記皇覽等書，以丁部紀詩
賦圖籍等書，然史固宜居子上，孝緒之以紀傳次經典，得矣。若歷朝正
史志藝文經籍者，惟班氏規模七略，劉煦沿襲隋書，新唐校益舊唐，宋
史多因崇文、四庫。隋志簡編雖多散佚，而類次可觀；舊唐之錄本朝多
缺，而新唐襃益，頗自精詳；宋志紊亂，元人製作，無足深求。然總之
可深惜者，劉王荀阮，僅存其標目，竟軼全書，即史志所載簡編在列，
然而湮軼者十九其間，存十一於千百者，亦非尋常可得寓目，是亦畫龍
之類耳。若謝客王亮任昉諸人，雖有纂修而類別不傳，如崇文、四庫、
中興館閣，即有書目而世不易得。學者所可考覽，獨有鄭漁仲之藝文略
十有二類；馬貴與之經籍考七十六卷；王伯厚之藝文玉海二十八卷；及
焦弱侯太史經籍志六卷；王憲副所編續經籍考十二卷，此其所載，皆斑
斑可考。

這一段話可說是一篇中國目錄學簡史。他首先概述《七略》、《七志》及《七錄》

〔註10〕昌彼得，〈中國目錄學的源流〉，《版本目錄學論叢（二）》（台北：學海，民國 66
　　　　年），頁 152。
〔註11〕（明）祁承爍，《澹生堂集》卷十四（明崇禎六年原刊本），有〈藏書訓略〉及〈庚
　　　　申整書小記、例略〉二文。

的關係及流變異同；其次言四分法的淵源始於荀勗《中經新簿》；再次言各代藝文
志陳陳相因的傳遞關係，以及史志目錄於考覽文獻的不足之處；最後則述各代官
修目錄的存佚狀況，並列舉可供考覽的幾部目錄。僅這一段話，就可看出他對目
錄學的歷史，有深刻的認識。

承㸁對於當代尚存的幾部目錄書，又加上他個人的批評及意見：

> 然焦氏之志國史也，是宜簡嚴，不及著書之纖細是矣。鄭氏通志概
> 徵往籍，而昔人著作之旨，無所發明。王伯厚之纂述，大多為應宏詞博
> 學之用，故略存梗概而無所折衷，且既以御製之文自為一類，則承詔撰
> 述，宜綴其後，而復列於集，殊不可解。鄧志之議論頗詳，而書目未備。
> 續通者之收羅未廣，而編輯尚淆。至于條貫燦然，始末畢具，莫精于馬
> 氏之一書。其為經者十三類，為史者十三類，為子者二十一類，為集者
> 四類，一一準中壘父子校書之法，撮其指意而列于下，即所據者多晁氏
> 陳氏之遺言，然而其編摩採輯之功，精且詳矣。

承㸁這段話，甚能切中要點，他批評焦竑的《國史經籍志》因是國史性質，故體
例簡而不細；又批評鄭樵的《通志藝文略》雖能概徵往籍，卻不撰敘錄以說明著
作之旨。至於馬端臨的《文獻通考經籍考》，雖為撮抄諸書而成，但正因馬氏之編
摩採輯，使其書體例完備而內容豐富，最有益於學者讀覽，故承㸁乃極力推崇之。

至於承㸁個人對於圖書的分類，亦有他獨特的見解。您在〈庚申整書小記〉
中，說明了他整理部次群書的方法：

> 架插七層，籍分四部，若卒旅漫野，而什伍井然，如劍戟摩霄，而
> 旌旗不亂，此吾之部勒法也。目以類分，類由部統，暗中索摸，惟信手
> 以探囊，造次取觀，若執鏡而照物，此吾之應卒法也。

承㸁將藏書比喻做「吾家墨兵」，這和宋朝鄭樵之論類例取義於兵法，意義是
相同的。《通志校讎略》中有〈編次必謹類例論〉言：

> 類書，猶持軍也，若有條理，雖多而治；若無條理，雖寡而紛。類
> 例不患其多也，患處多之無術也〔註12〕。

承㸁所說的「卒旅漫野，而什伍井然，劍戟摩霄，而旌旗不亂」，正和鄭樵以兵法
來類書，「有條理則雖多而治」的說法，意義相同。

鄭樵認為「類例既分，學術自明」，因此他在《通志藝文略》中，打破了中國
歷來圖書分類採二級分法的傳統，自創了一套類、家、種的三級分法。而承㸁說

〔註12〕《通志校讎略》，〈編次必謹類例論〉。

「目以類分，類由部統」，正是承襲了鄭樵的三級分法，將類例改爲部、類、目三個層次。承㸑並在〈庚申整書例略〉中進一步說明他的圖書三級分法：

　　　　部有類，類有目，若絲之引緒，若網之就綱，井然有條，雜而不紊。

這也是鄭樵所言「類例分，則百家九流各有條理」。利用分類使各書的學術系統分明，書籍自然部次有條理，而不致紊亂。由此可知，承㸑在圖書分類的理類上，可說是承襲自鄭樵。而他部次群書，也確實整齊有法。陳繼儒便說他的書「悉以兵法部署之，……抽取何籍，輒指某架某部，十而不失一焉〔註13〕。」由此就可以看出他對圖書的分類，非常成功，使書籍部次皆能條理分明，便於取攜。

　　承㸑在圖書分類上，雖取法於鄭氏之說，但他在實際應用上，卻較鄭氏合理得多。鄭氏認爲書不論存佚，均應著錄，則能使古書「雖亡而不亡也」。因此《通志藝文略》著錄書籍爲不分存佚俱錄。此在目錄學上實有其弊病，《中國目錄學》一書中便評鄭氏之說言：

　　　　固然鄭氏的詳類例而學術自明之說，在理論上並無不通，但其先決
　　　　條件須著錄所有亡佚的書，就不是自來目錄書所能做到的。他不了解「辨
　　　　章學術、考鏡源流」，是目錄學體制中小序與敘錄的功能，而必欲詳類例
　　　　以明學術，所以編目部次時往往進退失據〔註14〕。

余嘉錫也批評鄭氏曰：

　　　　蓋古之著目錄者，皆在蘭臺秘閣，職掌圖書，故必兼計儲藏之法，
　　　　非如鄭樵、焦竑之流，仰屋著書，按目分隸而已〔註15〕。

承㸑亦講求類例，但他陳義不像鄭氏如此之高，只求能達到「井然有條，雜而不紊」，在取書時能「信手以探囊，執鏡而照物」，是非常合乎實際的理論。此爲承㸑和鄭氏在類例之說上最大的不同。

　　除了分類的理論外，承㸑將自己編目分類的方法，亦闡述於〈整書例略〉中。其中「因」、「益」二例，乃和分類有關，茲述於下：

　　　　因者，因四部之定例也。部有類，類有目，若絲之引緒，若網之就
　　　　綱，井然有條，雜而不紊。故前此而劉中壘之七略，王仲寶之七志，阮
　　　　孝緒之七錄，其義例不無取裁，而要以類聚得體，多寡適均，惟荀氏之
　　　　四部稱焉。兩漢而下，志文藝者無不守爲功令矣。若嘉隆以來，陸文裕
　　　　公之藏書分十三，則一錄經，次錄性理，又次錄史，錄古書、錄諸子、

〔註13〕（明）陳繼儒，〈澹生堂集全集序〉，《澹生堂集》。
〔註14〕昌彼得與潘美月，《中國目錄學》，頁 170。
〔註15〕余嘉錫，《目錄學發微》，頁 138。

錄文集、錄詩、錄類書、錄雜史、錄志、錄韻書、錄小學、錄醫藥、錄
雜流，而以宸章令甲別爲制書，示不敢瀆也。沈少司空稍爲部署，而首
重王言，故一曰制、二曰謨、三曰經、四曰史、五曰子、六曰集、七曰
別，別者道其所道，非聖人之所謂道也。八曰志、九曰類、十曰韻字、
十一曰醫、十二曰雜。雖各出新裁，別立義例，然而王制之書不能當史
之一，史之一不能當集之三，多者則叢聚而易淆；寡者又寂寥而易失，
總不如經史子集之分，簡而盡，均而且詳。循序倣目，檢閱收藏，莫此
爲善。

「因」是指他在圖書分類上，承襲自荀勗以來的四部分類法。他在比較前代
各種分類法的得失後，說明了他採用四部分類的原因，有以下三點：

（一）類聚得體，多寡適均

四分法自荀勗創立以來，就成爲我國圖書分類的主流，不但官修目錄奉爲圭
臬，就是私家目錄也多用四部分類法而甚少更動其類目。但四分法是否合理完善
呢？自古以來一直爲人爭議。就學術的觀點來看，經、史、子、集的分類方法，
顯然並不合理。昌師彼得曾說明四分法的缺點：

> 四部分類法，不像七略是經過縝密思考而制定的，它的興起不過是
> 因學術的衍分併合而有變動，七略舊法不能適應之際，而暫行的概括之
> 法。但因綱目簡明，再經過唐人的改進，才使它制度化，然而終不能掩
> 蓋它先天的缺點─分類重書的體裁，不能條別學術，爲後代的目錄學家
> 所詬病〔註16〕。

承㸁評論四分法「類聚得體」，恐怕是受傳統的影響，言過其實。但他說四分法〈多
寡適均〉，則確是它的優點。余氏《目錄學發微》談目錄類例之沿革便說：

> 大凡事物之繁重者，必馭之以至簡，故網有綱，裘有領。書之類例，
> 文字之部首，皆綱領也。……然說文之字，盡於部中，雖以一二字爲一
> 部無害也。若書則除目錄之外，別有物在。其庋藏也，有閣有殿，有館
> 有庫，分屋列架，故各類相較，不能過多，亦不能過少。……故類例雖
> 必推本於學術之原，而於簡篇帙之多寡，亦須顧及。
>
> 書之有部類，猶兵之有師旅也。雖其多寡不能如卒伍之整齊畫一，
> 而要不能大相懸絕，故於可分者分之，可合者合之。七略之變爲四部，
> 大率因此，不獨爲儲藏之不便也，即其目錄之篇卷，亦宜略使之相稱。

〔註16〕昌彼得〈中國目錄學的特色〉，《版本目錄學論叢（二）》，頁182。

蓋古書既用卷軸，則不宜於過長。劉歆七略即爲七卷，而宋、梁、陳、隋之四部目錄皆四卷，故胡應麟曰：「自唐以後，四部卷數相當」。七略、四部之分合，可因此而得其故矣〔註17〕。

（二）簡而盡，均而且詳

四部分類法的綱目簡明，是另一個最大的優點，也是十分適合中國古代的圖書分類法。因中國古代圖書分類，不像現今西洋圖書分類去，以數目字、字母等符號來區分類別，使讀者能「按號索書」。因此必須有簡明易記的類目，否則部類過於龐雜（像《通志藝文略》有百家，四百三十一小類），即使類目再詳晰，卻只徒增讀者查檢上的困難，並不實用。這也是四分法之所以能行之長久的主要原因之一。四部之下再依各代書籍的需要，增減類目，便能達到簡而盡、均而且詳的優點。

（三）循序倣目，檢閱收藏，莫此為善

由於四部分法的多寡適均、類目簡明詳盡，不致發生「多者則叢聚而易淆，寡者則寂寥而易失」的問題，無論在收藏或檢閱上，都方便實用，故對收藏家而言，四部分法遠較其他分類法爲合用。

承㸁以「因」例，說明了他採用四分法的原因，並闡明四分法的優點；又以「益」一例，提出他對四分法的改革。

益者，非益四部之所本無也，而似經似子之間，亦史亦玄之語，類無可入，則不得不設一目以彙收，而書有獨裁，又不可不列一端以備考。……

承㸁感到有些書前代的四部目次，並不完全妥當，宜新增若干類目以收這些「類無可入」的書，故他在「益」一例中，新增約史、理學、叢書、餘集等四個類目，以做爲他對四部分類法的改革。其實他在萬曆四十一年寫〈藏書訓略〉時，在〈別品類〉一條中就已提出國朝史、理學、禮樂等新增的類目了。這些新增的類目，將在論類目一節中再詳細論之。

從「因」與「益」二說中，可以看出承㸁對於歷代分類法的沿革發展，確實經過仔細研究與比較，所以他能中肯地說出四分法的優點，也能補足四部分類不當之處。這是〈整書例略〉最有價值的地方。因爲自從荀勗創立四分法以來，公私目錄雖都沿襲此法，卻沒有人研究過四分法的優點爲何，也少有人對各種分類法的優劣得失加以比較分析的。承㸁可說是第一個仔細研究四分法的優點，並作

〔註17〕余嘉錫，《目錄學發微》，頁 137～139。

較具體改革的人〔註 18〕。姚氏說他「對於隋志之修正、分類之研究，比較肯用心思，有所發明」（參見頁 130 之引文），批評甚為得當。由此也可知承㸁在圖書分類上，並非盲目地跟隨傳統，乃是經過潛心研究，而通悉古今，又開創新意的。

第二節　述《祁目》的分類情形

承㸁所用的圖書分類法，是傳統的四部分類法，在分類的層次安排上，則為部下分類，類下再分細目的三級分類法。《祁目》分類的情形，各目錄學專著中所載略有不同，今乃先據徐友蘭所刻紹興先正遺書本之《澹生堂藏書目錄》，將《祁目》的類目詳列於下：〔註 19〕

經部：

　　易類：下分古易、章句注傳、疏義集解、評說、拈解、考正、圖說、卜筮、
　　　　　易緯、擬易十目。
　　書類：下分章句注疏、傳說、圖譜、考訂、外傳五目。
　　詩類：下分章句注疏、傳解、考正圖說、音義注釋、外傳五目。
　　春秋類：下分經傳總、左傳、公羊、穀梁、通解、考證、圖譜、外傳八目。
　　禮類：下分周禮、儀禮、二戴禮、通解、圖考、禮緯、中庸、大學八目。
　　孝經類：下分注疏、叢書（姚按：書或為說之訛）、外傳三目。
　　論語類：下分章句注疏、解說、別編、圖志、外傳五目。
　　孟子類：下分章句注疏、雜解、外傳三目。
　　經總解類：下分傳說、考定、音釋、經筵四目。
　　理學類：下分性理、詮集、遺書、語錄、論著、圖說六目。
　　小學類：下分爾雅、蒙書、家訓、纂訓、韻學、字學六目。
　　　　共十一類六十三目。

史部：

〔註 18〕（宋）鄭樵的《通志校讎論》中，雖有論前代分類之優劣得失，如〈編書不明分類論〉、〈編次有敘論〉、〈編次不明論〉等，但僅是分條列舉，而未作整體之評論。且鄭氏為反對四分法者，故其書只論四分法之缺點而不論其優點。
〔註 19〕《澹生堂藏書目》的刻本只此一種，為（清）徐友蘭在光緒十八年所刻。

國朝史類：御製、勅纂、彙錄、編述、分紀、武功、人物、典故、時務、雜
　　　　　記、行役、風土十二目。

正史類：正史目。

編年史類：通鑑、綱目、紀、記事四目。

通史類：會編、纂略二目。

約史類：約史目。

史鈔類：節評、摘略二目。

史評類：考正、論斷、讀史三目。

霸史類：列國、偏霸二目。

雜史類：野史、稗史、雜錄三目。

記傳類：別錄、垂範、高賢、彙傳、別傳、忠義、事蹟、行役、風土九目。

典故類：故實、職掌二目。

禮樂類：國禮、家禮、樂律、祀典四目。

政實類：時令、食貨、刑法、官守、事宜五目。

圖志類：統志、通志、郡志、州志、邑志、關鎮、山川、攬勝、園林、祠宇、
　　　　梵院十一目。

譜錄類：統譜、族譜、年譜、世家、試錄、姓名、書目七目。

　　共十五類六十八目。

子部：

儒家類：儒家一目。

諸子類：墨家、法家、名家、縱橫家、雜家五目。

小說家類：說彙、說叢、佳話、雜筆、閒適、清玩、記異、戲劇八目。

農家類：民務、時序、雜事、樹藝、牧養四目。

道家類：老子、莊子、諸子、諸經、金丹、彙書、詮述、修攝、養生、記傳、
　　　　餘集十一目。

釋家類：大乘經、小乘經、宋元續入經、東土著述、律儀、經典疏注、大小
　　　　乘論、宗旨、語錄、止觀、警策、詮述、提唱、淨土、因果、記傳、
　　　　禪餘、文集十八目。

兵家類：將略、兵政二目。

天文家類：占候、曆法二目。

五行家類：占卜、陰陽、星命、堪輿四目。

醫家類：經論、脈法、治法、方書、本草、傷寒、婦人、小兒、外科九目。

藝術家類：書、畫、琴、棋、數、射（附投壺）、雜伎七目。

類家類：會輯、纂略、叢筆三目。

叢書類：國朝史、經史子雜、子彙、說彙、雜集、彙集六目。

　　共十三類八十一目。

集部：

詔制類：王言、代言二目。

章疏類：奏議、書牘、啓牋、四六四目。

辭賦類：騷、賦二目。

總集類：詩文總集、文編、詩編、郡邑文獻、家乘文獻、遺文考識、制科藝
　　　　七目。

餘集類：逸文（附摘錄）、豔詩（附詞曲）、逸詩（附集句摘句）三目。

別集類上：帝王集、漢魏六朝詩文集、唐詩文集、宋詩文集、元詩文集、國
　　　　　朝御製集、國朝閣臣集、國朝分省諸公詩文集八目。

別集類下：國朝分省諸公詩文集一目。

詩文評類：文式、文評、詩式、詩評、詩話五目。

　　共八類三十二目。

總計爲四部四十七類二百四十四目。

　　《中國目錄學》及《目錄學概論》〔註20〕二書，皆謂《祁目》有四部四十六類二百四十三子目。較徐刻本少一類一目，此蓋因原寫本中別集類不分上下，國朝分省諸公集只有一目，故少一類一目。呂紹虞《中國目錄學史稿》和錢亞新則說其子目有二百三十五目，又呂氏言其只有四十類，錢氏言其有四十四類，不知所據爲何〔註21〕。

　　現最大的問題是姚氏《中國目錄學史》中說其「類目仍以四部爲依歸，但不標經史子集名，一若各類獨立」〔註22〕。今由於不見原寫本，不知原寫本上有無

〔註20〕武漢北京大學目錄學概論編寫組，《目錄學概論》（北京：中華書局，1982年），頁49。

〔註21〕呂紹虞，《中國目錄學史稿》（台北：丹青，民國75年），頁157。又錢亞新，〈祁承㸁——我國圖書館學的先驅者〉，《圖書館》（1962年1月），頁48。據錢氏言，原寫本和《紹興先正遺書》本在類目的安排上，略有出入。

〔註22〕姚名達，《中國目錄學》，頁138。

標四部之名，徐刻本卷首目次中，每類類名下方，皆會註明「經部」、「經部二」等字，以示為某部第幾類；且每卷之首亦標明某類第幾（即某部第幾），再標類名。如卷九為「子類第六類家」。則分明為有。

　　又《澹生堂集》卷十四〈庚申整書例略〉之後，有附《祁目》的各類目名，其中著錄類、目數量皆同於紹興先正遺書本，但類下之子目名稱，則與徐刻本略有相異之處。今乃將其相異之處列於下，以見其異同。

　　　國朝史類：徐刻本〈雜記〉一目，澹生堂集中為〈稗史〉、〈巷談〉二目。

　　　史鈔類：徐刻本〈節評〉目，澹生堂集中作〈詳節〉目。

　　　記傳類：澹生堂集中多〈褒輯〉一目，而少〈忠義〉一目。

　　　圖志類：澹生堂集中將〈州志〉、〈郡志〉、〈邑志〉改作〈約志〉、〈省會通志〉、
　　　　　　　〈郡邑〉；又〈攬勝〉改為〈勝遊〉，此外又多〈題詠〉一目。

　　　五行家類：澹生堂集中改〈陰陽〉目為〈日家〉目。

　　　章疏類：澹生堂集中只〈表章〉、〈奏議〉、〈啟牘〉三目。

　　　辭賦類：中國目錄學多〈擬騷〉一目。

　　　總集類：澹生堂集中多〈古樂府〉一目。

　　　餘集類：澹生堂集中多〈今樂府〉一目。

　　澹生堂集是祁氏家刊本，其所著錄類目當較徐刻本為正確，然其只有類目名而無書目著錄於下，故今論《祁目》之類目時，仍以徐刻本為據。

第三節　論《祁目》中類目的設置

　　潘師美月在《中國目錄學》一書中，將唐代以後的目錄，分為官修目錄、私家遵循四部目錄，以及私家不守四部成法之目錄三大類。官修目錄中除了《文淵閣書目》外，一律為四部目錄，私家目錄中則頗有不守四部成法的目錄。由於四部分法是中國古代分類法的主流，各代雖有其他分類法出現，但皆未對四部分類法造成影響，因此本節中欲探究《祁目》與前代書目分類之異同，所予比較者亦僅限於前代書目中屬四部分類法的各目錄。四分法的確立始自《隋書經籍志》，故本節中乃以隋志以下較為重要的各官私目錄，和《祁目》在類目上作一比較，茲列於下：(括弧內為簡稱)

　　　隋書經籍志（隋志）

　　　舊唐書經籍志（舊唐志）

　　　新唐書藝文志（新唐志）

崇文總目

郡齋讀書志（晁志）

遂初堂書目（《尤目》）

直齋書錄解題（陳錄）

文獻通考經籍考（經籍考）

宋史藝文志（宋志）

百川書志（高志）

萬卷堂書目（朱目）

紅雨樓家藏書目（徐目）

國史經籍志（焦志）〔註23〕

　　為求比較方便，乃依時代先後，經史子集之順序，將以上十三種書目以及《祁目》的分類情形，一併列於下表中，以明其間之異同流變：

表5-1　《祁目》與前代四分法書目類目之比較

經　部													
隋志	舊唐志	新唐志	崇文總目	晁志	尤目	陳錄	經籍考	宋志	高志	朱目	徐目	焦志	祁目
					經總								
易	易	易	易	易	周易	易	易	易	易	易	易	易	易
書	書	書	書	書	尚書	書	書	書	書	書	書	書	書
詩	詩	詩	詩	詩	詩	詩	詩	詩	詩	詩	詩	詩	詩

〔註23〕以上各書目除《萬卷堂書目》外，皆有書目可見。

　　（唐）魏徵等，《隨書經籍志》（台北：世界，民國62年）、（後晉）劉煦、（宋）歐陽修等，《兩唐經籍藝文合志》（台北：世界，民國65年）。

　　（宋）王堯臣，（清）錢東垣輯釋，《崇文總目》，《書目續編》（台北：廣文影印），民國57年。

　　（宋）晁公武，（清）王先謙校刊，《郡齋讀書志》，《書目續編》。

　　（宋）尤袤，《遂初堂書目》，《書目續編》。

　　（宋）陳振孫，《直齋書錄解題》，《書目續編》。

　　（元）馬端臨，《文獻通考經籍考》（台北：新興影印，民四七）。

　　（元）脫脫等，《宋史藝文志》（台北：世界，民國64年）。

　　（明）高儒，《百川書志》，《書目類編》第廿七冊（台北：成文，民國67年）。

　　（明）徐𤊹，《紅雨樓家藏書目》，《書目類編》第廿八冊。

　　（明）焦竑，《國史經籍志》，《書目五編》（台北：廣文影印，民六一年）。

禮	禮	禮	禮	禮	禮	禮	禮	禮	禮	禮	禮	禮	禮
樂	樂	樂	樂	樂	樂		樂	樂	樂	樂	樂	樂	
春秋	春秋	春秋	春秋	春秋	春秋	春秋	春秋	春秋	春秋	春秋	春秋	春秋	春秋
孝經	孝經	孝經	孝經	孝經		孝經	孝經	孝經	孝經	孝經	孝經	孝經	孝經
論語	論語	論語	論語	論語	論語（孝孟附）	語	論語	論語	論語	論語	論語	論語	論語
						孟	孟子		孟子	孟子	孟子	孟子	孟子
									大學				
											學庸		
									中庸				
	經解	經解		經解		經解	經解	經解	經解	經解	經解	經總解	經總解
									道學				理學
緯識	讖緯	讖緯				讖緯	讖緯						
小學	小學	小學	小學	小學	小學	小學	小學	小學	小學	小學	小學	小學	小學
	詁訓												
									蒙求				
					諡法								
					儀注	儀注							

史　部													
隋志	舊唐志	新唐志	崇文總目	晁志	尤目	陳錄	經籍考	宋志	高志	朱目	徐目	焦志	祁目
					國史						本朝世史彙		國朝史
正史	正史	正史	正史	正史	正史	正史	正史	正史	正史	正史	正史	正史	正史
古史	編年	編年	編年	編年	編年	編年	編年	編年	編年	編年		編年	編年史
									御記	制書	旁史		
					詔令								
					別史		別史						

1	2	3	4	5	6	7	8	9	10	11	12	13	14
													通史
													約史
				史評	史評		史評		史評				史評
								史鈔					
							史鈔		史鈔				史鈔
雜史	雜史	雜史	雜史	雜史	雜史 本朝雜史	雜史	雜史		雜史	雜史		雜史	雜史
霸史	僞史	僞史	僞史	僞史	僞史	僞史	僞史 霸史	霸史	野史			霸史	霸史
起居注	起居注	起居注	實錄	實錄	實錄	起居注	起居注		起居注			起居注	
舊事	故事	故事			故事 本朝故事	典故	故事	故事	故事			故事	典故
													禮樂
儀注	儀注	儀注	儀注	儀注	儀注	禮注	入經部	儀注		儀注		儀注	
職官	職官	職官	職官	職官	職官	職官	職官	職官	職官	職官		職官	
													政
刑法	刑法	刑法	刑法	刑法	刑法	法令	刑法	刑法	法令	刑法		法令	
	歲時					時令	時令		時令			時令	
													實
												食貨	
雜傳	雜傳	雜傳記	雜傳	雜傳	雜傳 本朝雜傳	傳記	傳記	傳記	傳記	傳記	人物傳	傳記	記傳
地理	地理	地理	地理	地理	地理	地理	地理	地理	地理	地志	方輿	地理	圖志
譜系	譜牒	譜牒	氏族	譜牒	姓氏	譜牒	譜牒	譜牒	譜牒		年譜		
											族譜	譜系	譜
									姓譜		姓氏		
簿錄	目錄	目錄	目錄	目錄	目錄	目錄	目錄	目錄	目錄	目錄		簿錄	
											科目		
										雜志			
											家訓		

							外史			
							小史			
							史詠			
							文史			

子　部													
隋志	舊唐志	新唐志	崇文總目	晁志	尤目	陳錄	經籍考	宋志	高志	朱目	徐目	焦志	祁目
儒	儒家	儒家	儒家	儒	儒家	儒家	儒家	儒家		儒		儒家	儒家
道	道家	道家	道家	道	道家	道家	道家	道家附釋氏神仙		道		道家	道家
法	法家	法家	法家	法		法家	法家	法家	從		從	法家	
名	名家	名家	名家	名	雜	名家	名家	名家				名家	諸
墨	墨家	墨家	墨家	墨			墨家	墨家				墨家	
縱橫	縱橫家	縱橫家	縱橫家	縱橫	家	縱橫家	縱橫家	縱橫家				縱橫家	子
雜	雜家	雜家	雜家	雜		雜家	雜家	雜家				雜家	
農	農家	農家	農家	農家	農家	農家	農家	農家		農		農家	農家
小說	小說	小說家	小說家	小說	小說家	小說家	小說家	小說家		小說		小說家	小說家
兵	兵書	兵書	兵書	兵書	兵書	兵書	兵書	兵書		兵		兵家	兵家
天文	天文	天文	天文占書	天文	數			天文				天文家附曆數	
						曆象							天文家
曆數	曆算	曆算	曆數算術	曆算				曆算				曆算	
五行	五行	五行	五行	五行	術	陰陽家	五行	五行		五行		五行家	五行家
			卜筮			卜筮	占筮	耆龜		卜			
					家	形法	形法						
醫方	經脈醫術	明堂經脈醫術	醫書	醫書	醫書	醫書	醫家	醫書		醫		醫家	醫家
						音樂							
	雜藝術	雜藝術	藝術	藝術	雜藝	雜藝	雜藝術	雜藝術		藝		雜藝術	雜藝術
	事類	類書	類書	類書	類書	類書	類書	類事				類家	類家

		新唐志	崇文總目	晁目	尤目	陳錄	經籍考	宋志	高志	朱目	徐目	焦志	祁目
			道書	神仙		神仙	神遷家 房中						
		釋書	釋書	釋家	釋氏	釋氏			略	釋	略	釋家	釋家
				譜錄									
													叢書

集　部													
隋志	舊唐志	新唐志	崇文總目	晁目	尤目	陳錄	經籍考	宋志	高志	朱目	徐目	焦志	祁目
楚辭	楚辭	楚辭		楚辭		楚辭	賦詩	楚辭		楚辭		賦頌	楚辭
					樂曲	歌辭	歌詞		從		從		
別集	別集	別集	別集	別集	別集	別集	別集	別集		別集		別集	別集
總集	總集	總集	總集	總集	總集	總集	總集	總集		總集		總集	總集
						詩集	詩集						
			文史	文說	文史	文史	文史	文史				詩文評	詩文評
					章奏	章奏	章奏					表奏	章疏
												制誥	詔制
									略		略		
													餘集

註：高志及徐目之子、集二部，所設類目已與四部法原有之類目相去甚遠，無法
　　比較，故略去不記。

　　由表 5-1 中，約略可看出《祁目》與前代書目在類目上的異同之處，可分爲
三種情形：

（1）、「因」前代之書目：即前節中所言「因」之例。大多數類目皆與代書目相同。

（2）、「益」前代之書目：即前節中所言「益」之例。《祁目》中有若干新增之類
　　目，爲前代書目所無者，此乃《祁目》之分類之特色。

（3）、「通」前代之書目：〈庚申整書例略〉內〈通〉例中有一段乃屬分類之方法：

　　　　　　至於前代制度特悉且詳，故典故、起居注及儀注之類，不下數百部，
　　而今且寥寥也，則視古爲略矣。故附記注於小史，附儀注於國禮，附食
　　貨於政實，附曆法於天文，皆因繁以攝簡者也。

　　則《祁目》中有將前代書目中類目加以省併者，此亦爲《祁目》之特色。

今討論《祁目》中類目的設置，乃依此三重點，按經史子集四部之次序論之。除探討《祁目》中新增或省併之類目外，對《祁目》所「因」之各類，如非前代書目所共有者，亦將探討其承襲自何目，又《祁目》中有類名與前代書目相同，但收書別於前代書目者，亦兼論之。

一、經部：

　　《祁目》中經部只有十一類：易、書、詩、禮、春秋、孝經、論語、孟子、經總解、理學、小學。其中易、詩、書、禮、春秋、孝經、論語、小學等七類爲自隋志起就有之類目。「經總解」則創自舊唐志「經解」類，焦志始改名「經總解」，《祁目》乃依焦志之名。以上八類皆爲「因」前代之類目。但《祁目》「易」類中有卜筮、占解二目，所收書多屬於子部五行類之書，此乃異於前代書目者。又《祁目》小學類中，分爾雅、蒙書、家訓、纂訓、韻學、字學等六目，其中蒙書、家訓、纂訓之書，前代書目皆入於子部儒家類，惟焦志小學類有近世蒙書一目。故收家訓、纂訓之書於小學類，殆爲承爜所自創。禮類之中，前代書目皆將後世禮書亦收入，《祁目》中則把後世禮書移入史部另設「禮樂」一類。故以上八類中，《祁目》在易類、禮類及小學三類，所收內容已有了改動，並非全部因襲前代書目。

　　隋志經部設緯讖一類，至《崇文總目》時此類已去掉，此後除陳錄及經籍考外，各書皆不設此類。而焦志中乃將緯書分置各類下設一「緯」目。《祁目》中亦仿焦志，在易類、禮類各設易緯、禮緯目收緯書。

　　孟子之書原入於子部儒家，《尤目》將孟子書移入經部附論語類後，陳錄則改爲「語孟」類，經籍考中始將孟子獨立爲類，《祁目》蓋從經籍考之定例。

　　樂類爲前代書目皆有，而《祁目》中無，此因《祁目》將樂書和後世禮書自經部析出，移入史部之故。但《祁目》之前，陳錄已創此例，惟陳錄乃將樂類單獨析出置於子部，和《祁目》又略有不同。

　　理學之書，前代書目皆入於子部之儒家類，承爜則謂理學之書「皆六經之註腳」，故移入經部獨設一類。但此非承爜自創，《文淵閣書目》已將理學之書獨立爲性理一類〔註24〕，高儒《百川書志》則是第一部將理學書置於經部的，名爲「道學」一類，可見《祁目》之先，已有前例。

　　以上爲《祁目》經部各類設置之大要。

〔註24〕　（明）楊士奇等編，《文淵閣書目》（台北：商務，民國 56 年）。

二、史部：

《祁目》於史部設有國朝史、正史、編年史、通史、約史、史鈔、史評、霸史、雜史、記傳、典故、禮樂、政實、圖志、譜錄等十五類，和前代書目頗有相異之處，茲分為因、益、通三項分述之。

（一）、「因」前代之書目者：

正史、編年史（隋志為古史）、雜史、霸史、典故（舊事或故事）、記傳（雜傳或傳記）、圖志（地理）等七類為前代書目所共有之類目，《祁目》於類名上則略加變化，除「典故」一名陳錄中有用過外，「傳記」或「雜傳」改為「記傳」、「地理」改為「圖志」，乃《祁目》中特有的，就收書內容看來，《祁目》記傳類中有行役、風土二目，所收書已非記「人」之事，頗異於前代書目。又「典故」類分故實、職掌二目，職掌目前代皆屬於職官類，《祁目》與前代書目，乃「名同而實異」也。

史評一類始自晁志，《尤目》改名為史學類，經籍考將其內容擴大為史評史鈔類，兼收鈔撮史叢之書，宋志於內容仍沿經籍考之舊，而名曰史鈔類；後高志始將史評史鈔之書，分為二類。《祁目》之分史評史鈔二類，蓋承襲高志而來。

國朝史一類，專收明代與帝王或正史有關之史書。此類之設置，頗近似於《尤目》「國史」類之設置。《尤目》國史類乃專收宋朝史書，但《尤目》另別立本朝雜史、本朝故事，本朝雜傳三類，《祁目》則總彙為國朝史一類，和《尤目》又有不同。惟《祁目》之先，已有徐目史部中設本朝世史彙一類，其意義和國朝史相同，則彙明朝史書為一類者，當始於徐目。

（二）、「益」前代之書目者：

史部中屬承㸁新增的類目有三：通史、約史及禮樂。通史類前代書目中皆無，當屬承㸁所自創，其所收書包括正史、編年史之外的通代著作，下分為會編、纂略二目。前代書目大多將此類書併於正史、編年或別史等其他各類中，承㸁則欲將通史和一般正史及編年著作加以分別，乃特立通史一類。

約史一類亦為前代書目所無，所收之書亦屬通代性質，但和通史類有別，乃在通史類收卷數較多之長篇史書，約史類則為〈十許卷之中，約千萬年之事〉的簡編，承㸁認為此等書不屬正史，亦非稗史之瑣言，故別立一類收之。

禮樂類乃將後世禮書及樂書合為一類，並以儀注之書過少而附之於禮樂類，故可說是禮書、樂書及儀注三類合併。但禮書樂書前代書目均收於經部，承㸁獨移入史部，自當視為史部新增之類。

（三）、「通」前代之書目者：（參見頁 144 所引之「通」例）

　　《祁目》史部中政實、譜錄二類，是省併前代書目中幾個類目而成。先言政實類，政實類下分爲時令、食貨、刑法、官守、事宜等五目，時令目乃有關時令節序之書，《崇文總目》首立歲時一類，其後僅陳錄、《尤目》及焦志中設此類，而名爲時令。食貨一目，蓋沿襲焦志中首創的食貨類。刑法目即爲前代書目中皆有之刑法類。官守目爲前代書目中皆有之職官類，惟《祁目》又將職掌類書歸之於典故類。事宜目中所收書爲政編、救荒、賦役、鹽法等書，頗近於《四庫總目》中「政書」一類，此類書籍前代書目多併於舊事（故事）類中，則《祁目》政實一類，乃合併前代書目中職官、刑法、時令、食貨類及部份故事類之書而成，頗爲複雜。

　　譜錄一類，下分統譜、族譜、年譜、世家、試錄、姓名及書目七目，一望而知乃合譜牒、簿錄（目錄）二類而成。惟其中試錄一目收登科錄，前代書目中僅徐目立科目一類收之。則譜錄一類仍合譜牒、目錄及徐目首創之科目三類而成。

　　以上爲《祁目》史部各類之大要。

三、子部：

　　《祁目》中子部有十三類：儒家、諸子、小說家、農家、道家、釋家、兵家、天文家、五行家、醫家、藝術家、類家、叢書。除了叢書類之外，其他類皆爲前代書目中已有，但承爜改雜藝術（雜藝）爲藝術家，改類書爲類家、醫書爲醫家，則皆從焦志。又儒家類中理學之書，《祁目》已移至經部獨立爲類。諸子類爲合法、名、墨、縱橫、雜等五家爲一類，此亦非《祁目》創始，《尤目》中已有先例，但《尤目》名之爲雜家，不若「諸子」爲合適。

　　天文家、五行家二類，前代書目中時有分合變化。首言天文家類。隋志首創天文、曆數二類，內含算術之書，新舊唐志皆沿其例而改爲曆算類，《崇文總目》則改爲天文占書、曆數、算術三類。晁志又變其例，將天文曆算合爲一類，而算術之書附之於雜藝類。陳錄亦沿晁志之例，將天文曆算改名爲曆象類。《祁目》天文家一類下分占候、曆法二目，即從晁志與陳錄之分類法，且《祁目》算術之書亦同晁志及陳錄，列爲藝術家類中之「數」一目。

　　五行類亦隋志時即有，後《崇文總目》將卜筮之書自五行類析出，獨立「卜筮」一類，陳錄將五行類改爲陰陽類，又另立卜筮、形法二類，經籍考之分類同陳錄，而宋志及朱睦㮮《萬卷堂書目》則從《崇文總目》分立五行及卜（耆龜）二類；焦志中又將此三類合併爲五行家類。《祁目》當從焦志，只立五行一類。

　　《祁目》在子部中異於前代書目者，爲獨創叢書一類，叢書是一種後世新興的書籍，乃總彙許多書爲一編，肇始於南宋寧宗時俞鼎孫所輯的《儒學警悟》，到了明代以後編刻叢書的風氣始盛〔註 25〕，但明代各藏書目都將叢書入於類書之中〔註 26〕，承㸓認爲叢書之體例和類書絕不相同，故別立叢書一類。

　　以上爲《祁目》中子部類目的大要。

四、集部：

　　《祁目》集部中共有八類：詔制、章疏、辭賦、總集、餘集、別集與詩文集。除餘集爲承㸓自創外，皆承襲前代書目而來。別集類與總集類自爲前代書目所共有之類目。辭賦類乃承襲焦志之賦頌類，擴大隋志的楚辭類，將賦體作品均收入，前代書目則只收楚辭之作，不收賦體作品。

　　詩文評類即《崇文總目》所創之文史類，專收詩話、詞話之書，後晁志、《尤目》、陳錄、經籍考及宋志中均有此類，名之爲文史或文說，至焦志始改名詩文評，《祁目》乃承襲焦志之類名。

　　詔制之書，隋志即已收錄，但並未獨立一門，而附之總集之內。至新唐志則將詔令之書收錄史部起居注類，爲詔令入於史部之始。陳錄則將詔令獨立一類於史部。將詔令之書置於集部又獨立爲類者，乃是焦志的「制誥」類，《祁目》則承焦志而將制誥改爲詔制，並將臣子代制之言（如周益公制草、陳止齋內外制等）自各文集中析出，於詔制內立「代言」一目收之。

　　章疏類即《尤目》所創之章奏類，其後陳錄、經籍考及焦志中均有此類，惟《祁目》將書牘及四六之文亦收入章疏一類，又不同於前代書目之章奏類。

　　餘集一類乃屬承㸓自創，他將一些俳詞豔語的詩文，或是專摘古今共賞儷句之詩文集獨列一類，名爲餘集，以表示其體裁和傳統詩文集之不同。

　　以上是《祁目》集部中類目設置的大要。

　　綜合以上經史子集四類的類目，再分別以因、益、通三法來歸納論述於下：

（一）因之例：

　　《祁目》中大多數類目皆爲承襲傳統四部分法的類目，但他並不特別承襲某一書目，而是擷取各家之所長。如國朝史是倣自尤袤《遂初堂書目》；史評與史鈔二類，乃承襲高儒《百川書志》而來；諸子類或亦倣自《尤目》之雜家類；天文

〔註 25〕劉尚恆，〈中國古籍叢書概說〉，《文獻》七輯（1981 年 3 月），頁 147。

〔註 26〕見本章第五節〈綜合討論〉，頁 157。

家從晁志之例；五行家則承焦志之例，因此《祁目》之類目當係參考前代各書目而成。但相較之下，似受焦竑《國史經籍志》的影響較大。凡焦志所有的類目，《祁目》大多皆有之，且類名亦多和焦志相同，如經部之經總解、子部之醫家、藝術家、類家，集部之詩文評等類，皆從焦志而改名，又五行家、辭賦及詔制類，爲直承焦志而來。故可說《祁目》在類目的設置上，頗多是參考焦志而得。但《祁目》亦有多處類目和焦志不同，如焦志無史評、史鈔類而《祁目》有；焦志把算術之書歸入小學類，《祁目》則從晁志入之於藝術家類；《祁目》中有省併或新增的類目，又和焦志大不相同。

（二）益之例：

　　《祁目》中較前代書目增加的類目有通史、約史、禮樂、叢書、餘集等五類，其中除通史類外，其他各類的增加，承㸁都有說明其理由。此將留於第五節綜合評論中再詳細評論其新增類目之適當與否。

（三）通之例：（參見頁 144 所引「通」例之原文）

　　「通」之意即爲將前代書目中已有皆類目予以省併，《祁目》中史部有政實、譜錄二類，子部有諸子、天文家、五行家三類，爲併數類爲一類目。其合併適當與否，亦將於第五節中論之。

第四節　論《祁目》中子目的設置

　　中國歷代目錄之書，皆爲使用二級分法，至宋朝鄭樵撰《通志藝文略》時，始打破此一傳統，而採用三級分法。然鄭氏之後，各家書目仍鮮有用三級分類法的。明焦竑撰《國史經籍志》，在分類上雖未使用鄭樵的十二分法，但分類的等級卻沿用鄭樵所創的三級分法，且子目名稱亦多和藝文略相同。焦竑之後，承㸁可說是第三位採用三級分法的目錄學者，承㸁在圖書分類的理論上，受鄭、焦二氏的影響是無庸置疑的。因此討論《祁目》中子目的設置，自然有必要將這三部目錄中的子目，相互比較，以明瞭《祁目》在子目的設置上，是否沿襲前面二志？抑或另有新創？本節中爲求比較方便，將三種書目的子目（鄭志中所謂「種」），一一列表於下，此表乃以《祁目》的類目爲主，凡《祁目》中未設子目的類目（如正史及約史類），或《祁目》中未設的子目（如起居注），就不列出〔註27〕。

〔註27〕鄭樵《通志藝文略》的分類表乃據鄭奮鵬的《鄭樵的校讎目錄學》一書（台北：學海，民國 65 年）。焦志的分類表則依據《書目五編本國史經籍志》。

表5-2 《通志藝文略》、《國史經籍志》及《祁目》中子目之比較

類目 / 子目 / 書名	通 志 藝 文 略	國 史 經 籍 志	澹 生 堂 藏 書 目
易	古易、石經、章句、傳、注、集注、義疏、論說、類例、譜、考正、數、圖、音、讖緯、擬易　共十六種	古易、石經、章句傳注、集注、疏義、論說、類例、譜、考正、音、數、圖、讖緯　共十四目	古易、章句傳注、疏義集解、詳說、拈解、考正、圖說、卜筮、易緯、擬易　共十目
書	古文經、石經、章句、傳、注、集注、義疏、問難、義訓、小學、逸篇、圖音、續書、纖緯、逸書　共十六種	石經、章句、傳注、集解、疏義、問難、圖譜、名數、音、緯候　共十目	章句注疏、傳說、圖譜、考訂、外傳　共五目
詩	石經、故訓、傳、注、義疏、問辨、統說、譜、名物、圖、音、緯學　共十二種	石經、故訓、傳注、義疏、問辨、統說、譜、名物、圖譜、音、緯　共十目	章句注疏、傳解、考正圖說、音義注釋、外傳　共五目
春 秋	經、五家傳注、三傳義疏、傳論、序、條例、圖、文辭、地理、世譜、卦、音、讖緯　共十三種（春秋外傳國語共四種略）	石經、左氏、公羊、穀梁、通解、詰難、論說、條例、圖譜、音、緯、外傳　共十二目	經傳總、左傳、公羊、穀梁、通解、考證、圖譜、外傳　共八目
禮	周官六種 儀禮四種 喪服九種 禮記九種 月令四種 會禮四種 儀注十八種 共五十四種	周禮、儀禮、喪服、二戴禮、通禮　共五目	周禮、儀禮、二戴禮、通解、圖考、禮緯、中庸、大學　共八目
孝 經	古文、注解、義疏、音；廣義、纖緯　共六種	古文、傳注、義疏、考正、外傳、音、緯　共七目	注疏、叢書、外傳　共三目
論 語	古論語、正經、注解、章句、義疏、論難、辨正、名氏譜、音釋、纖緯、續語　共十一種	古文、正經、傳注、疏義、辨正、名氏譜、音釋、續語、事紀、廟典　共十目	章句注疏、解說、別編、圖志、外傳　共六目

孟 子		不分目	章句注疏、雜解、外傳 共三目
經總解	經解、諡法　共二種	不分目	傳說、考定、音釋、經筵 共四目
理 學			性理、詮集、遺書、語錄、論著、圖說　共六目
小 學	小學、文字、音韻、音釋、古文、法書、蕃書、神書 共八種	爾雅、書、數、近世蒙書 共四目	爾雅、蒙書、家訓、纂訓、韻學、字學　共六目
國朝史			御製、勅纂、彙錄、編述、分紀、武功、人物、典故、時務、雜記、行役、風土 共十二目
編年史	古魏史、兩漢、魏、吳、晉、宋、齊、梁、陳、後魏、北齊、隋、唐、五代、運曆、紀錄 共十五種	古魏史、兩漢、魏、吳、晉、宋、齊、梁、陳、後魏、北齊、隋、唐、五代、宋、運曆、紀錄　共十七目	通鑑、鋼目、紀、記事 共四目
通 史	正史內有通史一種	正史內有通史一目	會編、纂略　共二目
史 鈔			詳節、摘略　共二目
史 評			考正、論斷、讀史 共三目
霸 史	霸史上、霸史下　共二種	不分目	列國、偏霸　共二目
雜 史	古雜史、兩漢、魏、晉、南北朝、隋、唐、五代、宋 共九種	古雜史、兩漢、魏、晉、南北朝、隋、唐、五代、宋、金元　共十目	野史、稗史、雜錄 共三目
典 故 （故事）	故事　共一種	不分目	故實、職掌　共二目
政 實	職官　共二種 刑法　共十一種 食貨　共六種	職官　不分目 法令　十一目 食貨　六目 時令　不分目	時令、食貨、刑法、官守、事宜　共五目
禮 樂	禮類中義注有十八種 樂類共有十一種	禮儀、吉禮等共廿一目 樂類有樂書等九目	國禮、家禮、樂律、祀典 共四目
記 傳	耆舊、高隱、孝友、忠烈、名士、交遊、列傳、家傳、列女、科第、名號、冥異、祥異 共十三種	耆舊、孝友、忠烈、名賢、高隱、家傳、交遊、列女、科第、名號、冥異、祥異 共十三目	別錄、垂範、高賢、彙傳、別傳、忠義、事蹟、行役、風土　共九目

圖 志	地理、都城、宮苑、郡邑、圖經、方物、川瀆、名山洞府、朝聘、行役、蠻夷 共十種	地理、都城、宮苑、郡邑、圖經、方物、川瀆、名山洞府、朝聘、行役、蠻夷 共十目	統志、通志、郡志、州志、邑志、關鎮、山川、攬勝、園林、祠宇、梵院 共十一目
譜 錄	譜系：帝系、皇族、總譜、韻譜、郡譜、家譜 共六種 書目：總目、家藏總目、文章總目、經史目 共四種	譜牒：帝系、皇族、總譜、韻譜、郡譜、家譜 共六目 簿錄：總目、家藏總目、文章總目、經史目 共四目	統譜、族譜、年譜、世家、試錄、姓名、書目 共七目
諸 子	墨家 法家 名家 縱橫家 雜家	墨家 法家 名家 縱橫家 雜家	墨家、法家、名家、縱橫家、雜家 共五目
小說家	不分種	不分目	說彙、說叢、佳話、雜筆、閒適、清玩、記異、戲劇 共八目
農 家	不分種	不分目	民務、時序、雜藝、樹藝、牧養 共五目
道 家	老子、莊子、諸子等…… 共廿五種	老子、莊子、諸子、諸經…等 共廿三種	老子、莊子、諸子、諸經、金丹、彙書、詮述、修攝、養生、記傳、餘集 共十一目
釋 家	傳記、塔寺、論議、詮述、章鈔、儀律、目錄、音義、頌贊、語錄 共十種	經、律、論、義疏、語錄、倡、雜著、記傳、塔寺 共九目	大乘經、小乘經、宋元續入經、東土著述、律義、經典疏注、大小乘論、宗旨、語錄、止觀、警策、詮述、提唱、淨土、因果、記傳、禪餘、文集 共十八目
兵 家	兵書、軍律、營陳、兵陰陽、邊策 共五種	兵書、軍律、營陣、兵陰陽、邊策 共五目	將略、兵政 共二目
天文家	天文：八種 曆數：五種	天文、曆數 共二目	占候、曆法 共二目
五行家	共三十種	共三十目	占卜、陰陽、星命、堪輿 共四目
醫 家	脈經、本草、方書、傷寒、婦人、小兒……等 共廿六種	共十七目	經論、脈法、治法、方書、本草、傷寒、婦人、小兒、外科……等 共九目
藝術家	藝術、射、騎、畫錄、奕棋……等 共十七種	共七七目	書、畫、琴、棋、數、射、雜伎 共七目

類　　家	類書上、類書下　共二種	不分目	會輯、纂略、叢筆 共三目
叢　　書			國朝史、經史子雜、子彙、說彙、雜集、彙集 共六目
詔　　制	制誥：一種	不分目	王言、代言　共二目
章　　疏	表章：一種 啓事：一種 四六：一種 奏議：一種 策：一種 書：一種	不分目（即表奏類）	奏議、書牘、啓牋、四六 共四目
辭　　賦	賦：一種	不分目（即賦頌類）	騷、賦　共二目
總　　集	總集：一種	不分目	詩文總集、文編、詩編、郡邑文獻、家乘文獻、遺文考識、制科藝　共七目
別　　集	共二十種、依時代先後排列	共十八目，依時代先後排列	帝王、漢魏六朝詩文、唐詩文、宋詩文、元詩文、國朝御製集、國朝閣臣集、國朝分省諸公詩文集 共八目
餘　　集			逸文（附摘錄）、逸詩（附集句、摘句）、艷詩（附詞曲）、今樂府　共四目
詩文評	文史：一種 詩評：一種	不分目	文式、文評、詩法、詩評、詩話　共五目

　　從上表中，可看出《祁目》與藝文略及《國史經籍志》在子目的安排上，有以下幾點不同之處：

（一）就子目的設置言：焦志的子目，十之八九為鈔襲藝文略而來，有很多類中的子目，均自藝文略中一字不改而用之；如編年史、雜史、記傳、圖志、譜牒、簿錄、兵家等類皆是，故焦氏在子目的設置上，可說並無發明創新之處。但《祁目》與鄭、焦二目相較，除了經部因所收書的性質本同，故子目名稱有若干相同外，其他三部各類中的子目，則和前二者相去懸絕，並無相關之處。

（二）就分類的粗細言：藝文略分爲十二類，百家，四百三十一種子目〔註 28〕，焦志分爲四部四十八類，三百三十二子目，《祁目》則分爲四部四十七類，二百四十三子目。因此藝文略的分類最爲纖細，焦志次之，《祁目》則較爲適中。僅舉易類來看，藝文略分爲十六目，焦志併爲十四目，《祁目》又併爲十目，故《祁目》的子目不若鄭焦二志之繁瑣。

（三）就部、類、目之間分配之情形言：《祁目》較重視各類間子目分配的多寡適均，因此除了正史、約史及儒家三類外，各類之下均有分細目，且每類細目多則八、九目，少則二、三目，最多的也只有釋家類分爲十八目。這是因爲《祁目》於釋氏一類，不只收入東土著述，亦兼收西土重譯單譯者，故條分甚析〔註 29〕，其他各類則多寡適均。焦志和《祁目》同爲四分法，但焦志四十八類中有十六類下不設子目，已多達三分之一；鄭志則更有過之，百家之中，家下不再分目的竟多達六十家，雖名爲三級分法，實則將近三分之二的部份，是屬於二級分法，在類、家、種的分配情形，極不均衡。

（四）史部中編年、雜史二類，鄭志、焦志皆按時代先後分細目，《祁目》則按書之性質或體裁來分，如編年史分爲通鑑、綱目、紀和記事，雜史類分野史、稗史和雜錄，又和鄭、焦二志有所不同。

（五）集部別集類，《祁目》對明朝文集未依照時代先後次序排列，而依照省份地域排列，又爲不同之處。

綜合以上五點，可知承爍是在分類的理論上，承襲了鄭焦二氏的三級分法，但在實行上，承爍卻沒有沿用藝文略或《國史經籍志》的三級分法，《祁目》中各類的子目可說完全是承爍自創的，並未受到前二者影響。

鄭樵志藝文略並非藏書目錄，因此他的分類法或爲完全依學術而分，以致所設子目完全集中在部份類中，而將近三分之二的「家」均無法再分細目，頗有一邊重一邊輕之感，若當之爲藏書目錄，必有承爍所言「多者則叢聚而易淆，寡者又寂寥而易失」的弊病。如余嘉錫所言，藏書之目錄「其多寡雖不能如卒伍之類

〔註 28〕《通志藝文略》的分類，鄭樵《校讎略》中言「總十二類，百家，四二二種。」姚名達《中國目錄學史》言爲一百五十五小類，二百八十四目。鄭奮鵬《鄭樵的校讎目錄學》一書乃計《藝文略》所著錄，統計得一百小類，四三一目，較爲可信，故從之。

〔註 29〕承爍在〈整書例略〉中「因」例下言：「……而間有未備。如釋氏一家，鄭漁仲之所收皆東土之著述，而西土唐譯單譯者俱無聞焉，則釋藏總目條分甚析，經有大小乘之分，乘有重譯單譯之辨，爲律爲論爲疏注爲詮述，皆一一可考，不嫌襲故。」

齊畫一，而要不能大相懸絕，故於可分者分之，可合者合之〔註30〕。」《祁目》在子目的設置上，較鄭志、焦志改進許多，至少提出了一個部、類、目間分佈均衡，較易於藏書簿錄使用的三級分類法。

第五節　綜合評論

　　本章三、四節中，已分別敘述《祁目》中類目及子目的設置情形，本節中乃綜合前述，將《祁目》在類目或子目上，有異於前代書目者，分別提出討論，以評定其所立門類之優劣得失。討論時將從三方面，逐類論之。其一爲《祁目》所新增的類目，包括理學、國朝史等前代書目中雖有而稀見之類。其二爲《祁目》所省併之類目，如政實類、譜錄類等。其三爲《祁目》中名稱同於前代，但所立子目有異於前代者，如易類、小學類等等。最後再總評《祁目》之優劣得失。

一、論《祁目》中新增的類目

　　《祁目》中較前代增益的類目有理學、國朝史、禮樂、通史、約史、叢書、餘集七類，除通史一類外，其餘六類承㸁有說明其增益的理由：

（一）、理學類

　　此類的設置早在萬曆四十一年承㸁作〈藏書訓略〉時，就有這一類目了，他曾說明其理由：

> 宋儒理學之言，概收於子，似矣，然皆半解經語也。漢之訓詁，何以列于經而獨宋儒之子乎？如正蒙皇極及程朱語錄、近思、傳習之類。余欲倣小學，而別類以理學，是又一見也。

至萬曆四十八年他編《祁目》時，又在〈整書例略〉中提出解釋：

> 性理一書，奉欽纂于文皇，雖近錄宋儒之詮述，然而言乎天地之間，則備矣。他如伊洛淵源、近思錄、及眞文忠公之讀書記，黃東發之日抄，與湛文簡公之聖學、格物通，王文成公之則言、傳習錄，或援經釋傳，或據古證今，此皆六經之註腳，理學之白眉，豈可與諸子竝論哉？故於經解之後，益以理學者二。

由以上二段話，可知承㸁將理學獨立爲一類置於經部，其理有二：其一是因理學之書泰半爲解經之語，承㸁認爲訓詁類既可置於經部，理學類當可從訓詁之例而

〔註30〕余嘉錫，《目錄學發微》，頁138。

置於經部。其二是因他認爲理學之書既援經釋傳，或據古以證今，不應與諸子同列，故將之提升於經部中。

欲評析理學類設置得當與否，可從兩個角度來看。其一是理學類是否應自儒家類析出而獨立？在明朝以前，理學之書一直是併於子部儒家類。到了明代，在《祁目》之前早有書目將理學類獨立。在官修目錄方面，有《文淵閣書目》立性理一類，爲理學獨立一類之始。而後私家目錄皆紛紛傲效，除高儒《百川書志》於經部設道學類外，不依四分法的目錄中，亦有陸深《江東藏書目》、晁瑮《寶文堂書目》，孫樓《博雅堂藏書目錄》及陳第《世善堂藏書目錄》等四家有別立一類收理學之書〔註 31〕。分析原因當有二：一爲理學在明朝獨盛，理學之書自然特別爲藏家所重視，故別立一類以收之。二爲理學之書到明代已十分興盛，附庸蔚成大國，在「可分者分之」的情況下，就成爲獨立一類。據此來看，則理學之獨立爲類，並無不妥。

理學類獨立後，究當置於何部？這是第二個須討論的問題。承㸁以爲理學類宜做訓詁類而立於經部。實則訓詁小學之書入於經部，本就是不合學術源流。既名爲經部，就不當再收經類以外的著作。鄭樵《通志藝文略》所以將樂類及小學類自經部釐出，即是此理。承㸁不明其理，反欲做訓詁例再增理學一類，實爲反其道而行，並非適當的安排。陳第的《世善堂藏書目錄》，於子部設「輔道儒諸書」一類，以收理學之書，可說較《祁目》合理得多。是故理學類雖可獨立，但仍當置於子部爲是。

（二）、國朝史類

此類的設置《尤目》已有前例，但承㸁並不一定做《尤目》而設，而是將明代目錄書於四部之首立「制書」一類的貫例略加改變而來。姚名達《中國目錄學史》中說：

> 國英宗正統六年，始有楊士奇、馬愉、曹鼐等奏上文淵閣書目。其分類法雖陋，然能不守四部之成規，實開有明一代之風氣。首曰國朝，特錄明帝御製、勅撰、政書、實錄等項。此例一開，陸深、沈節甫、葉盛、焦竑、孫能傳皆倣行勿違，幾成明代眾目錄之共同特色〔註 32〕。

此例雖有尊王之意，但卻混亂了經史子集的系統，故承㸁在〈藏書訓略〉中說：

〔註 31〕〈藏書訓略〉中記《江東藏書目》之分類第二項即性理類。《寶文堂書目》（《書目類編》第廿八冊）上卷有性理類。《博雅堂藏書目錄》已失傳，但其目中有理學書一類，見《中國目錄學》頁 203「《博雅堂藏書目錄》」。《世善堂藏書目錄》（《書目類編》第廿九冊）子部有〈輔道儒諸書〉一類，即收理學之書。

〔註 32〕姚名達，《中國目錄學史》，頁 120。

如王伯厚以聖文冠經籍，陸文裕倣之，而焦氏亦首列制書。余以國
史一代之典章，自宜尊王；而家籍一人之私藏，不妨服聖。仍以六經冠
之群書，而特以文由聖翰、事關照代者，每列于各類之首，既不失四部
之體，而亦足以表尊周之心。

可知承㸁並不贊成如《文淵閣書目》將御製書冠於四部之首的體例，他乃變通其
例，將有關明史之書彙爲國朝史一類，列於史部之首；將帝王或御製其他各類書，
列於各部各類之首，故集部首列詔制類亦即此意。承㸁此項用意頗善，對明代目
錄書首列國朝的體例，做了一番改進。但《祁目》中仍有一缺點，就是國朝史中
究竟該收錄何種範圍的書，並無嚴謹的體例。既言國朝史，是否所有明代史部著
作均應收錄呢？如《大明律例》、《大明一統志》等書，又分收政實、圖志類而未
入國朝史類。此爲國朝史體例未盡善之處。

（三）、通史類

　　承㸁並未言其自創，今查藝文略及焦志中正史一類下，有通史一目。承㸁乃
將此目擴大爲類，下設會編、纂略二目。由於前代書目中均無此類，故爲《祁目》
所新增。此類之設置，蓋爲有別於官修之二十一史，而將私人所撰通史之書另設
一類，並無不妥。

　　約史類：

（四）、約史類

　　約史類的設置，〈整書例略〉有說明其原因：

洪荒邈矣，而竹書紀年之後，有荒史，有遠古記，有考信等編，世
代繁矣。而皇極經世之後，有稽古錄、有大事記、有世略治統等書，此
數十種者，皆於十許卷之中，約千萬年之事。既非正史之敘述，亦非稗
史之瑣言，蓋於記傳之外，自爲一體者也，故益之以約史。

約史一類，是針對有些史書的性質，既不適於收入正史，也並非稗史性質，故承
㸁專立約史一類收之。此類的新創頗爲合理，昌師彼得評曰：

在我國的歷史舊籍中，有若干種都是在短短的幾卷書中，敘述千百
年的史事，有似於現代的通史之類的教本。既不是正史的記載，也不是
史鈔的節略。前代的書目對於這些書的區類實在感到處理爲難，大多依
其體裁來分類，或入編年，或入別史，或入雜史、或入史鈔，都不甚妥
當。今祁氏將之彙爲一總，標名約史，遠比舊目的分別歸類要恰當，而

且類名清晰，望文可以生義，可惜後代的書目還未有仿效的〔註33〕。

（五）、禮樂類

承㸁在〈藏書訓略〉中說明設立此類的原因如下：

> 余謂一代之禮樂，猶一代之刑政，從典故儀注之後，而附之史，是
> 亦一見也。

古代樂經早已亡佚，是故樂類置於經部，本無其理，後世禮書亦不當屬於經部，故將此二類自經部釐出，可謂恰當。禮書與樂書雖不一定要合爲一類，但《祁目》中本有類目可合者合之，可分者分之的例子，只要細目分明，並無不妥。《四庫提要》樂類小序中云：

> 沈約稱樂經亡於奏……漢初制氏所記，蓋其遺譜，非別有一經。爲
> 聖人手定也，特以宣豫導和，感神人而通天地，厥用至大，厥義至精，故
> 尊其教，得配於經。而後代鍾律之書，亦遂得錄於經部，不與藝術同科。
> 顧自漢氏以來，兼陳雅俗，豔歌側調，並隸雲韶。於是諸史所登，雖細至
> 箏琶，亦附於經本。循是以往，將小說稗官，未嘗不記言記事，亦附之書
> 與春秋乎？悖理傷教，於斯爲甚。今區別諸書，惟以辨律呂、明雅樂者，
> 仍列於經；其謳歌末技，弦管繁聲，均退列雜藝詞曲兩項〔註34〕。

《祁目》於禮樂類中只設樂律一目收音樂之書，其收錄內容即四庫提要所言「辨律呂、明雅樂」者。對於民間音樂如琵琶、羯鼓、琴譜等書，則於子部藝術家類中設「琴」一目收之。戲曲之書則收於餘集類中。可說早在四庫總目之前，《祁目》對樂書的處理，已做到「雅俗有別」，甚爲得宜。故《中國目錄學》一書中評《祁目》之禮樂類言：

> 樂經早佚，故經部不立樂類，而於史部設禮樂類，以部次後代的律
> 呂儀注之書，也比其他書目於經部強立樂類爲妥〔註35〕。

（六）、叢書類

此類設置的原因見〈整書例略〉中：

> 叢書之目不見於古，而冗編之著疊出於今，既非旁搜博採，以成一
> 家之言，復非別類分門，以爲考覽之助。合經史而兼有之，採古今而並
> 集焉。如後世所刻百川學海、漢魏叢書、古今逸史、百名家書、稗海、

〔註33〕昌彼得，〈祁承㸁及其在圖書目錄學上的貢獻〉，《圖書館學報》十一期（民國 60年六月），頁 154。

〔註34〕（清）紀昀等，《四庫全書總目提要》（台北：商務）。

〔註35〕昌彼得與潘美月，《中國目錄學》，頁 195。

秘笈之類，斷非類家所可併收，故益以叢書者四。

叢書的歸類，在中國圖書分類上，始終是一個引起爭議的問題。因為叢書是一種後起的書籍，早期的書目中既沒有這一類書，當然也沒有適合的類目了。《中國目錄學》一書中，詳述了叢書的起源：

> 　　總集許多種書彙為一編，肇始於南宋寧宗時俞鼎孫輯《儒學警悟》，稍後有左圭《百川學海》，元末則有陶宗儀擬輯百家雜說之書為《說郛》。明正德嘉靖以後，這種編刻群書的風氣轉盛，如正德時的沈津《欣賞編》、嘉靖時的袁褧《金聲玉振》、顧元慶的《文房小說》、《明四十家小說》、陸楫的《古今說海》、顧春的世德堂六子、隆慶時的王完《丘陵學山》，萬曆時的吳琯《古今逸史》、商濬《稗海》、胡維新《兩京遺編》、程榮《漢魏叢書》、李栻《歷代小史》、胡文煥《格致叢書》、陳繼儒《寶顏堂秘笈》、朱當㴐《國朝典故》、樊維城《鹽志邑林》等，明末則有鍾人傑《唐宋叢書》、毛晉《津逮秘書》等。清康熙以降，更多以輯刻叢書而名家的〔註36〕。

可知叢書在明代已十分盛行，但從未有人想到要將叢書獨立為類，各家對叢書之分類也莫衷一是，大多是歸屬於類書，如《文淵閣書目》、《寶文堂書目》、《千頃堂書目》等，更有《世善堂藏書目錄》歸之於諸家詩文名選類中，《趙定宇書目》歸之於小說類及佛書類，《四庫總目》則列於雜家類雜編〔註37〕，可說無奇不有，然皆欠合理。承㸁頗識於「叢書不同於類書」，故他認為叢書「斷非類家所可併收」，實為卓越之見。劉尚恆〈中國古籍叢書概說〉一文便稱讚他說：

> 　　萬曆以後，叢書開始列類，首見於祁承㸁的《澹生堂書目》，然而《祁目》之後的許多公私家目錄著作，仍不列叢書目，一直到清乾隆間的《四庫全書總目》，還是把叢書列存子部雜家類。這顯然反映了長期以來，人們並不把叢書當作出版物類型，新的著作物類型來認識，不承認叢書類目。由此可見，彙集諸書為一書被當作一種新的出版類型，新的著作來認識，祁承㸁是第一人〔註38〕。

可見《祁目》將叢書獨立為類，確為一項打破傳統的創舉。

（七）、餘集類

　　《祁目》新增類目最後一項為餘集類，〈整書例略〉中言：

〔註36〕昌彼得與潘美月，《中國目錄學》，頁195～196。
〔註37〕參見本論文第三章頁103～104。
〔註38〕劉尚恆，〈中國古籍叢書概說〉，頁145。

　　　　文有滑稽，詩多豔語，搜耳目未經見之文，既稱逸品，摘古今所共
　　賞之句，獨誇粹裘，非可言集，而要亦集之餘也。

《中國目錄學》一書對於餘集一類的創設，亦頗有佳評：

　　　　我國集部中有許多專輯俳詞或艷語的詩文，或專著迴文璇璣一類的
　　詩，或專摘古今共賞的儷句，像這一類的詩文集，前目大都按體裁來分
　　類，或入總集，或列別集。然而這類的詩文與傳統的抒情、敘事或議論
　　等文體決不相侔，若部次在總別集則無法顯現其特性，而不易查檢，所
　　以承㸁專立一類來著錄。雖然用餘集的類名，不及後代用雜詩文爲類名
　　來得妥當，但不能不推崇祁氏的首創〔註39〕。

綜合以上所論，《祁目》所新增的七類中，除了理學類不當設於經部，及國朝史類
設立的義例不夠嚴謹明確外，其餘五類皆能增設得宜。且承㸁對於新增的類目，
皆一一說明其緣由，並針對舊有分類法的缺失，一一提出改進，實爲《祁目》在
分類上最大的優點與貢獻。

二、論《祁目》中省併的類目

　　《祁目》中將前代書目的類目加以省併，合數類爲一類者有三項。分別爲政
實類、譜錄類與諸子類。

　　政實類下分爲時令、食貨、刑法、官守及事宜等五目，乃併前代書目中刑法、
職官、食貨、時令及部份故事類（政編、救荒、賦役、鹽法等書）而成，已於第三
節中詳述。此類之設置頗近於《四庫全書總目》的政書一類。《四庫提要》政書類小
序云：

　　　　志藝文者，有故事一類：其間祖宗創法，奕葉愼守是一朝之故事，
　　後鑒前師，與時損益者，是爲前代之故事，史家著錄，大抵前代之事也，
　　隋志載漢武故事，濫及稗官，唐志載魏文貞故事，橫牽家傳，循名誤列，
　　義例殊乖，今總核遺文；惟以國政朝章，六官所職者，入於斯類，以符
　　周官故府之遺。至儀注條格，舊皆別出，然均爲成憲，義所同歸。……
　　考錢傅秘閣書目有政書一類，謹據以標目，見綜括古今之意焉。

可知《四庫總目》政書一類，雖自故事一類而來，卻不收歷朝掌故之書，只將原
屬故事類中軍政、考工、食貨（邦計）等書再加上刑法、儀注類書，彙爲政書類。
和《祁目》政實類相較，《四庫總目》多儀注之書，而《祁目》多官守之書，餘皆

〔註39〕昌彼得與潘美月，《中國目錄學》，頁196。

相同。可見《祁目》設政實一類的用意，當和《四庫總目》設政書一類相同，不欲以國家政經之事，與近於稗史之前朝故事相混。不過《祁目》將典章制度等書又以典故一類收之，而有關邦計民生刑法官守之書，則入於政實類。雖和《四庫總目》略有不同，然亦甚得宜。政實類中最不妥處，為收入「官守」一目，使前代書目中官職一類，被分為二，政實類中有官守目，典故類中又有職掌目，二者混淆不清，為其缺失。

《祁目》中譜錄一類乃合前代譜牒、目錄二類，再加上試錄一目而成。譜牒、目錄、試錄雖皆為著錄之性質，但譜牒為記人名者，目錄為記書名者，試錄為記登科者；用途蓋不相同，實無併為一類之理。但《祁目》既為一家藏書目，於書少者併之，乃為變通之法。而「譜錄」之名能概括譜牒、目錄及試錄之意，亦可說得通。唯終不如《尤目》以「譜錄」一類收無適當部類可附的香譜、石譜、蟹譜等書來得恰當。

諸子一類，乃合法、名、墨、縱橫、雜等五家之書為一類，蓋因此五家書後世甚少，並無各別為類之必要，故合為一類。雖此例《尤目》中已有，但《尤目》名之為雜家類，則法、名、墨、縱橫四家皆變為雜家之屬，甚不合理。《祁目》取名為諸子，則名實相符，也較《四庫總目》將名家、法家附入雜家合理得多，頗有可取法處。

三、類名同而收書異於前代書目者

由《祁目》中各類的細目，可看出《祁目》中有不少類在收書內容上，有異於前代書目者，茲分述於下：

（一）、易類

易類中有拈解、卜筮二目，收書多為子部五行類的書。但《祁目》於易類設此二目，是因承㸁認為這一類書當分入二類，〈整書例略〉中「互」一例云：

> 又如焦氏易林、周易占林，皆五行家也，而易書占筮之內，亦不可遺。

則此二目的設置，當是為便於查檢書目，並無分類上的不妥之處。

（二）、小學類

小學類中有家訓、纂訓二目，別於前代書目之分類。承㸁在〈藏書訓略〉中說：

> 如厚德錄、自警編、顏氏家訓之類，雖列於子而實垂訓者也，余欲別纂訓為一類，而附于小學之後。

可知他在萬曆四十一年編書目，是將纂訓家訓之書獨立一類，附於小學類之後。

至萬曆四十八年再次編書目時，又改爲將家訓、纂訓之書歸隸於小學類之內。這當是取小學類爲「童子啓蒙之學」一意。

（三）、典故類

下分爲故實、職掌二目。此類雖自前代書目「故事」一類改名而來，但所收內容已異於前代之故事類。故實一目只收通典、會要之書，歷代掌政或前朝故事之書均未收入。此例同於四庫總目之政書類，不收稗官雜記等書，是爲其優點。但典故類中故實、職掌之書並未分開著錄（此爲徐刻本的情形，原寫本是否有分開著錄則不詳），且二目收書總共只有十種，究竟「職掌」一目所指爲何？實難明瞭。

（四）、記傳類

記傳類即前代書目之傳記類。顧名思義乃爲記人之事蹟。而《祁目》記傳類中卻有事蹟、行役、風土三目，所著錄之書已超出傳記體的範圍，而和圖志類中山川、攬勝、祠宇等目相混淆，似爲不妥。

（五）、詔制類

詔制類中設王言一目，將臣子代制之言自文集中一一析出列於此目之下，此乃「別裁」體例，其意頗善。

（六）、章疏類

章疏類顧名思義應只收章奏、疏議之文。但《祁目》將書牘及四六二目亦列於章疏之下，四六目所收多屬「四六標準」、「四六叢珠」等書，尚與章疏略有關連（章奏多用四六之文體），書牘目亦隸於章疏類之內，就名實不能相符了。既名爲章疏類，則不應收書牘於其類下才是。

（七）、辭賦類

辭賦類乃兼收騷（即楚辭）、賦之作。不同於前代書目楚辭類僅收和楚辭有關之書。按辭賦類係承自焦志的賦頌類，雖焦志創之在先，承㸁能從善如流，亦爲其優點也。

（八）、總集類

總集類除收詩文集外，尚有郡邑文獻、家乘文獻、遺文考識、制科藝四目，分隸頗細，條目甚晰。其中制科藝一目即後來《千頃目》制舉類的先驅。前代書目雖有將制舉之文附於總集內，卻未能標其名目，《祁目》此舉確爲一善。而遺文考識一目收有金石錄、古今碑帖之類。金石之學乃我國專門的學術，爲其他各國所無。但也正因此故，金石之學的歸類甚爲困難。昌師彼得便曾說明這一類書歸隸之難：

案這類金石，實自成一個系統，核其内容，可以證經，可以資史，如隋唐以來的墓誌神道碑銘，多出名家撰述，且爲文學的作品。分之固然不妥，合之也無部可歸〔註40〕。

前代書目中有隋志、新舊唐志附入經部小學類，宋志及《文獻通考》經籍考則附入史部目錄類。實則這一類書究竟當入於何部，至今仍無定論，但至少應獨立爲類才是，《祁目》僅設一細目，並入於總集一類，並非妥當之法。

綜合前面所論，可知《祁目》在類目的新增或異動上，優劣得失互見。然總體而論，在對四分法的修正上，《祁目》頗富有創意及改革的精神，其優點可歸納如下：

（1）、類目的新增

諸如叢書、約史、餘集等類，都是針對四分法未盡合理處，加添類目，使書籍的分類更有條理。尤其是將叢書獨立爲類，姚名達謂「於分類學之功勳最鉅」〔註41〕。《祁目》在類目的安排上，既能脫出傳統四分法的窠臼，又較《百川書志》、《紅雨樓家藏書目》之任意創新，更具有意義及價值。

（2）、類目的省併

姚名達《中國目錄學史》中言劉歆分類編目之義例，其中有「書少不能成一類者，附入性質相近之類」〔註42〕。《祁目》中正運用了此一義例。其諸子類、譜錄類、政實類等，均是合藏書較少的數類而成一類，雖然這一種合併，不見得能適合別的藏書目錄，但至少可看出《祁目》富有變通的精神，並非一成不變的接受四部舊法，而能依個別需要及實際情形加以修改變化。事實上沒有一種分類法能行之久遠的，必隨著書籍增減的情形加以修正，才能眞正符合實用，而《祁目》正具備此一特質。

（3）、細目的設置

《祁目》承襲了藝文略及《國史經籍志》的三級分法，且在細目的安排上，較前二者合理實用，多寡適均，頗富創意。姚名達亦評其「子目的設置，亦數鄭焦二家爲審愼，蓋由確有其書，故無濫入之弊」。

總括《祁目》的分類情形，雖有小疵，然而優點多於缺點。如以《中國目錄學》一書中論類例的三個要點－條理宜分明、類目宜詳悉、部次宜有法則〔註43〕

〔註40〕昌彼得與潘美月，《中國目錄學》，頁247。
〔註41〕姚名達，《中國目錄學史》，頁140。
〔註42〕姚名達，《中國目錄學史》，頁56。
〔註43〕昌彼得與潘美月，《中國目錄學》，頁78～80。

來評量，《祁目》的分類確能符合此三項標準，是一部值得取法的四部目錄，來新夏便評《祁目》「雖按四部分類，而其下細目多有新意」〔註44〕，羅孟禎則評《祁目》「類目詳明、增刪恰當」〔註45〕。《祁目》在分類上的成就，實爲後世所共同的推崇的。

第六節　論《祁目》分類對後世的影響及貢獻

《祁目》由於傳世的本子並不多，再加上清乾隆間《四庫全書》修成後，《四庫總目》的分類法盛行，故《祁目》的分類對其後的目錄書，並未造成太大的影響，但今就《祁目》以後的各家書目看來，仍有若干受《祁目》之影響者，茲分述於下。

（一）《千頃堂書目》

明末黃虞稷編。此書目由於編撰年代近於《祁目》之時代，故受《祁目》影響最深。《中國目錄學》一書亦說其分類「大抵據祁氏澹生堂書目分併改隸而成」。今乃將《千頃目》之分類情形述於下：

經部：易、書、詩、三禮、禮樂、春秋、孝經、論語、孟子、經解、四書十二類。

史部：國史、正史、通史、編年、別史、霸史、史學、史鈔、地理、職官、典故、時令、食貨、儀注、政刑、傳記、譜系、簿錄十八類。

子部：儒家、雜家、農家、小說家、兵家、天文家、曆數家、五行家、醫家、藝術家、類書、釋家、道家十三類。

集部：別集、制誥、表奏、騷賦、詞典、制舉、總集、文史八類。

和《祁目》相較，除史部有較多不同外，其餘三部的類目都和《祁目》差不多。而《祁目》新增的七個類目，《千頃目》便採用了禮樂、國史（即《祁目》之國朝史）及通史三類，惟《千頃目》將禮樂類仍置於經部中，且對《祁目》「國朝史」一類略作改進，僅收與帝王有直接關係之實錄、寶訓、年表、起居注等書，而將其他著作散入史部各類中〔註46〕。

〔註44〕求新夏，《古典目錄學淺說》（北京：中華書局，1981年），頁137。
〔註45〕羅盈禎，《中國古代目錄學簡編》（重慶：重慶出版社，1983年），頁102。
〔註46〕周彥文，〈千頃堂書目研究〉，頁149。

政刑一類，亦受《祁目》「政實」一類的影響。周彥文〈千頃堂書目研究〉中言《千頃目》政刑一類曰：

<blockquote>
《祁目》政實類下分時令、食貨、刑法、官守、事宜五目，其中前兩目《千頃目》中乃各自獨立為一類，刑法目即目政刑類中刑書之屬。而官守、事宜二目，則與《千頃目》典故類內政書之屬互有出入，相與錯雜。《千頃目》之將政書、刑書併為一類，或可云與《祁目》之將刑法、官守及事宜併為一類有關，然若云兩者間有直接之承傳關係，似又不可。或俞邰自《祁目》中啟其思緒，而自創政刑類耶〔註47〕？
</blockquote>

《千頃目》集部有制舉一類，乃歷代書目皆無之類目。實則制舉一類為《祁目》總集類制科藝目的擴大。制舉類書，陳錄及經籍考中雖有收錄〔註48〕，但獨立為一單位，始自於《祁目》的制科藝目，《千頃目》乃再擴大為制舉一類。

以上幾點，皆可證明《千頃目》在類目的安排上，頗多是參考《祁目》的。

（二）祁理孫《奕慶藏書樓書目》〔註49〕

承㸁之後，其孫祁理孫也編了一部《奕慶藏書樓書目》，由其類目的安排看，頗受承㸁分類的影響。今列其分類情形如下：

經部：經總、易、尚書、詩、春秋、禮（樂附）、孝經、四書、理學、小學（爾雅、字學、音韻、書法）十類。

史部：正史（別史、節史）、編年、裒輯、記傳、典故、政實、外史、評論、譜錄、圖誌十類。

子部：諸子、釋家、道家、兵家、五行家、醫家、雜家（農圃食貨、藝術圖象）、類家、稗乘家（說彙、說叢、雜筆、演義）、樂府家（評譜、傳奇、雜劇、散詞）十類。

集部：文總、詩總、章疏、尺牘、騷賦、詩賦、詩餘、前代詩文、國朝詩文八類。

四部彙。

其類目較《祁目》略有省併，而仿自《祁目》之分類者，則有以下數項：

1、經部之理學類及樂書之附於禮類，乃承襲《祁目》之理學類及禮樂類。

〔註47〕周彥文，〈千頃堂書目研究〉，頁153。

〔註48〕《文獻通考》部總集類內有《指南賦》箋五十五卷、《擢犀策》一百六十九卷、《指南論》十六卷等三條，所收均宋代之時文，此三條陳錄中亦有之。

〔註49〕（清）祁理孫，《奕慶藏書樓書目》，《書目類編》第卅一冊。

2、史部中政實、典故、譜錄、圖志四類，均承《祁目》此四類而來。又正史後附別史及節史二目，節史即為《祁目》之約史類。

3、子部中諸子類乃仿《祁目》諸子類而成，而以儒家之書過少，亦併於諸子類中。稗乘類之說叢目，即為子部的叢書類，專收子部的叢書如《皇明百家小說》、《欣賞編》等編述。

4、四部彙乃將經史子集四部彙集的叢書獨立於四部之外，另闢一大類收之，以別於子部稗乘類說叢目中專門性質的叢書。

　　由此可看出，《奕慶藏書樓書目》對《祁目》叢書一類的創置，又作了改進，將專門性的叢書和一般性的叢書分開，且將一般性叢書獨立於四部之外，這應是我國第一部將叢書獨立為部的書目，較清乾間姚際恒《好古堂書目》之分「經史子集總」，還要早得多。而祁理孫對叢書獨立分部的觀念，當受其祖父的影響無疑。

（三）《浙江採集遺書》總錄

　　此乃據姚名達《中國目錄學史》所言：

　　　　乾隆三十九年之浙江採集遺書總錄，……總集則一以時代為次，一以地為次。以地為次，祁承㸁早已創行。子部特立叢書類，亦承遺法也〔註50〕。

承㸁為浙江人，故採集浙江遺書時，必曾見過《祁目》或加以參考之。

（四）張之洞《書目答問》

　　《書目答問》為一部改革《四庫總目》的書目，其編撰時間雖晚，在類目上卻頗有近於《祁目》者。繆荃孫曾參與《書目答問》的編撰工作，而繆氏所刻《藕香零拾》中，便有承㸁所著《澹生堂藏書訓約》，故推測其分類或亦有受《祁目》之影響：

1、史評類

　　其下分「論史法」、「論史事」二目，姚名達言此二目「蓋得自祁承㸁」〔註51〕。

2、譜錄類

　　歷來將譜牒與目錄之書合為一類者，僅《祁目》一家而已。而《書目答問》中亦將此二類書合為一類，名為譜錄，其下則分書目、姓名、年譜、名物四目。

〔註50〕姚名達，《中國目錄學史》，頁142。
〔註51〕姚名達，《中國目錄學史》，頁143。

許世瑛《中國目錄學史》評譜錄一類爲書目答問分類之優點〔註 52〕，實則承《祁目》之舊例也。

3、叢書獨立於四部之外

《書目答問》最大的貢獻，在於獨立叢書於四部之外，然早在張氏之前，承㸁已將叢書獨立爲類，其後祁理孫又立「四部彙」於經史子集之後，成爲叢書獨立一部之始。張氏實非創始者，僅爲提倡者也。

綜合本章各節所論，總結承㸁在圖書分類上的貢獻，應可歸納爲以下幾點：

1、詳細研究中國圖書分類的流變，並研究四部分法的優劣得失，而就四分法的優點加以發揚。

2、檢討舊有四分法在分類上的缺失，並提出合理的改進。

3、實行、推廣鄭樵的圖書三級分法，並加以改進，使之更合乎實用。

4、首創叢書之獨立，並影響後代學者及後代目錄書。

《祁目》的分類法，不僅適合於舊有的四部分法，昌師彼得認爲，在西洋分類法介紹我國多年，猶新舊兼施，左支右絀，迄無妥善安排之際，承㸁對類例的創見，仍值得我們來愼思研究、溫故知新，或可從其中得到啓發，而製訂出一個更適合我國的新的分類方法〔註 53〕。吾人若能擷《祁目》分類上的種種優點，對現行之中國圖書分類法進一步的改進，將是極有意義的。

〔註 52〕許世瑛，《中國目錄學史》（台北：文化大學，民國 71 年），頁 183。

〔註 53〕昌彼得，〈祁承㸁及其在圖書目錄學上的貢獻〉，頁 149。

第六章　論祁承㸁在編目學上的成就

　　承㸁在編目學上的成就，最著名的就是他發明了通、互二法。然而除此之外，《澹生堂藏書目》還有許多著錄特色與創新之處，是人所未知的。故本章乃從《澹生堂藏書目》的著錄體例，來看承㸁在編目學上的成就。而《澹生堂藏書目》為一家藏藏目，在體例上或受家藏書目的限制而未臻完備，承㸁除編此目外，尚有《兩浙名賢著述考》與〈讀書雜記〉等目錄書性質的著作，皆可補《祁目》體例未備之處，故論述時亦兼及之。

　　本章分為四節，首節分析《祁目》著錄的體例，次節對《祁目》體例作一討論，第三節中專論「通」與「互」二例，第四節則總結前三節，對承㸁在編目學上的貢獻，作一結論。

第一節　《祁目》著錄的體例

　　體例一事，決定一書之寫作方向、價值及特色。我國目錄書的體例，在其意義與功能上，都迥異於西方之目錄〔註1〕，昌師彼得《中國目錄學》一書中，詳言中國目錄書的體例如下：

　　　　劉氏向歆父子的《別錄》《七略》，是後世編著目錄者所取法的，故

〔註1〕昌彼得，〈中國目錄學的源流〉，《版本目錄學論叢》（二）（台北：學海，民國66年），頁171，言「我國目錄學，是詳分類例以部次群書，而推闡各書的大旨，辨學術的源流本末，誌版本的異同優劣，俾使讀者依類目以知學術，因學而知求書，求書知道選擇版本的一種專門學術。故目錄學的主要對象是學術界，不僅是消極的便利查檢圖書，並能積極地指導學者如何去研究找資料，這與西洋目錄學在基本上似有不同之處。」其中所言「推闡各書的大旨」即敘錄，「辨學術的源流本末」即小序，「誌版本的異同優劣」即版本題識，此三項乃中國編目學所特有的體例。

評論目錄書的優劣，不能不拿錄略作爲衡量的標準。綜括錄略著作的體例，主要有三項：一曰篇目，是概括一書的本末；二曰敘錄，是考述作者的行事；與論析一書的大旨及得失；三曰小序，是敘述一家一派的學術源流。所有這幾種體制，其作用即是章學誠所謂的「辨章學術、考鏡源流」。後代的目錄書，無論其內容或詳或略，或損或益，大抵不出這三個範圍。自從雕版印刷術普及後，宋以來的目錄書中間有記載版本的。清乾嘉以來，版本之學興盛，各家藏書目錄的編撰，大多詳記版刻的源流，則所以考版本的源流異同。這種體例雖然屬於後起，但已爲近世研治目錄學者奉爲圭臬。以上四項體制，如有不備，則目錄的功用不全〔註2〕。

昌師此言，已將目錄書的體例，解析甚詳。由於後代目錄繁多，在體例上多少互有不同，因此研究一部目錄時，其著錄體例乃成爲必要之研究範圍。今乃就承爜《澹生堂藏書目》中的著錄情形，加以分析，以歸納其著錄書目的體例。

由於《澹生堂藏書目》（以下簡稱《祁目》）的原寫本藏於大陸，台灣只有光緒十八年徐友蘭所刻的紹興先正遺書本。而徐刻本在著錄格式和事項上，均和原寫本略有不同。錢亞新曾將二書的格式詳加比較，並說明其異同如下：

藏書目的原寫本並不分卷，是採用表格式來編製的。這與一般藏書目就有不同。每半葉行，每行分上下兩截，上截載書名，下截又分兩行，載卷數、冊數（套數、篇數）、撰人時代及其姓名，以及版本、編目、附錄或註解等。……再次，同一書而其卷數、冊數、版本有不同時，在書名上加一「又」字，如一書有上下、正續等編時，仍分條著錄。

紹興先正遺書本中的《澹生堂藏書目》，其著錄格式和著錄事項與原寫本略有不同。遺書分爲十四卷，採用凝集式，每條著錄以大字標書名和冊數，以雙行小字標卷數，撰人姓名，以及版本、細目、附錄、或註解等。二者在類目的數量上、續收著錄的安排上，也略有出入。我們不應認爲遺書本就是照原寫本雕版而印成的〔註3〕。

由錢文中當可瞭解，原寫本和徐刻之遺書本在著錄格式上，至少有下列幾點相異之處：

（一）、原寫本乃一書著錄一行，行款分上下兩截，上截載書名，下截分雙行載卷冊撰人姓氏。而徐刻本則著錄書目皆不分行，各書之間只空一格以茲識別，

〔註 2〕昌彼得與潘美月，《中國目錄學》（台北：文史哲，民國 75 年），頁 37。
〔註 3〕錢亞新，〈祁承爜——我國圖書館學的先驅者〉，《圖書館》，1962 年一期，頁 49。

而同一作者有一部以上書著錄時，則各書間不空格亦不載撰人姓氏，只於最後才記撰人姓氏。

　　（二）、原寫本在著錄內容上較徐刻本爲詳細。原寫本中有載撰人時代，套數、篇數等，在徐刻本中都已省略了。

　　（三）、原寫本僅書名項錄於上截，其餘卷冊姓氏皆以小字注於下方；徐刻本則改爲書名冊數爲大字，卷數撰人姓氏或其他著錄以子字注於下方。

　　（四）、原寫本對上下或正續編著作，均分條著錄，徐刻本則著錄於一條之內。（徐刻本之著錄格式參見書影十八～廿二）

　　錢文中曾將原寫本著錄格式舉出數條，以詳其著錄體例，今乃將之與徐刻本作一比較如下：

例一：

原寫本：周易註疏　九卷　八冊　一卷　監版

徐刻本：周易註疏八冊　九卷監本閩本

例二：

原寫本：漢書　一百二十卷　三十冊　三套　漢班固撰　監板　顏師古注

徐刻本：漢書　一百二十卷班固撰顏師古注監本

例三：

原寫本：劉文成公集　二十卷　十冊　劉基　內合并翊運錄　郁離子　覆瓿集　寫情集　梨眉公集　春秋明經

徐刻本：劉文成公集　二十卷劉基合併翊運錄郁離子覆瓿集寫情集梨眉公集春秋明經

例四：

原寫本：齊民要術　十卷　四冊　舊板　後魏賈田勰
　　　又齊民要術　十四卷　四冊　新校　載秘冊彙函內

徐刻本：齊民要術　十卷賈思勰舊板　又四冊　十四卷新校秘冊彙函本

由以上幾例中，可發現徐刻本已較原寫本省併許多，也較原寫本爲簡略，已不能

表現出原寫本之特色，也不若原寫本排列之嚴謹有條理。幸而原寫本重要的著錄事項，如版本、卷目分析、「通」例之著錄等，在徐刻本中仍有保存，僅略改其著錄方式，並未失去原有之意義。今由於原寫本不見，故僅能依據徐刻本，分析其著錄之體例如下：

（一）、各書皆首冠書名，次冊數，下以小字雙行著錄卷數、撰人姓氏，及其他附註事項。如：

王文成公王書二十冊 　四十卷
　　　　　　　　　　　王守仁

先進遺風一冊 　二卷耿廷定編徵
　　　　　　　信叢錄本一名芳編

但卷冊及撰人姓氏或未著錄者。

（二）、各書依經、史、子集、四部排列，經部凡十一類六十三目；史部凡十五類六十八目；子部凡十三類八十一目；集部凡七類三十一目，共四十六類二四四目。關於姚名達言《祁目》不分四部之問題，以及各書所論《祁目》類目之數目間有不同，已於前章論分類時，詳細說明，此處便不再贅述〔註4〕。

（三）、凡子目中收書過少時，則合二、三目之書併列之，如論語類圖志、外傳二目合列書目；孟子類雜解、外傳二目合列，霸史類列國、偏霸合列。

（四）、凡子目中數書較多時，子目之下又再分細目，如國朝史分紀目下，又分為洪武朝、建文朝、永樂朝、洪熙宣德朝、正統天順朝；弘治朝、正德朝、嘉靖朝、隆慶朝、萬曆朝等。國朝史雜記目下又分稗史、巷談；行役目下又分使命、官轍；風土目下又分皇輿、異域。而別集類〈國朝分省諸公詩文集〉中，則以地域再分為細目，諸如北直、兩浙、江西、湖廣等，最為特殊。

（五）、各目之下依時代先後排列，有帝王、御製、敕纂之書則冠於首。

由以上五點看來，《祁目》的著錄顯然十分簡略，而此種簡略的著錄形式，正可說是明代目錄書的特色〔註5〕。

但《祁目》除了以上五點一般性的體例外，在其小注中，尚有許多附加著錄，

〔註4〕見本論文第五章，頁138～139。
〔註5〕明代目錄書的特色，已於第一章緒論中言及，是受了明代官修目錄學錄簡率，連一書之著者及卷數都不盡著錄的影響，導致明代官私目錄事業的倒退。

此乃構成《祁目》體例的特色，故一一分述於下。

一、「通」例的著錄

　　承㸅在〈庚申整書例略〉中提到他編目時所用的四個方法，其中有「通」例曰：

　　　　通者，流通於四部之內地。……古人解經，存者十一，如歐陽公之
　　　　易童子問，王荊公之卦名解，曾南豐之洪範傳，皆有別本，而今僅見於文
　　　　集之中。惟各摘其目，列之本類，使窮經者知所考求，此皆因以少以會多
　　　　也。又如靖康傳信錄、建炎時政記，此雜史也，而載於李忠定之奏議；宋
　　　　朝祖宗事實及法制人物，此記傳也，而收入朱晦翁之語錄；如羅延平之集，
　　　　而尊堯錄則史矣；張九韶之集，而傳心錄則子矣。凡若此類今皆悉爲分載，
　　　　特註明原在某書之內，以便檢閱，是亦收藏家一捷法也〔註6〕。

承㸅此意，乃是將文集或叢書之中，原應屬於各類的單本著述，一一從原集或叢
書中析出，分別著錄於所當入的各類，再於其下註明原屬於某集或某書，以便於
即類求書。如：

三墳一冊　　一卷古今逸史本范氏　（易類）
　　　　　　奇書本漢魏叢書本

經略西夏始末記　　一卷李維楨　（國朝史類）
　　　　　　　　　大泌山房集本

　　這表示《三墳》一書，在《古今逸史》、《范氏二十種奇書》、《漢魏叢書》這
三種叢書內都可以找到，《經略西夏始末記》則原收於《大泌山房集》中，但其性
質爲國朝史，故特析出列於國朝史類之中。

　　如果一書既有單行本，又有編入於叢書本，小注中亦會註明。如：

韓詩外傳四冊　　十卷韓嬰舊本百名　（詩類）
　　　　　　　　家書本漢魏叢書本

豫章漫鈔　　四卷又紀　（小說家類）
　　　　　　錄彙編本

　　「舊本」是版本的著錄，將於後面說明之。以上著錄表示韓詩外傳共有三種
本子，其一是舊的單行本；其二其三分別在《百名家書》及《漢魏叢書》中。《豫
章漫鈔》則有單行本及收入《紀錄彙編》這二種不同的本子。

二、「互」例之著錄

〔註 6〕　（明）祁承㸅，〈庚申整書例略〉，《澹生堂集》卷十四（明崇禎八年原刊本）。

〈庚申整書例略〉中有「互」一例云：

> 互者，互見於四部之中也。作者既非一途，立言亦多旁及。有以一
> 時之著述，而倏爾談經，倏爾論政；有以一人之成書，而或以摭古，或
> 以徵今，將安所取衷乎？故同一書也，而於此則爲本類，於彼則爲應收，
> 收其半於前，有不得不歸其半於後。如皇明詔制，制書也，國史之內，
> 固不可遺，而詔制之中，亦所應入。如五倫全書，敕纂也，既不敢不尊
> 王而入制書，亦不可不從類而入纂訓。又如焦氏易林、周易占林，皆五
> 行家也，而易書占筮之內，亦不可遺。

承爜認爲有些書的性質較爲複雜，不應只列入一類，由於「作者既非一途，立言
亦多旁及」，造成「於此爲本類，於彼則爲應收」，故分入於二類，其下再加以註
明。惟《祁目》中「互」例的著錄，只發現三條：

> 國朝史分紀目中《天潢玉牒》一書，下注「亦入譜牒類」。

> 兵家類將略目中《黃石公素書》，下注「亦入道家類」。

> 小説類説叢目中《稗海大觀正續》一書，下注「以下九種細目俱分註叢
> 書，并散見各類」

除此之外，尚有其他書分著於二類者，但其下卻未註明爲「互」例，爲十分特殊
的現象。

三、版本的著錄

《祁目》小注中間有著錄版本者，其例如下：

史通四冊　　　二十卷劉知
　　　　　　　幾江右新本

路史二十冊　　四十六卷羅
　　　　　　　泌舊本新本

左氏要語一冊　二卷祝皇谿刻
　　　　　　　楊南澗重刻

九經眞文十二冊　十二卷細
　　　　　　　　楷精刻本

可知其版本的著錄十分複雜。可分爲以下幾類：

1、官府刻本：如監本、北監本、官本、御製等。

2、藩府刻本藏本：如趙藩刻本、趙藩藏本、徽藩序刻。

3、地方刻本：如閩本、常州本、杭州本、杭板等。

4、刊刻者：如權衡刻本、蔣暘重刻、唐藩宙枝輯刻本等。

5、有特色之版本：如駢刻本、細楷精刻本、大本、小本。

6、鈔本。

7、版本之新、舊、時代：如宋本、新本、舊本。

此外別集類有「宋板校刊淵明卷二卷」，小說類有「仿宋本考古圖四冊」，是為著錄版本之別例。

四、卷目之著錄

一書之內容較為龐雜，各卷所敘內容不相貫聯者，承㸁便將該書之卷目，著錄於其下，如：

> 詩經類考十六冊三十卷，沈萬鈳輯，下注曰：「古今論詩考一卷逸詩考一卷國風異同考一卷二雅三頌異同考各一卷群書字異考一卷天文地理雜考廿二卷」（詩類）
>
> 植物紀源一冊四卷，下注〈穀粟紀源一卷蔬菜紀源一卷百果紀源一卷草木紀源一卷〉（農家類）

五、叢書子目之著錄

凡是叢書中收錄的各書，承㸁皆將細目列下，如：

> 保合編五冊十二卷，孫成名輯。下注：「厚生訓纂三卷百忍箴一卷修眞要義二卷霞外雜俎一卷褚氏遺書一卷王氏醫論四卷孫簡肅公嘉便錄卷。」

即令叢書所收內容多至一、二百種者，亦皆分註細目於下。

六、一書內容之簡釋

此種小注以史部書較多，在書名之下，補充說明一書之內容。如：

壺開錄一卷，下注：紀李密歸唐事。（雜史類）

親征錄一卷，下注：載元世宗征伐事。（雜史類）

保孤記一卷，下注：記夏文愍公遺孤事。（國朝史類）

國朝三異人傳一卷，下注：集方正學、于忠肅、楊忠愍。（國朝史類）

七、同書異名之註明

承㸁對於書名之辨別非常重視，藏書訓略〈鑒書訓〉有〈覆名實〉一條，詳言書名考證之重要，其中有〈書名異而實同〉例：

> 又有本一書也，而故多析其名以示異者，如顏師古之南部烟花，即大業拾遺也；李綽之尚書談錄，即尚書故實也，劉珂之帝王歷歌，即帝

王五鏡略也，此所謂實同而名異者也。

一書有二名者，若不加以標識，則很容易當成二種相異之書而重複搜集，造成不
必要的複本，故承㸁對一書有異名者，皆於其下註明。如：

南皋子雜言二卷，下注：即讀書錄（儒家類）。

老子中經二卷，下注：一名珠宮玉曆（道家類）。

蜀郡縣古今通釋一卷，下注：亦名益郡地理釋名（圖志類）。

八、二書有合名之著錄

此種著錄方式和卷目或叢書子目之著錄方式相反，乃將總名著錄於小注內，如：

長洲野志一卷耳剽集二卷，下注：二種總名中雅堂集。

藝彀四冊二卷中有錄一卷論世編二卷，下注：總名天荒合刻（諸子類）

《祁目》小注的內容，可概括於以上八種。此外一書有附錄或附圖的，亦皆
註於小注之中。但此可視爲書名之一部份，故不列入小注的體例之內。以上
八種小注，當爲《祁目》著錄體例的特色。

第二節 《祁目》著錄體例之討論

前節中曾引昌師之言，謂目錄書著錄的體例有四：篇目、敘錄、小序及版本。
故本節中即以此四項體例作標準，對《祁目》作一討論，以研析《祁目》於此四
種體例，是否完備，並有無創新之處。唯《祁目》乃一家藏書目，在著錄體例上
或受限制而欠完備，承㸁《澹生堂集》中另有〈讀書雜記〉，其所撰內容或可作爲
《祁目》之補充，故一併論之。

一、篇 目

篇目的體例是條別全書，著明某篇第幾。篇目的作用，是概括一書之本末，
使讀者一覽目錄，即能了然全書首尾，而後閱書，即可知其殘缺與否〔註7〕。

篇目的體例在卷冊未行之前，是非常重要的。余嘉錫《目錄學發微》一書說：

古之經典，書于簡策，而編之以韋若絲，名之爲篇。簡策厚重，不
能過多，一書既分爲若干篇，則各爲之名，題之篇旨，以爲識別。其用
特以便檢察，如今本之題書根耳。

夫篇卷不相聯屬，則易於凌雜，故流傳之本多非完書。又古書以一

〔註 7〕昌彼得與潘美月，《中國目錄學》，頁 37～38。

事爲一篇者，往往每篇別行，及劉向校書，合中外之本，刪除重複，乃
定著若干篇。故每書必著篇目於前者，所以防散失免錯亂也〔註8〕。

由以上二段話，我們可以了解簡策時代書的形式，是以篇爲單位，而在篇首題旨
以爲識別。由於各篇別行，以致各家收藏往往有出入重複者，故劉向校書時，要
一一定篇目，作爲一書之定本，以防書之散失錯亂。

到了後代，書籍的形式漸由簡策變爲卷軸，更演進爲書冊，易藏易檢，也無
單篇別行之必要。且後世的書卷帙繁多，若撰書目時，一一條舉篇目，除了徒增
篇幅外，可說毫無意義，因此篇目的體例就漸消失了。但如因篇目繁多就刪削不
載，後人又無從考覈存佚，亦爲一失。前節中言《祁目》小注的體例第四項，乃
是將一書之卷目著錄下來，這正是對篇目體例的改進與簡化。昌師曾說：

這種的敘述方式，於卷輻無所增，雖未列篇目，而對於一書的始末
仍可顯見，後世即令有亡篇佚卷，猶可據以檢覈，於例最爲得之，是編
著目錄者所應當師法的〔註9〕。

但昌師以爲這種著錄卷目的體例是始自《四庫提要》：

關於這點，四庫總目建立了一個很好的範例。四庫提要斟酌劉向的
成法，於諸書大多著明其卷目〔註10〕。

周彥文在〈千頃堂書目研究〉一文中，舉《千頃目》中亦有此卷目著錄之體例，
而對昌師之言作了修正：

按《千頃目》之著錄卷目，即是此處所云四庫提要著錄之法，今雖
無從證明四庫提要乃承襲《千頃目》的體例而來，然《千頃目》於篇目
一項，確有發凡起例之實〔註11〕。

周文認爲《千頃目》是這項體例的創始，實則眞正的創始者，乃從承爍編《祁目》
開始。而黃虞稷編撰《千頃目》時曾參閱《祁目》〔註12〕，故《千頃目》著錄卷
目之體例，實有可能是仿自《祁目》。

《祁目》中除對一般書籍作卷目的著錄外，對於叢書子目，亦紛紛著錄於叢
書之下，這可說是「篇目」體例的又一擴大。叢書中收入各種內容龐雜的書，如
不一一著錄子目，則閱者於其內容無從知曉，故《祁目》中著錄叢書之子目，可

〔註8〕余嘉錫，《目錄學發微》（台北：藝文印書館，民國63年），頁28及30。
〔註9〕昌彼得與潘美月，《中國目錄學》，頁41。
〔註10〕昌彼得與潘美月，《中國目錄學》，頁41。
〔註11〕周彥文，〈千頃堂書目研究〉，頁115。
〔註12〕周前註，頁47，周文曾據杭世駿抄本撮出《千頃目》所引《祁目》之例。

說是大大發揮了篇目體例的功能，是一項難得的創舉。

二、敘　錄

敘錄體例的要點，在考述作者的行事，與論析一書的大旨及得失。而劉向撰寫敘錄的義例有三：一為介紹著者的生平，二為說明著書的原委，三為評論書之得失〔註13〕。

以此三項義例來衡量前節《祁目》小注的體例，則《祁目》中可說完全沒有敘錄的體例。《祁目》小注中雖偶有記一書之內容、一書之異名者，但只能算是對一書的註解，而不能算做敘錄，可說是「賑簿式」的書目，推究其原因，不外以下二點：

（一）中國目錄書中敘錄的體制，自宋代以來便漸漸失去了。《中國目錄學》一書中便說：

> 宋代以降的敘錄之作，能紹述別錄的，祇有清乾隆間所修的四庫全書總目提要。其他如宋代的崇文總目、晁氏郡齋讀書志、陳氏直齋書錄解題、明高儒的百川書志等，大多僅撮述各書的大旨，而對著者的生平，及書的得失，但偶爾述及之，也不能詳明，為例已不純〔註14〕。

事實上，明代的公私目錄，除《百川書志》之外，皆無敘錄，編書目而不撰敘錄，實已成為明代書目的共有特徵。

（二）《祁目》的性質是一部家藏書目，且其著錄書多達近七千種，八萬五千卷。以承爆一己之力，能編完這部書目，還一一做互著與別裁，已是十分艱巨的工作，實不可能再為之撰寫敘錄了。私家藏目既非公諸於世，其主要目的乃在「按目檢書」，而非幫助一般人考覽群籍，這和《別錄》《七略》是國家目錄的編纂目的，自不相同。故只要「分門別類，秩然不紊，亦足考鏡源流，示初學以讀書之門徑」〔註15〕。

三、小　序

小序的作用，是條別學術的源流與得失。劉歆在編輯《七略》時，「敘述各家各派學術的淵源流變及利弊，合為一篇，放置目錄之前，謂之輯略」。後班固著《漢

〔註13〕昌彼得與潘美月，《中國目錄學》，頁 41～42。
〔註14〕昌彼得與潘美月，《中國目錄學》，頁 46。
〔註15〕余嘉錫，《目錄學發微》，頁 9。

書》時，便「將輯略一篇文字，解散分載於各類書目之後，作爲小序」〔註16〕。《祁目》中對小序一項體制，亦付之闕如。但對於各種新增的類目，承㸑皆在〈庚申整書例略〉中，以「益」一例論述之。如約史類言：

> 洪荒邈矣，而竹書記年之後有荒史、邃古記、有考信等編，世代繁矣。而皇極經世之後，有稽古錄、有大事記、有世略治統等書。此數十種者，皆於十許卷之中，約千萬年之事。既非正史之敍述，亦非稗史之瑣言，蓋於記傳之外自爲一體者也，故益以約史者一。

又如叢書類言：

> 叢書之目不見於古，而冗編之著疊出於今，既非旁搜博采以成一家之言；復非別類分門以爲考覽之助。合經史而兼有之，採古今而竝集焉。如後世所刻百川學海、漢魏叢書、古今逸史，百家名書，稗海秘笈之類。斷非類家所可併收，故益以叢書者四〔註17〕。

此類之言，雖然不一定很合乎小序「條別學術源流與得失」的意義，但至少能解析甚詳，且言之成理，獨有見地。未嘗不可以是說小序的一種。至於其他前代書目已有的類目，他便不撰言敍述了。這或許是受明代目錄書皆不撰小序的影響吧！〔註18〕

四、版　本

版本的體例和前三項體例不同，它是屬於後代新增的體例：

> 自宋代以後，目錄書中尚有記載版本、抄錄序跋的。對於正統的目錄學而言，雖可說屬於別體，然而這種晚起的體制，用意頗善〔註19〕。

書目中記載版本，始自宋尤袤的《遂初堂書目》，見《書林清話》卷一，〈古今藏書家記版本〉言：

> 古人私家藏書，必自撰目錄。今世所傳宋晁公武郡齋讀書志、陳振孫直齋書錄解題是也。……諸家所藏，多者三萬卷，少者一、二萬卷，無所謂異本重本也。自鏤版興，於是兼言版本，其例創於宋尤袤遂初堂

〔註16〕昌彼得與潘美月，《中國目錄學》，頁47。

〔註17〕（明）祁承㸑，《澹生堂集》卷十四，〈庚申整書例略〉。

〔註18〕昌彼得與潘美月，《中國目錄學》，頁190言「小序的體制是中國目錄學的特色之一，但這種體制從宋末陳振孫《直齋書錄解題》以後，以迄明萬曆間，無論編撰史志或書目，皆無此項體制，也可以說此一時代的目錄作者，已根本不知道此項體制的功用。」

〔註19〕昌彼得與潘美月，《中國目錄學》，頁56。

書目〔註20〕。

一般皆認爲《尤目》之後，下逮清朝，除晁瑮《寶文堂書目》外，皆無藏書目記版本者。昌師敘及書目記載版本的源流與發展便說：

> 自尤氏以後，編書目能仿用其例的尚甚罕見，在明代唯有嘉靖間晁瑮編寶文堂書目，於書名下偶有註明所藏的是什麼刻本。明末以來，藏書家特重宋元版，故清初的書目於所藏的宋元本始予以標注，如汲古閣宋元版書目、絳雲樓書目、季滄韋藏書目等是。而錢曾的述古堂書目除記明宋元版外，於抄本書也加以著明。一直到嘉慶間秦恩復編其藏書爲百研齋書目，才推廣尤氏遂初堂書目的陳法，始備註明所藏各書的版本。……嘉慶以後，藏書家所編的書目大都註明版本，實爲一大進步。惟各家書目所記的版本。多僅註明爲宋爲元爲明，稍詳者亦不過標舉元號，如「明嘉靖刻本」、「明萬曆刻本」、「清康熙刻本」等，若求如遂初堂目一樣，能載明刻地的，可以說甚罕〔註21〕。

其實第一個將《尤目》版本體例擴大的，乃是《祁目》；第一部記載鈔本的也是《祁目》而非《述古堂書目》。只是《祁目》在明末並未刊行，只有二、三部鈔本傳世〔註22〕，其後也只有徐友蘭予以繙刻，故其著錄版本的特色未能被人發現。

今以《祁目》與《尤目》相較，可發現二目中版本的著錄非常相近。故試將二目所著錄的版本，列於下表中：

表 6-1　《祁目》與《尤目》版本書錄之比較

版 本 項	遂 初 堂 書 目	澹 生 堂 藏 書 目
監本或官本	舊監本　經部 8	監本、北監本、南監本 官本、官板本、官板、常州官本 經部 10 史部 10 子部 3
地方刻本	川本、舊杭本、杭本、江西、吉州、池州、湖北、越州、越本、	閩本、楚本、吳本、杭板、常州、婺源、鳳陽、揚州、廣平、南京、金陵、杭州、

<hr>

〔註20〕葉德輝，《書林清話》卷一（台北：世界，民國 72 年），頁 4～5。

〔註21〕昌彼得與潘美月，《中國目錄學》，頁 58。

〔註22〕梁子涵，《中國歷代書目總錄》（台北：中華文化出版事業，民國 44 年），頁 357～358，所載《澹生堂藏書目》有萃古齋烏絲欄鈔本五月，德化李氏木犀軒舊藏鈔本，及善本書室舊藏鈔本三種。
（清）丁日昌，《持靜齋書目》，《書目類編》第卅一冊（台北：成文，民國 67 年），亦著錄有舊抄本《澹生堂藏書目》八冊。

	嚴州、京本 經部 6 史部 18 子部 1	吳門、蘇州、湖州、越板、建昌、吉安、 宣郡、河南、松本、壽州、陝西、廣州、 廣陵 經部 15 史部 6 子部 12 集部 10
藩　本		趙藩本、楚藩本、徽藩刻本、浙江藩司 新本、唐藩宙枝輯刻本、趙藩刻本、趙 藩藏本 史部 4 子部 5
套色本	朱墨本　實錄類 1	
寫　本	秘閣本　地理 1	御製鈔本、鈔本 經部 4 史部 1 子部 46 集部 7
外國本	高麗本　經總 1	
石刻本	成都石刻　經總 1	
私刻本	姚氏本　史部 4	權衡刻本、蔣暘重刻、刻本祝皇谿刻、 楊南澗重刻、王應龍序刊 經部 2 史部 1 子部 4
舊　本	舊本　史部 1	舊本、舊板本、舊刻本 經部 6 史部 12 子部 10 集部 1
新　本		新板、新刻本、新板本、南京新刻本、 江右新本、襄陽新本 經部 4 史部 10 子部 8 集部 1
別　本	子部	
大　本	川大字本　史部 2	大本　子部 1
小　本	川小字本　史部 2	小板、小本 史部 2 子部 13
特色之本		細楷精刻本、駢刻本 經部 1 子部 1
翻刻本		仿宋本、翻刻本 子部 2
宋　本		宋本、宋板 子部 1 集部 1
合　計	經部 16 史部 29 子部 2 共 47 部	經部 42 史部 46 子部 104 集部 20 共 212 部

　　從以上的比較中，當可發現《祁目》在版本名稱上，頗多是沿襲《尤目》的。
如監本、地方刻本、舊本等等。而《祁目》在名稱上，又多方加上變化，如「舊
本」更衍出「新本」；「小字本」、「大字本」衍為「小本」、「本本」；「藩本」則為
明代獨有的刻本。此外如翻刻本、仿宋本、宋本、細楷精刻本、鈔本等多種名稱，
則為承㸁在版本著錄上的創新。

　　如就著錄書的種類及數量看，《尤目》著錄版本的書集中於經、史二類，即葉
德輝所言「正經正史」之類是也。而《祁目》著錄版本，已不限於經、史二類，
而遍及四類。《尤目》著錄版本者僅四十七部，《祁目》則多達二百十二部，數量
上亦可見多寡之別。

　　如就版刻地點之著錄來看，則《祁目》所載之版刻地點，較《尤目》多出許
多，地域甚廣，有偏至陝西、廣州等地的。由以上幾點，可證明《祁目》不但能
效法《尤目》，且將《尤目》所創體例，予以更廣泛的運用。對於有特色的刻本，
亦加以著明或加著刻者姓名。承㸁在〈讀書雜記〉〈說郛〉條云：

　　　　余此書以甲寅年（萬曆四十二年）錄之於白門，時與同社諸君子互
　　　相校讎而成。……余獨喜其載尤延之遂初堂書目一卷。

則承㸁確曾見過《尤目》，因而《祁目》中版本的著錄，極可能是仿自《尤目》。
而承㸁在版本的著錄上，更能表現出明代版本的特色，如監本、北監本、南監本、
藩本、地方刻本、版式（大本、小本）、鈔本等等；也具備了版本著錄的基本要點。
唯一可惜的是未能將版刻時代註明，僅仿《尤目》「舊本」而加以「新本」作區分，
使閱者無以明「新、舊」之別。但就版本一項言，《祁目》的確能紹述《尤目》而
加以發揚光大，在明末版本題識尚未興起的時代，是非常難能可貴的。

　　綜上所述，《祁目》著錄的體例，除了敘錄之外，篇目（卷目）小序、版本三
項可說兼而有之，就明代目錄書而言，已是十分難得了，來新夏《古典目錄學淺
說》一書評《祁目》云：

　　　　……所有這些都說明此目不是單純的登錄簿，而是體現了編者目錄
　　　思想的著述〔註23〕。《祁目》中雖未撰敘錄，但承㸁另撰有《兩浙名賢
　　　著作考》，則是一部有敘錄的目錄書。

〈著作考叙〉一文中記：

　　　　是以博採史傳，旁及群書，略敘生平之大端，庶徵一時之品叙。至

〔註23〕來新夏，《古典目錄學淺說》（北京：中華，1981 年），頁 137。

履歷之或詳或略，事實之或多或寡，隨所見聞，更無優劣〔註24〕。

此正爲敘錄之體例。可見承㸂絕非不知敘錄體例，實因《祁目》爲一家藏書目，又卷帙繁多，無法一一撰述。

又承㸂的〈讀書雜記〉，雖僅十二則，然卻是兼具敘錄及版本題識體例的著作。傅增湘《藏園群書題記》卷七〈跋澹生堂全集〉一文中說：

讀書雜記十二則，爲隨時例覽，略記其梗概，亦陳氏解題之類〔註25〕。

今舉雜記中〈碧溪詩話十卷〉記曰：

論詩皆有源委，根極意趣，而大旨必欲歸之於愛國愛君，雖風人之體應，然而當日作者之意，觸景解心，恐未必能句句從此念也。

這便是一種近似〈敘錄〉的撰述。又如〈江湖長翁集四十卷〉、〈秦少游淮海集三十卷〉、〈資治通鑑詳節一百卷〉，則爲記載版本之作，〈秦少游淮海集三十卷〉記曰：

淮海閒居集十卷，監本已不可得，余向所藏者，乃嘉靖乙巳間翻本，然簡冊短小，字畫亦漫漶、余過淮陰，晤治水使者朱敬韜於舟次，語及，出此本見贈，蓋萬曆本也，寫刻俱精，老眼得此甚快。

〈資治通鑑詳節一百卷〉則記：

不著纂輯姓名，前有外紀四卷，則劉恕所撰。此書爲葉瑛石所贈，云季彭山授之，徐文長者内於晉世，詳標五胡立國源流始末，燦然如指掌。文長頁一代逸才而讀書沈潛詳密，乃爾此前輩所以不可及也。所標識皆蠅頭粟粒字，而筆畫勁逸，如鐵騖翩翩，兼以書久失板，止此抄本僅存，眞足珍也。

此類記載，和清朝賞鑑書志的形式完全一樣，只因未彙集成書，故只能謂之〈讀書雜記〉，其實這可以說是賞鑑書志的濫殤，較錢曾的《述古堂書目》題詞還早得多。則承㸂於版本體例一項，除了版刻著錄之外，尚於賞鑑考訂一項，亦有所發明。

第三節　「通」與「互」之討論

承㸂在編目上最大的發明與貢獻，還在于他所使用的「通」、「互」二種方法。姚名達《中國目錄學史》便說：

承㸂此論，實有古人未發者兩端。其所謂通，即後來章學誠所謂別

〔註24〕（明）祁承㸂，《澹生堂集》卷十四，〈著作考概〉。

〔註25〕傅增湘，《藏園群書題記》卷七，《書目類編》（台北：廣文，民國56年）。

裁；其所謂互，即學誠所謂互著；欲使分類恰當，非善用此兩法不可，
此古人所不識，石破天驚，允推承㸁爲分類學之一大發明家〔註26〕。
昌師彼得亦言：

> 通與互這兩種部次編目的方法，眞是目錄學上了不起的發明，可以
> 幫助解決編目的人編目時所遭遇到分類無所適從，顧此失彼，使讀者檢
> 閱書目時，循類查檢，很容易獲得他所需要的全部資料，不致有所遺漏
> 〔註27〕。

通與互，也就是章學誠所說的互著與別裁。將此二方法用文字加以說明的，
自然承㸁是第一個。但在承㸁之前，是否已有人在編目時使用這兩種方法呢？

章學誠《校讎通義》中，將互著與別裁的創始者歸之於劉歆的七略。〈互著篇〉
說：

> 劉歆七略亡矣。其義例之可見者，班固藝文志注而已。（班固自注，
> 非顏注也）。七略於兵書權謀家，有伊尹太公管子荀卿子（漢書作孫卿子）
> 鶡冠子蘇子蒯通陸賈淮南王九家之書，而儒復有荀卿子陸賈二家之書，
> 道家復有伊尹太公管木鶡冠子四家之書，縱橫家復有蘇子蒯通二家之
> 書，雜家復有淮南王一家之書；兵書技巧家有墨子，而墨家復有墨家之
> 書；惜此外之重複互見者；不盡見於著錄，容有散逸失傳之文，然即此
> 十家之一書兩載，則古人之申明流別，獨重家學，而不避重複著錄明矣。

又〈別裁篇〉說：

> 管子，道家之言也，劉歆裁其弟子職入小學。七十子所記百三十一
> 篇，禮經所部也，劉歆裁其三朝記篇入論語〔註28〕。

章氏之說的錯誤，已有多人辯正之。昌師彼得中國目錄學中〈互著與別裁〉一章，
即已論析甚明。胡楚生先生亦撰有〈目錄家互著說平議〉與〈目錄家別裁說平議〉
二文論氒〔註29〕。此外王重民先生〈章學誠的目錄學〉一文中，亦指出章氏之說
是錯誤的〔註30〕。七略中的重複著錄，導因於當時的書有別出單行之本，而非章
氏所說的互著與別裁，昌師等文早已有論析，此處無須贅言。

〔註26〕姚名達，《中國目錄學史》（台北：商務，民國70年），頁138～139。
〔註27〕昌彼得，〈祁承㸁及其在圖書目錄學上的貢獻〉，《圖學館學報》十一期（民國60年六月），頁155。
〔註28〕（清）章學誠，《校讎通義》卷一，（台北：世界，民國51年），〈互著篇〉及〈別裁篇〉。
〔註29〕胡楚生，《中國目錄學研究》（台北：華正，民國69年），頁1～90。
〔註30〕王重民，〈章學誠的目錄學〉，《文史》七期（1979年12月），頁267。

劉申淑先生《校讎通義箋言》中說：「互著別裁兩事，實亦迪緒鄭樵。」此說胡先生亦於〈論章實齋互著別裁之來源〉一文中予以辯正了〔註31〕。

王重民先生在〈章學誠的目錄學〉文中，對於互著與別裁的起源，提出另一種說法：

> 我國第一次有意識的使用互著法是第十四世紀初期馬端臨撰的文獻通考經籍考；第一次互著與別裁兼用的是 1620 年祁承㸁編成的澹生堂書目〔註32〕。

王氏之言，將互著法的起源推前了三百年左右。今查閱《文獻通考經籍考》，確實發現一個互著的例子。是易類中焦氏易林十六卷，下註〈說見占筮門〉，而占筮類中，也確有焦氏易林十六卷〔註33〕。由易類中的註可看出，這的確是「有意識」的使用互著法，而非重出之例。惟經籍考七十六卷中，僅發現此一例，並未普徧運用。

那麼互著法的起源，或當推之於馬氏通考經籍考了。而承㸁創「互」例一說，是否有受馬氏之影響呢？承㸁對於《文獻通考經籍考》可說十分熟悉，曾說「至于條貫燦然，始末畢具，莫精于馬氏之一書……余每遇嗜書之癖發不可遏，即取通考翻閱一過，亦覺快然，庶幾所謂過屠門而大嚼者乎」〔註34〕通考經籍考中互著之用法雖只有一例，不過恰好與承㸁在整書例略「通」例所舉的書名相合，則或許他的靈感是得自於《文獻通考》？不論如何，《文獻通考經籍考》雖是率先使用「互著」法的，但只有一例，且未曾以文字說明其義例。而承㸁是第一個將這兩種方法具體論述的，故仍有其開創之功。

互著與別裁的重要性，在於這兩種編目方法的應用，能使我國內容龐雜的古籍得以分類恰當而便於查檢。我國古代的目錄書中，一部書重複著錄的情形常可見到。昌師彼得《中國目錄學》一書中，便例舉《隋書經籍志》、《新唐志》、宋《四庫書目》、《崇文總目》、《通志藝文略》等目錄書，皆有不少重複著錄的情形〔註35〕。這正是承㸁「互」例中所言「作者既非一途，立言亦多旁及，有以一時之著述，而倏爾談經，倏而論政，有以一人之成書，而或以摭古，或以徵今，將安所取衷乎？」由於這類書較難歸類，編目的人稍有失察，即造成重複著錄的情形。若是

〔註31〕胡楚生，〈論章實齋互著別裁之來源〉，《中國目錄學研究》，頁 250～254。
〔註32〕王重民，〈章學誠的目錄學〉，頁 265～266。
〔註33〕（元）馬端臨，《文獻通考經籍考》（台北：新興，民國 47 年）。
〔註34〕（明）祁承㸁，《澹生堂集》卷十四，〈藏書訓略〉。
〔註35〕昌彼得與潘美月，《中國目錄學》，頁 90。

編目者不只一人，更容易造成重見迭出。欲解決這個問題，唯有使用互著的方法，使一書既可歸之甲類，又可隸於乙類，「於此則爲本類，於彼亦爲應收」，這就解決了編目時的困難，而讀者也易於檢閱。

　　別裁法的重要，則和宋朝以後盛行出版一人或一家作品的全集，以及網羅各家作品的叢書有密切關係。余嘉錫《古書通例》中，有〈古書單篇別行之例〉言：

　　　　古之諸子，即後世之文集，前篇已論之詳矣。既是因事爲文，則其書不作於一時，其前後亦都無次第。隨時所作，即以行世。論政之文，則藏之於故府；論學之文，則爲學者所傳錄。迨及暮年或其身後，乃聚而編次之。其編次也，或出於手定，或出於門弟子及其子孫，甚或遲至數十百年，乃由後人收拾叢殘爲定著。後世之文集亦多如此，其例不勝枚舉。姑以人人所習知之唐宋詩文集言之：韓集編於門人李漢，柳集編自友人劉禹錫。李太白草堂集爲李陽冰所編，而今本則出於宋敏求。歐陽修文惟居士集爲修所自編，而今本則出於周必大。蘇軾東坡集，自其生時已有刻本，而大全集則不知出自何人〔註36〕。

古人著作既「隨時所作，即以行世」，可知在當時皆爲單行之本，有論政者，有論學者，可各歸其類。但傳至後世，單行本已不存而只有文集行世，若編目者只著錄全集，全集中隸屬各類目的著作便無法在書目上顯示出來，使讀者無法據目以求書。承㸖編目時便考慮到這種情形，故他「各摘其目，列之本類，使窮經者知所考求」，透過分析著錄，使這些原本單行的著述，一一得見於所屬各類之下。

　　由承㸖「通」與「互」這兩個方法的說明，不得不令人佩服，他在編目時確實是經過了縝密周延的思考，使中國目錄學上始終存在的一些問題得以迎刃而解。鄭樵曾經說過：

　　　　古今編書所不能分者五，一曰傳記，二曰雜家，三曰小說，四曰雜史，五曰故事。凡此五類之書，足相紊亂〔註37〕。

可見中國古代目錄學者，早就注意到了書籍以部次的問題，可是卻未能想出解決之道。王重民先生便說：

　　　　在分類著錄的過程中，一書著錄在一類好像是不可動搖的規律，要做到使各類書的內容互相發生關係，非到圖書分類著錄發展到相當高的水平的時代，是不容易被人發現的。所以互著別裁法的發現，標誌著分

〔註36〕余嘉錫，《古書通例》（台北：丹青，民國 75 年），頁 93～94。
〔註37〕（宋）鄭樵，《通志校讎略》（台北：新興，民國 28 年），〈編次之訛論〉。

類法的進一步提高〔註38〕。

互著與別裁的發明，確實使中國目錄學往前邁進了一大步，遠遠超過了同時期的西方編目學，承爣締造之功，誠不可沒。

今就《祁目》著錄的情形看來，《祁目》中對「通」例的運用十分成功。不但著錄簡單明瞭，使讀者一閱而知；且分析的書相當廣泛，最普徧的叢書和文集，一律都作了分析著錄。而類書與一些雜著，如《山堂考索》、《玉海》、《考古編》、《圖書編》、《儒宗輯要》、《金陀粹編》、《劉子通論》、《濯櫻亭筆記》等等，亦都有作分析著錄，確能達到「流通於四部之內」的作用。

至於「互」的應用，卻只發現三個註明為「互」的例子，前節中已言及。令人百思不解的是，承爣論「互」一例時云：

　　　　如皇明詔制，制書也，國史之內固不可遺，而詔制之中，亦所應入。

　　　如五倫全書，勒纂也，既不敢不尊王而入制書，亦不可不從類而入纂訓。

　　　又如焦氏易林、周易占林，皆五行家也，而易書占筮之內，亦不可遺。

但今查其目錄，除皇明制書分載於國朝史與詔制二類外，五倫全書見於小學纂訓而未見於詔制類或史勒纂類；焦氏易林、周易占林則見於易類占筮而未見於五行類。且皇明制書雖分收二類，其下卻未著明「亦入」他類，變成「重出」而非「互著」了。承爣在編目時，有多少書作了「互著」固不得而知，但他既於例略中舉此數例，必然在編目時，這幾部書是作了互著的。何以徐刻本中卻不見互著？由於原寫本不見，究竟是刻本之漏脫，或原寫本中即有疏忽，也只能成為一個疑問而不得解答了。《祁目》除了原寫本外，還有萃古齋烏絲欄舊鈔本及德化李氏木犀軒舊藏清鈔本傳世，丁氏《持靜齋書目》中，也有澹生堂書目，可見除了原寫本外，定還有其他不同的鈔本。若徐刻本是據傳鈔本翻刻，那其中的錯誤可能就更多了。如單就徐刻本來看，則《祁目》中未註明為互著的重出之本很多。僅叢書一類中所收書就都於他類中重出。叢書以外重出的亦有不少。謹就筆者所發現的例子列於下：

易卦類選大成	易類卜筮與五行家占下
河圖洛書解	易類圖說與經總解考定
俟後編經說	經總解傳說與儒家類
春秋繁露	春秋類圖譜與儒家類
皇極經世	理學類遺書與約史類

〔註38〕王重民，〈章學誠的目錄學〉，頁266。

皇極經世書說	理學類遺書與約史類
心傳錄	理學類語錄與儒家類
呻吟語	理學類論著與儒家類
道教源流錄	理學類論著與儒家類
由醇錄	小學類纂訓與叢書類子彙
皇明詔制	國朝史御製與詔制類
讀史機略	史評類與兵家類續收
國朝典故	
皇明紀錄彙編	
皇明徵信叢錄	
今獻彙言	
金聲玉振	
名賢說海	以上俱國朝史彙錄與叢書類國朝史
名臣寧撰	國朝史武功與叢書類國朝史
歷代小史	雜史類雜錄與叢書類經史子雜
太朴山居冗編	小說類雜筆與叢書類彙集
筆叢	小說類雜筆、類家類叢筆、叢書類彙集
山林經濟籍	小說類清玩與叢書類說彙雜記
山居雜誌	小說類清玩與叢書類彙說雜記
御龍子集	叢書類續收與別集類
三命會通	道家陰陽與道家星命

以上重出之例雖多，但其中大部份都是叢書，叢書以外的書則不過十部左右。如此看來，這些重出並不像是重複著錄，而很可能是承㸁的「互」之例，至少叢書類的重出應是如此。否則承㸁何須特立叢一門以收叢書，他處又重複著錄呢？承㸁既已言明編目時採用了互著之法，當不會只有〈例略〉中所舉的幾部書才用互著，以此推斷，以上所舉的例子，極可能都是承㸁有意「互著」而非無心的「重出」。但惟一不解的就是，何以這些書底下均未標明為互著呢？這個疑問，或許只有等見到原寫本時才能真相大白了。

　　中國古代提出「互著」、「別裁」之說的，前有祁承㸁，後有章學誠。章氏之說是否襲自於承㸁？昌師彼得曾有〈互著與別裁〉、〈章實齋的目錄學〉等論文論

述之〔註39〕，而胡楚先生又撰以〈論章實齋互著別裁之來源〉一文反論之〔註40〕。筆者以學淺才疏，未敢在此問題上有所辯證，但今觀章氏《校讎通義》，深覺其中有些議論和承㸁之言頗為相近。如〈辨嫌名〉一篇中言：

> 篇次錯證之類有二：一則門類疑似，一書兩入也；一則一書兩名，誤認二家也。……至一書兩名誤認二家之弊，則當深究載籍，詳考史傳，並當歷究著錄之家，求其所以同異兩稱之故，而筆之於書，然後可以有功古人，而有光來學耳。……然則核書著錄，其一書數名者，必當歷注互名於卷帙之下，……〔註41〕

此處所言一書有異名導致一書兩入，正承㸁〈藏書訓略鑒書訓〉內的〈覈名實〉一條也〔註42〕。承㸁早在章氏之前，就已經注意到此問題，且《祁目》中對一書有異名者，皆如章氏所言，著錄互名於卷帙之下（見本章第一節小注體例第七條）。

又章氏〈補鄭篇〉中言：

> 若求之於古而不得，無可如何，而求之今有之書，則又有采輯補綴之成法，不特如鄭樵所論已也，昔王應麟以易學獨傳王弼，尚書止存為孔傳，乃采鄭元易注書注之見於群書者，為鄭氏周易鄭氏尚書注，又以四家之詩獨毛傳不亡，乃采三家詩說之見於群書者，為三家詩。嗣後而好古之士踵其成法，往往綴輯逸文，搜羅略遍，今接緯候之書，往往見於毛詩禮記注疏及後漢書注，漢魏雜史往往見於三個志；摯虞流別及文章志，往往見於文選注；六朝詩文集，多採於北堂書鈔藝文類聚；唐人載籍多見採於太平御覽文苑英華，一隅三反，充類求之，古逸之可採者多矣〔註43〕。

此處所言採輯補綴之法，亦正是承㸁〈藏書訓略〉中〈於鄭樵所言八求之外更有三說〉的第一項輯佚法，二人所引述之內容也相近似。祁文已於第四章中引述，故此處便不再引。但據此看來，《校讎通義》中和承㸁所發之論相同者，尚不只互著與別裁二法。〈藏書訓略〉對清朝所產生的影響，在第四章中已有論及，承㸁既能影響曹溶、丁雄飛、孫慶增等人，當然也能影響章學誠了。錢亞新便說承㸁「分編上的通和互，到了章學誠手裏，更發揮了巨大的作用，而作為他所提倡的『辨

〔註39〕〈互著與別裁〉、〈章實齋的目錄學〉二文俱收於《版本目錄學論叢》（二）一書內。
〔註40〕胡楚生，〈論章實齋互著別裁之來源〉，《中國目錄學研究》。
〔註41〕（清）章學誠，《校讎通義》卷一，〈辨嫌名〉篇。
〔註42〕參見本章頁175，〈周書異名之註明〉一條。
〔註43〕（清）章學誠，《校讎通義》卷一，〈補鄭〉篇。

章學術、考鏡源流』的學說的主要環節〔註44〕。」王重民也說：

> 章學誠對於馬端臨已經使用互著法，大概是沒有注意到，對於祁承
> 㸁的『整書例略』也可能是沒有注意到，但不能不受到一些影響〔註45〕。

可見和昌師意見相同者大有人在。依筆者個人看，從《澹生堂藏書目》的鈔本不只一種，〈藏書訓略〉對清朝藏書家的影響，以及章氏之說和承㸁之說頗多類似三點看來，章學誠很有可能看過、聽過承㸁的論說，而將之應用到他的《校讎通義》之中，成為他自己的創見。

　　昌師彼得曾對承㸁的「通」「互」二法，與章氏的「互著」「別裁」作了評析，他認為承㸁所創的「通」「互」二詞，不及章氏用「別裁」、「互著」來得清晰，但論析這兩種方法的運用，卻比校讎通義「互著」「別裁」二篇要透徹得多〔註46〕。這當是因為承㸁是經過了實際編目分類的經驗，而闡發出來的見解，自然較章氏純理論的說法，來得清晰透徹。章氏自理論的觀點，認為別裁法應該「裁篇別出」，才能達到別裁的目的。其實這樣做反而流於瑣碎，篇第過多，而有礙查檢。不若承㸁之裁卷別出來得實際。昌師便評章氏之見的流弊曰：

> 我國典籍，時代愈後，篇第愈富，如總集一類的書，一書之中，篇
> 第動輒以千計，而別集與子書說部包含也非常廣泛，假若均裁篇別出，
> 實際上有如篇目索引，對讀者而言，查檢雖然方便，然而非目錄書所當
> 為。……是故裁之法，宜仿祁承㸁氏裁卷別出即可，遇有彙集的書或內
> 容廣泛的書，其中所收的內容凡有與全書不同隸屬於一個部類者，即裁
> 卷別出，標舉大題、著錄於它所應隸入的部類，而在下方注明其原在何
> 書中。如此，則研究者按類索書，即不致失檢了〔註47〕。

　　不過承㸁之說與章氏之說，是各有所側重。〈整書例略〉是承㸁就親自編目分類的經驗而寫成，重在實際整理書籍，以便檢閱；《校讎通義》則是章氏自學術理論的觀點而寫，欲以互著別裁來輔助圖書分類，達到「辨章學術、考鏡源流」的目的。承㸁於此二法，具有開創之功，而章氏則有推廣改進之勞，二人皆有貢獻於中國目錄學也。

〔註44〕錢亞新，「祁承㸁──我國圖書館學的先驅者」，頁51。
〔註45〕王重民，〈章學誠的目錄學〉，頁268。
〔註46〕昌彼得，〈祁承㸁及其在圖書目錄學上的貢獻〉，頁156。
〔註47〕昌彼得與潘美月，《中國目錄學》，頁92。

第四節　總論祁氏編目學上的貢獻

　　綜合以上三節所述，可發現承爗於圖書的編目，確有不少具體的發明與創新，其在編目學上的貢獻，可歸納於以下三點：

一、對劉向「篇目」體例的恢復與革新

　　「篇目」一項體制，創始於劉向的敘錄，但後世目錄書皆甚少傚效，致使此一體制可說已經消失。而《祁目》中改篇目著錄爲卷目著錄，正是保存了篇目體制的精神，而加以簡化革新。《祁目》之後，《千頃目》與《四庫提要總目》，相繼使用了著錄卷目的體例，若論開創者，實當推之承爗。

　　《祁目》中除了著錄卷目之外，對叢書中的子目亦一一加以著錄，此亦爲一重要創舉。其後著錄叢書子目者，則有祁理孫《奕慶藏書樓書目》與《千頃堂書目》〔註 48〕。現今各圖書館的善本書目，皆於叢書下分註細目，其例蓋始於《祁目》也。

二、對尤袤《遂初堂書目》「版本」體例的擴大與創新

　　版本的體例雖創始於尤袤《遂初堂書目》，但其後並無傚效者，使這一體例中斷了約五百年的時間。一般皆以爲版本的著錄要到清朝之後才開始，實則《祁目》中早已擴大《尤目》的體例，著錄各種不同的版本。《祁目》不但能延續《尤目》中版本著錄的特色，載明官刻本（監本與藩本）及地方刻本，更能疊出新意，增加了版本著錄的名稱。且著錄範圍也從《尤目》的正經正史擴大至四部之書，不再局限於州郡公使庫本。

　　承爗的〈讀書雜記〉，便具備了版本賞鑑的功能，雖不敢斷言其對清朝賞鑑書志有直接影響，但至少證明在錢曾之前，承爗已經有了考訂賞鑑版本的著述。

三、互著與別裁的發明與應用

　　承爗的第一個將互著與別裁方法，揭櫫於世的；也是第一個將互著與別裁兼用於目錄之中的。這兩種方法的運用，解決了中國古籍在分類上難於部次的問題，使文集及叢書中的各類著述，藉分析著錄而通於四部之中，確實發揮了目錄書的功能。此二方法的發明，更使中國目錄學的發展向前邁進一大步，遠遠超過了西方的編目學。這也是承爗在中國目錄學上最大的貢獻。

〔註 48〕（清）祁理孫，《奕慶藏書樓書目》，《書目類編》第卅一冊，小說家說叢目，及四部彙中所收叢書，皆作子目分析。又（明）黃虞稷，《千頃堂書目》，《書目叢編》，類家類中有《文獻彙編》、《廣說郛》、《古今彙說》、《再續百川學海》等書均有著錄其子目。

　　從以上三點來看，承㸁在中國編目學史上，眞是一位「繼往開來，承先啓後」的樞紐人物。他擷取了前代目錄學家所發明的菁華，擴大應用在自己所編的書目中，又加上自己的創見與革新，使後起者能延續而發揚光大。是故昌師曾說，承㸁在圖書目錄學上的貢獻，可媲之宋代鄭樵與清代章學誠，而毫無遜色〔註49〕，誠爲公允之見。

〔註49〕昌彼得，〈祁承㸁及其在圖書目錄學上的貢獻〉，頁145。

結　語

　　作為一個現代的圖書館員，愛書與知書可說是必備的條件〔註1〕。承燁生於現代圖書館尚未萌芽的時代，他卻具備了一個圖書館員所應有的各種條件：愛書、知書、善於選擇及鑒別圖書、勤於採訪、對於分類編目具有卓越的見識，並能提出創新與改革、以科學的方法來管理圖書。最重要的是他不僅善於聚書，更善於讀書，強調讀書要能經世為用。他雖生於古代，卻具備現代圖書館經營的理念及精神。他對圖書館經營的各方面，既有理論，更有實踐，的確可說是我國圖書館學理論和實踐的先驅。

　　澹生堂的藏書，在承燁有系統的採訪及整理下，達到十萬多卷的數目，證明他在藏書事業上的成功。他的兒孫也皆能克紹其裘，使澹生堂名著一時。其藏書雖散於清朝初年，但祁氏子孫為抗清復明，不屈於外族強權，而犧牲了家業及藏書，正是對承燁勉勵他們讀書「經世為用」的實踐。澹生堂中愛書、藏書的精神，更影響清初小山堂，及錢塘一帶，興起了更多愛書的藏書家。其在中國藏書史上的地位，是不容忽視的。祁氏子孫放棄了家業財產，卻暗中冒著生命危險，世代遞守祖先所留的遺書，使澹生堂名亡而實存，當亦是受承燁愛書精神的影響，三百年的世守精神更將成為書林佳話。

　　承燁將自己對圖書選擇、鑒別、採訪及管理各方面的經驗，詳細寫成了《澹生堂藏書約》，不論在體例或內容上，都屬於首創，其中所論圖書選擇與採訪的原則與方法，更已成熟且十分完整，足可和現代圖書館採訪學相得益彰，使吾人瞭解古人在這方面的成就。

　　承燁所編《澹生堂藏書目》，在分類上能擷取前代各書目中分類的菁華，加以

〔註 1〕藍乾章，《圖書館行政》（台北：五南，民國 71 年），頁 28 言：「圖書館學的教育目標之一是知書並且愛書，這也就是圖書館學的真髓——書藝（Book Art）。」

改進並變化，提出一個合理好用的分類方法。首創叢書獨立爲類，爲其在分類上最大的貢獻，其孫理孫在《奕慶藏書樓書目》中，進一步將叢書擴大爲獨立一部，實受承㸁之影響，二人在分類學上皆有其貢獻。

　　《澹生堂藏書目》在體例上，也有許多創新之處，將劉向《敘錄》中「篇目」的體制簡化革新爲「卷目」的著錄；擴大尤袤《遂初堂書目》中版本的體例；「通」與「互」的發明，解決了古書分類困難的問題，也使中國目錄學的發展向前邁進許多，遠超過當時的西方編目學。此外，承㸁的〈讀書雜記〉中常詳論一書之版本，已具有清代「賞鑑書志」之雛型，可說是開「賞鑑書志」之先河。

　　綜合論之，承㸁在圖書館學及目錄學上的貢獻，是多面性的，也是開創性的，對這位古代圖書館的先驅，其貢獻實值得我們來發揚，其精神更值得我們來效法。

附錄：祁承㸁及澹生堂事蹟編年

　　祁承㸁，字爾光，號夷度，明浙江山陰人。生於明世宗嘉靖四十二年，卒於明思宗崇禎元年，享年六十六歲。晉大夫祁奚之後，世居汴；宋南渡時從浙，入明，卜居梅墅者爲始祖茂興公，一傳雲林樵甫公，再傳湖西耕樂公；皆讀書、有隱德。高祖司員，以進士作令，有異政。行取御史，出守池州。祖父清，第進士，授司理，卒官陝西布政使。父汝森，廩膳生，早卒。母沈太夫人，有一弟，名承勳，字爾器。五子，曰麟佳、鳳佳、駿佳、彪佳、象佳。

明世宗嘉靖四十二年（西元 1563 年）癸亥

　　承㸁生。

　　　　據《祁忠敏公年譜》所記，明萬曆三十年（西元 1602 年）時，夷度公年四十，依此推算，則當生於此年。

　　　　《澹生堂藏書約》云：「余十齡背先君子」，按承㸁父卒於隆慶六年（西元 1572 年），時承㸁十歲，則生年與《祁忠敏公年譜》所記相合。

　　　　陳仁錫撰墓表言：「享年六十有四，崇禎元年冬月正寢，疾卒于里。」依陳言推算，則生年爲嘉靖四十四年，與前二說不合，今以前二說爲是。

明穆宗隆慶二年（西元 1568 年）戊辰

　　承㸁年六歲。

　　　　是年祖父清赴陝西任布政使一職。承㸁自幼爲祖父所鍾愛，擅於應對言辭，故祖父宦遊在外，必帶承㸁隨行。

隆慶四年（西元 1570 年）庚午

　　承㸁年八歲。祖父卒。

　　　　祖父清病逝於陝西任內。見《澹生堂集》卷十五〈先祖考通奉大夫陝西布政司石布政使蒙泉府君暨先祖妣金太夫人行實〉所記：

「先大夫正德歿於隆慶庚午，享年六十。」

隆慶六年（西元 1572 年）壬申

承爍年十歲。父卒。

父親汝森病逝。又三月其弟承勳始生。見《澹生堂集》卷十五〈先考文林郎直隸蘇州府長洲縣知縣秋宇府君先批沈儒人行實〉所記：

「先君子生嘉靖己亥，歿於隆慶壬申，享年僅三十有四」。

陳仁錫所撰〈夷度先生傳〉言：

「贈公方毳三月，沈太恭人遺身甫誕，兩孤不足以存一孀。」

時承爍雖年幼，已好讀古人書。常翻閱祖父所遺留的藏書。《澹生堂藏書約》言：

「余十齡背先君子時，僅習句讀，而心竊慕古。通奉公在仕二十餘年，有遺書五七架，庋臥樓上，余每入樓，啓鑰取觀閱之。尚不能舉其義，然按籍摩挲，雖童子之所喜吸笙搖鼓者，弗樂于此也。先儒人每促之就塾，移時不下樓，繼之以訶責，終戀戀不能舍。」

明神宗萬曆十三年（西元 1585 年）乙酉

承爍年二十三。

由是年起屢次參加鄉試，惜皆未能中，然此時已開始聚書。見《澹生堂藏書約》言：

「比束髮就婚，即內子奩中物，悉以供市書之值。時文士競尚秦漢語爲比耦益沾沾自喜。每至童子試不前，亦夷然不肖也。及舞象而後，更沈酣典籍，手錄古今四部，取其切近舉業者，彙爲一書，卷以千計，十指爲裂。」

可知承爍自年輕時即喜聚書及鈔書。曾購得一部鄧元錫之《函史》，乃晝夜展讀於富春山中，竟至積勞成疾，數月不起。

萬曆二十一年（西元 1593 年）癸巳

承爍年三十一。

是年讀書於山中雲門僧房，因病乃稍戒於讀書，與柳貞之暢談佛理禪學。見《澹生堂藏書約》：

「癸巳讀書雲門僧房，與柳貞之共處講話席，貞之好談宗乘事，正與病愜，乃稍稍戒觀書。」

萬曆二十二年（西元 1594 年）甲午

承㸁年三十二。祖母及母親卒。

是年母親沈太夫人及祖母金太夫人，相繼病故。時承㸁仍讀書習業於山中僧舍。見《澹生堂集》卷十三戊午曆八月十七日記：

> 「赴周生席，飯後由金沙灘至集慶瞻禮文昌祠。……蓋余以甲午讀書僧寮中，故三十年舊遊地也。」

萬曆二十五年（西元 1597 年）丁酉

承㸁年三十五歲。載羽堂大火。

是年載羽堂失火，承㸁十餘年的藏書，加上先祖所留遺書共一萬多卷，全付之一炬。見《澹生堂藏書約》：

> 「十餘年來，館穀之所得，饘粥之所餘，無不歸之書者，合之先世，頗逾萬卷，藏載羽堂中。丁酉多夕，小奴不戒於火，先世所遺及半生所購，無片楮存。因歎造物善幻，故欲鍛鍊人性。」

萬曆二十七年（西元 1599 年）己亥

承㸁年三十七歲。

是年夏隨王守伯先生北上燕京，沿途旅遊廣陵、金山等地，并作〈金山紀遊〉詩并序（見《澹生堂集》卷一）曰：

> 「己亥夏五部使王公守伯還燕，余寄舟北上。道出廣陵，茅光祿為招飲金山，初載酒樓船。……」

又《澹生堂藏書約》言：

> 「乃爾遂北入成均，燕市雖經籍淵藪，然行囊蕭索，力不能及此，每向市倚櫝看書，友人輒以王仲任見嘲」。

又陳仁錫〈夷度先生傳〉言：

> 「北遊，入成均，挾其如波如雲之文，就毅庵黃公試。見輒擊節。庶常貴介輪滿於邸，非問奇者去。」

萬曆二十八年（西元 1600 年）庚子

承㸁年三十八。中舉人。

是年秋天考中舉人。

陳仁錫〈夷度先生傳〉曰：「庚子秋入試登賢。」

又《澹生堂集》卷十三戊午曆五月初二日記：

> 「作啟候藩參李鹿巢老師。李於庚子年為儀司，余時以國子生就禮部試，拔余冠軍。」

萬曆二十九年（西元 1601 年）辛丑

承爜年三十九。建澹生堂。

是年由京師返回山陰家中，乃興建密園及澹生堂。又因重病不起，乃悟性命之理，故病癒後拜理學家周海門先生爲師。

《澹生堂藏書約》：

「辛丑下第歸，稍葺一椽，尋欲聚書其中。」

陳仁錫〈夷度先生傳〉：

「辛丑下第歸自廣陵，病幾不起。夜半有靈神授以圭，詰日乃愈。
公寢更以性命理大遡本于王父之宗，則王文成爲上譜，因執弟子禮莊事
周海門先生。」

萬曆三十年（西元 1602 年）壬寅

承爜年四十。

是年四子彪佳生。見《祁忠敏公年譜》明萬曆三十年：

「冬十一月二十二日（己卯），先生生於山陰之梅墅里第。」

萬曆三十二年（西元 1604 年）甲辰

承爜年四十二。中進士。

是年春天，登進士。

萬曆三十三年（西元 1605 年）乙巳

承爜年四十三。補寧國令。

是年以甲次補寧國令，攜家至署。在寧陽任內與笪繼良倡明理學，振興風教，政績斐然。唯寧陽物資缺乏，故生活並不富裕，無餘貲以購書。

《祁忠敏公年譜》萬曆三十三年：「夷度公選寧國令，攜家至署。」

《寧國縣志》卷四：

「祁承爜，山陰人，以進士任寧國縣。文壇屈宋，政追龔黃。不虐
煢獨，不畏豪強，人不敢干以私。與士子講業課藝，不啻家人父子。」

《寧國府志》卷五：

「笪繼良，萬曆中爲寧邑。教諭，廉潔自愛，不受常儀。與邑令祁
承爜倡明理學，振興風教，士民翕然蒸變。」

知其在寧陽任內治績十分良好。

《澹生堂藏書約》：

「旋以釋褐爲令，初吏寧陽，掌大一城，即邑乘且闕，安有餘書？」

萬曆三十四年（西元 1606 年）丙午

承㸁年四十四。調任長洲。

是年冬入覲，榜以卓異，調任長洲。梅鼎祚爲之作〈澹生堂雜稿序〉。

萬曆三十五年（西元 1607 年）丁未

承㸁年四十五。

赴京入覲後返鄉，順道遊岱山，作〈岱遊記〉（《澹生堂集》卷十七）。是年赴長洲任職。

張鼐爲作〈澹生堂初集序〉。

〈岱遊記〉云：

> 「丁未計事峻，歸途欲取道于東爲岱遊，時家弟爾器門人鄭光烈皆寄行，各以累騎而往。」

《祁忠敏公年譜》萬曆三十五年：「夷度公調長洲。」

萬曆三十六年（西元 1608 年）戊申

承㸁年四十六。

是年長洲大旱，饑荒甚重。承㸁以　米法輸粟平糶以賑災。張濤爲作〈澹生堂初集序〉。此外尚有馮時可、鄒迪光等所作序。則萬曆三十四～三十六年，當刻過澹生堂初集。

陳仁錫〈夷度先生傳〉：

> 「戊申忽陽侯崇甚，四十晝夜不少止。巨浸不減懷襄，公乃剜臆，欲粒其民。時且先爲　米法以俟平糶，復爲輸粟，大則免役三年。素封，素封，聞者無恡彼角，距者自戢其性。凡賑災民賑貧士，功可按籍而計。」

萬曆三十八年（西元 1610 年）庚戌

承㸁年四十八。調南京刑部主事，升兵部主事，遷員外郎。

是年再入覲，本當予以擢升，然承㸁在京僅僦賃寺廟，終日諷誦龜山、無垢之詩，未嘗一履要門，故僅獲派南京刑部主事。自京返鄉，乃搜購書籍藏澹生堂中，復整修密園。秋再升爲南京兵部主事，遷員外郎。

陳仁錫〈夷度先生傳〉：

> 「庚戌再當覲期，臺省寵以卓異，行高其冠蓋。公無禋僦蕭寺一榻，攜所藏龜山、無垢書，雞鳴風雨，諷咏不輟，未嘗一履要門，是故清華之譽竟翻，于貝錦南比部，甘如素履。……嗚呼！士自有品，豈得以口舌愛憎貴賤之哉？公即日與同咨凡同譚公共駕一葉而南，嚴霜苦雪，誓

　　若一心。嗣後憶密園，恐其蕪，再憶藏書，虞其散。不惜損餘俸以潤密，
　　益購名書以曠所觀。仕澹而千卷，不嗇濃，公眞大學問人也。」

承㸁於仕宦之途並不得意，但他毫不受影響，亦不求名利地位，乃致力於藏
書。故陳氏讚其「士自有品」，又讚其「仕澹生而千卷，不嗇濃。」
〈夷度先生傳〉又云：

　　「尋詣部受事，事誠簡也。棘庭保無夜哭乎，公立洗其冤，以數十
　　人計。飲冰半載，稍擢南駕部貢舫其司也。……未幾再膺職方副郎。」

祁忠敏公年譜萬曆三十八年：

　　「夷度公升南京兵部主事。」

萬曆三十九年（西元 1611 年）辛亥

承㸁年四十九

承㸁自赴南京作官後，得遇許多藏書同好，共同搜羅藏書，交換複本，故藏
書增加頗豐。《澹生堂藏書約》：

　　「自入白門，力尋蠹好，詢於博雅，覓之收藏，兼以所重易其所闕，
　　稍有次第。」

萬曆四十年（西元 1612 年）壬子

承㸁年五十。

是年十月奉派至長江南北巡視馬政，十一月二十五日乃順道返家。《澹生堂集》
卷十二〈數馬歲記上〉：

　　「壬子十月，余奉部委視馬江南北故事，僅以檄往，遂得乘行役以
　　遂休沐之私，乃以十一月二十五日辭孝陵，閏朔登舟……以二十五日抵
　　家，計辭部之日，已匝月矣。」

同卷〈數馬歲記中〉：

　　「抵家之日，肅謁先祠，遍問親族，晚就爾器飯。余與阿器自庚戌
　　都門黯黯而別，至是父子兄弟始聚首一堂，差可暢情。……余向於白門
　　舉象兒，家中人所未見，而鳳子先一年舉鴻孫，亦余所未見，撫此二孩，
　　爲之一懽。」

可知承㸁幼子象佳，爲萬曆三十八、九年間所生。長孫鴻孫爲萬曆三十九年
生。時承㸁在南京，故未見過鴻孫，家人則未見過象佳。

萬曆四十一年（西元 1613 年）癸丑

承㸁年五十一。組搜書會。作《澹生堂藏書約》等五卷。

是年與張肅之等組織搜書會，定約搜羅奇書異本。又於巡視馬政途中，購買及交換書籍共一千二百餘卷。返園後乃整理藏書，編爲書目，並著成《澹生堂藏書約》共五卷。

《澹生堂集》卷十二〈數馬歲記中〉：

「遂與肅之及二三同調爲搜書之會，期每月務得奇書及古本若干，不如約者罰。……遂於二十九日渡江，時余適攜重籍數篋，易書五十六種，復購得三十二種，共計一千二百餘卷。……以四月二日還園，因取馬貴與經籍考、鄭漁仲經籍略及焦弱侯國朝經籍志見參，以已見次第四部，親率兒輩手自插架，所著有藏書約一卷，購書、鑒書之法各一卷，集錄古人讀書藏書者共二卷，藏澹生堂中，此後非有事，不復出園矣。」

《澹生堂藏書約》：

「癸丑偶以行役之便，經歲園居，復約同志互相襃集，廣爲搜羅，夏日謝客杜門，因率兒輩手自插架，編以綜緯二目，總計四部，其爲類者若干，其爲帙者若干，其爲卷者若干，以視舊蓄，似再倍而三矣。」

承㸁與友人組織搜書會，成效頗著。《澹生堂集》卷十八〈與徐季鷹〉函云：

「苦于僻居海濱，聞見有限，必須相結同志者五六人，各相物色。而又定之以互易之法，開之以借錄之門，嚴匿書之條，峻稽延大罰，奇書秘本不踵而集。」可知其成立搜書會，效果良好。

是年在家期間，承㸁除整理藏書並撰藏書約外，尚謝客杜門，專心讀書。〈數馬歲記中〉：

「……二十四日還園，時方盛暑，親友過從甚稀。余得一意杜門作蠹魚癖。每晨起袒裸輟屐，視大陰東搖則徙而東，西搖則徙而西，竟日可不輟卷。自謂入仕十餘年來，未嘗之味。時兒輩葺曠園初成，余戲爲行園略，行園注二卷。……自四月杜門檢次群籍，五閱月矣。至此復得書一百三十餘種，計一千八百餘卷。」

知承㸁此年中購書頗豐，此時承㸁之藏書約有三萬卷以上。見郭子章撰〈祁爾光公祖澹生堂藏書訓約序〉：

「祁使君以士紳之家，聚書至三萬卷。」

九月，離家返回南京。〈數馬歲記中〉：

「時余將有白門之行，及以九月六日辭先墓。」

萬曆四十二年（西元 1614 年）甲寅

承㸁年五十二。

是年承煠在南京參加讀書社團，與同社諸友校錄陶九成之《說郛》。並編成《國朝徵信叢錄》一書。

《澹生堂集》卷十四讀書雜記〈說郛〉條：

「余此書以甲寅年錄之於白門，時與同社諸君子互相校讎而成。」

承煠參加盟社始於何時已不詳，陳繼儒作〈澹生堂全集序〉言：

「公初有合轍社而通經學，有讀史社而通史學。」

承煠所言「同社諸君子」當即陳氏所言之合轍社或讀史社。《澹生堂集》中有多次題到社集。如卷十七有給〈社中兄弟〉之信，卷二有〈九日社集工部園亭分得文字〉、〈社集桃花塢分賦得四月桃花〉、〈社集清涼臺即席送曹公得先字〉等詩。

《澹生堂集》卷十四〈夏輯記〉：

「甲寅夏日，官舍僅如斗大，蒸灼如甗，生平惟有編摩可以卻暑。遂取所攜書目及從焦太史及友人余世奕各借得十餘種，稍爲類輯，爲綱者六十有一，爲條者一千二百六十有六，爲卷者三千三百八十有三，而總名之曰徵信。」

由此可知承煠在編輯《國朝徵信叢錄》時，曾向焦竑借得書目十餘種。〈夏輯記〉中又言：

「自入白門，聞之焦太史稱國朝博古者僅一黃才甫，通今者僅一雷司空，而兼之者則鄭端簡也，心竊往之。」

〈藏書訓略〉中亦言：

「金陵之焦太史弱侯，藏書兩樓，五楹俱滿，余所目睹，而一一皆經校讎探討，尤人所難。」

可知他在南京時，曾和焦竑有來往。

萬曆四十三年（西元 1615 年）乙卯

承煠年五十三。升吉安知府。

是年逢天子側席求賢，承煠乃升爲吉安知府。

陳仁錫〈夷度先生傳〉：

「時天子方側席求賢，公領刺吉安。」

《祁忠敏公年譜》萬曆四十三年：

「冬，夷度公升吉安府知府。」

《澹生堂集》卷十二〈出白門曆〉：

「余爲郎五載，出入白門者三，而最後則以催冊行，蓋乙卯之九月

六日也。」

萬曆四十四年（西元 1616 年）丙辰

承爍年五十四。

在吉安任內與當地名儒鄒元標、郭子章、羅大紘等來往甚密。適逢章貢水災，承爍乃以重金賞兵搶救婦孺，又請以府粟賑其餘生，愛民至切。大水方過，又逢大旱，承爍乃作〈禱雨文〉，大旱方止。

陳仁錫〈夷度先生傳〉：

> 「俄而章貢災，水之狃而浸者無算，至于室廬漂沒，婦子蔽江下，公隱此懸重金餌營兵，始回其將斃。再賑其餘生矯請府粟，公之德則大。然猶痛未定也，驕陽隨其後，公謁誠禱祠，回其虐吉。」

《澹生堂集》卷十三〈江行曆〉：

> 「是曆起二月之六日，終四月之三日，爲期未及兩月，而往來行役之路，考略詢俗之，及親師取友之概，大端已可枚舉矣。此後別爲治郡譜，乃未幾而澤洞爲災，旱魃示虐，救焚拯溺，呼吸不遑，遂至擱筆，聊存此見江行之梗槩云耳。」

《澹生堂集》卷十五則有〈守吉禱雨文〉、〈舟陳祈雨文〉、〈謝雨祝〉文等三篇，均吉安大旱時所作。

《澹生堂藏書約》刻於何時不詳，據鄭振鐸《劫中得書記》云：首有郭子章、周汝登、沈潅、李維楨、楊鶴、錢允治諸人題序，則或當刻於在吉安之時。

萬曆四十五年（西元 1617 年）乙巳

承爍年五十四。

受章惇等人誣陷，乃罷官回鄉。

《澹生堂集》卷十三歸航錄：

> 「丁巳三月之二十三日，漏下一鼓，余方理訊牒，忽有一役持南昌徐郡公書來，內有南察報一紙，余掛名其內，閱竟復置案上，再完訊諜訖，退衙，徐呼兒輩出書示之，語家人曰：『旦日早束裝，母懾乃公事。』……二十七日黎明出郡門，士民遮道，車轉不得前，有泣下不能仰視，余再三慰遣之，復擁輿不肯舍。余下輿而前，乃以抵舟，比放舟，則士紳俱候於白鷺書院。……是行也，余聞信於二十三，離郡於二十七，抵家于四月之二十一，未及匝月間，而升沈得失之感，炎涼厚薄之態，無不備嘗。」

知承㸁在吉安時，極受百姓之愛戴，故還鄉之日，百姓紛紛遮道相送，擁輿
而泣。承㸁雖有感於世態炎涼，然並未受其影響，乃作〈聞計錄懷〉十首以
誌歸田之意。其一乃曰：

> 「十年仕版掛浮名，今日方同退院僧，幸有吾廬吾自愛，任將卿法
> 聽卿評。倦知飛鳥投林意，懶慕蝸牛戴屋行。最喜生平無快意，不妨本
> 色賦歸耕。」

又曰「丈夫自有行藏在，豈作籬頭棄婦嗔。」

又曰「四壁尚存天地廣，百城自豁古今侔。抄來簡帙供饞蠹，解去依冠免沐
猴。」

承㸁之品格胸襟，慨然可處。故姚希孟作〈曠亭小草序〉曰：

> 「今以謠詠不根，左先生之官，其道似窮，然以六月息而沉酣萬卷，
> 締構千秋，天之所以奉先生者，又何厚也。」

〈曠亭小草〉為承㸁所作之歸田詩，姚序言「以六月息而沈酣萬卷」，指承㸁
罷官回鄉期間，沈酣於典籍之中，樂此不疲，「締構千秋」則當指承㸁所編撰
之《兩浙名賢著作考》一書。

萬曆四十六年（西元 1618 年）戊午

承㸁年五十六。

是年承㸁家居梅墅，乃潛心聚書、讀書，共著述《兩浙名賢著作考》四十六
卷及《世苑》。並有戊午曆收入於《澹生堂集》卷十三。由曆中知是年聚書頗
豐。是秋承㸁四兒及一姪（豸佳）就秋試，僅彪佳中舉人。因於十二月攜彪
佳入京赴禮部試。

《澹生堂集》卷十三戊午曆元月二日記：

> 「是日輯兩浙著作始，首輯杭州府」。

六月初九日記：

> 「曬書畢，數日來余躬率平頭奴三四人刷蠹理朽，揮汗插架，由朝
> 及暮，瞬息不停，真所謂我自樂此不為疲也。」

知承㸁於是年曾整書、曬書，且皆親自為之。

九月十五日記：

> 「日將午，彪兒捷報至，少頃即見全錄。余四兒一姪入試，而幸售
> 者乃在其少子，殊出望外。」

彪佳之才華，於此時已顯露矣。

十月廿一日記：

「稍簡一歲中書目，補入經籍藏書譜。」

十月廿七日記：

「爲檢集世苑三十餘則。」

十一月初七日記：

「復檢世苑十五則。」

十一月廿六日記：

「是日舟中作曠亭小草。」

十二月十一日記：

「余同彪兒謁祖，告北上日期。」

萬曆四十七年（西元 1619 年）己未

承㸁年五十七，補沂州同知。

是年攜彪佳赴京應禮部試，惜未中。然承㸁便投牒，得補沂州同知缺。乃遍遊瑯琊名勝而返鄉，作〈瑯琊過眼錄〉，收《澹生堂集》中。

《祁忠敏公年譜》萬曆四十七年：

「春，應禮部試，下第。夷度公得沂州缺，先生侍行，偏歷瑯琊諸名勝，旋歸密園。」

萬曆四十八年（西元 1620 年）庚申

承㸁年五十八。編《澹生堂藏書譜》，撰〈庚申整書小記、例略〉。

是年夏季編《澹生堂藏書譜》，並撰〈庚申整小記〉及〈整書例略〉四則。藏書譜分藏書爲四部四十六類，二百四十三子目。〈整書小記〉以兵法論藏書之搜購、整理及利用。〈整書例略〉則言其編目四法：「因、益、通、互」。其最大之發明及貢獻有二：一爲對四部分類法作具體改革、分類較爲合理妥當，且爲獨立叢書一類之創始者。二爲首創通、互二法，開章學誠互著、別裁法之先河。

（清）丁丙《善本書室藏書志》卷十四〈澹生堂藏書譜〉：

「是書爲山陰祁承㸁所編，此則曠翁原本。每葉十六行，上截載書名，下截分兩行，載卷冊撰人姓氏，藍格竹紙。版心刊澹生堂藏書目，更有澹生堂經籍記、曠翁手識、山陰祁氏藏書之章、子孫世珍等印。前有郭子章、周汝登、沈㴶、李維禎、楊鶴、馬之駿、商家梅、錢允治、姜逢元、陳元素、管珍、朱篁諸敘跋，且摹其書而鈐以圖章焉。並有曠翁自序。」

則丁氏所藏本當即萬曆四十八年原寫本

明熹宗天啟元年（西元 1621 年）辛酉

承㸂年五十九。同孫生。

是年承㸂移宿州知州，彪佳長子同孫生。

《祁忠敏公年譜》天啓元年：

> 「長子同孫生。夷度公移宿。」

陳仁錫〈夷度先生傳〉：

> 「將二載，稍遷宿州守，宿當南北衝，綰轂之省九所，轄驛凡四，其間里之尫人，驛之殘騎，阻皇華借冒者充斥。公乃宵旰裁定，時修甲繕、兵拳勇、習騎射，必倍饎。即丁河決，不忍以宿民應。……」

天啟二年（西元 1622 年）壬戌

承㸂年六十。升兵部員外郎。彪佳中進士。

是年二月，宿州發生煤礦工人變亂，幸承㸂以策安撫之，未動一兵一卒，而平息變亂。故被升為兵部員外郎。承㸂以正逢甲子之壽，又喜聞彪佳考中進士，乃於五月間離宿返家，途中作〈壽春道中偶逢初度〉詩二首誌之：

> 「壽春城外大堤西，經歲風塵逐馬蹄。齒敝如知老子術，耳聰猶勝許丞痴。瓜期未敢談留犢，萍梗姑從問鬥雞（余宿郵亭即楚鬥雞城也）。寄語兒曹此風味，華筵何似飯鹽虀？」

> 「忙裏何知甲子週，只驚鬒鬍簇銀鈎。解嘲漫引三刀夢，相慰姑稱五馬游。差喜有兒隨對策，獨懶無箸佐前籌。四郊多壘何人事，敢向浮沈嘆白頭。」

陳仁錫〈夷度先生傳〉：

> 「壬戌季公舉進士，無何煤徒事起，不以告者之口傷餓人，餓人直泣，感相散兵符焰餘也。……當道聞公譽賢，所部並著能聲，乃晉職方郎，與諸公共以經國為盟。」

《祁忠敏公年譜》天啓二年：

> 「春，再應禮部試，中式第　名。……以期尚遠，請假歸。時夷度公已遷兵部員外郎，暫假還里。先生自以未諳服官為歉。夷度公但教以持身養性，無一語及吏事；客有疑而問者，笑不答。」

天啟三年（西元 1623 年）癸亥

承㸂年六十一。

是年冬彪佳得福建興化推官一職。

《祁忠敏公年譜》天啓三年：

> 「冬，赴京謁選，得福建興化推官。」

天啓四年（西元 1624 年）甲子

承㸁年六十二。紫芝軒落成。

是年正月，彪佳赴福建上任前順道返家，時承㸁亦以奉差歸，彪佳乃請教以吏事。

《祁忠敏公年譜》天啓四年：

> 「春正月，赴任；便道旋里。夷度公適以奉差歸，先生瀕行，跪請教，不答。或請其說，公曰：『子知越之誨泅者乎？繫壺而扶甕，人藉以肘，終其身不能泅。一旦挾諸清冷之淵，翻壺卻甕，擢其身入水，須臾力竭而泅成矣。今者入官，翻壺卻甕時也；吏事多端，焉能一一誨之！吾第置之官海中，不數年而成能吏矣！』先生本書生，一旦受劇職，而蒲田又號稱難治；及屆任未市月，聲大起。於是，人咸歎公言良不謬也。」

八月，承㸁撰〈藏書事宜書付二郎四郎奉行〉及〈起造事宜又詳示四郎〉二書，詳囑起造藏書大樓及造書櫥之事。是年仲秋紫芝軒即落成。二郎爲鳳佳，四郎爲駿佳。《牧津》次序序：

> 「天啓甲子仲秋……山陰祁承㸁書於紫芝軒，時軒方落成之三日。」

〈藏書事宜〉及〈起造事宜〉中，詳囑明藏書樓之樣式、書櫥之樣式，起造之日期、買料之細節等、其末段云：

> 「此二項俱須在十一月之內完，倘旦暮得幸轉，急欲爲收拾書籍之務。今各書安頓未得其所，眞令人夢寐不能忘懷耳！俱勿得遲誤。切囑！切囑！八月十一日父手示！書櫥定用在十一月以前做完漆好，俟一回便要整書。其木料必須堅而乾。切囑！切囑！」

由此可知紫芝軒即此新造之藏書樓，起造於八月，而完工於十一月。

天啓五年（西元 1625 年）乙丑

承㸁年六十三。推河南磁州兵道。

〈父字付大郎、四郎知之〉一通家書：

> 「我于十一月初六日推河南磁州兵道，于初九日下。」

此信未囑明何年所寫，但信中言「以三年四個月之部俸」，當指承㸁時已在兵部任職三年四個月。承㸁於天故二年間升兵部員外郎，則此信當書於天啓五

年十一月無誤。

天啟六年（西元 1626 年）丙寅

　承㸁年六十四。

　　是年張元佐爲作〈蘇門襍筆序〉；孫徵蘭爲作〈蘇門遊副說〉。

天啟七年（西元 1627 年）丁卯

　承㸁年六十五。理孫生。

　　是年唐煥爲之作〈河洛驅馳錄序〉。

　　《祁忠敏公年譜》天啓七年：

　　　「春正月，次子理孫生。」

明思宗崇禎元年（西元 1628 年）戊辰

　承㸁年六十六。升江西右參政，冬十一月初一日，病卒於家。

　　陳仁錫〈夷度先生傳〉：

　　　「會循資擢江右參知，時詮部茂舉藩臬二十人，公首焉。」

　　《祁忠敏公年譜》崇禎元年：

　　　「冬十一月初一日，夷度公卒於家。」

崇禎三年（西元 1630 年）庚午

　子孫葬承㸁遺體於會稽之化山。

崇禎四年（西元 1631 年）辛未

　彪佳授福建道御史。

崇禎五年（西元 1632 年）壬申

　彪佳三子班孫生。

崇禎六年（西元 1633 年）癸酉

　彪佳任蘇、松巡按。在吳刊行《牧津》一書。

　　《祁忠敏公年譜》崇禎六年：

　　　「三月，有代巡按蘇、松命，……祁氏累世爲循良吏，有傳家治譜，夷
　　　度公彙爲成書，名曰牧津。先生至吳，分錄以頒其屬，咸請可法，刊行
　　　之。」

　駿佳入禮部舉進士不第，見京師晏安，乃取貢牒焚之，返鄉入會稽山中隱居
　不出。

　　《紹興縣志資料》第一輯，〈祁駿佳傳〉：

　　　「入禮部舉進士不第，時崇禎之癸酉也，京師晏安而府君之心竊隱憂，

語諸在位，皆不以爲然。府君則取貢牒焚之，示不復進取。向大明門叩頭灑淚，馳歸家，入會稽山中築室，攜家人居之。萬竹圍屋，清泉達階，臨大溪，溪西即秦望山麓，雲門諸寺在焉。」

崇禎八年（西元 1635 年）乙亥

彪佳以母王太夫人年老，故請假歸里。是年刊行《澹生堂集》，又築萬山別墅。

《祁忠敏公年譜》崇禎八年：

「先生三十有四歲，春，居都門，時太夫人年已七十有二，先生歸思甚切，慮引病不得請，遂牒臺長代題，始獲告歸。……」「病愈抵家，杜絕塵俗，與諸昆編梓夷度公文集二十餘卷。……十月，築別墅於萬山，爲終隱計。」

是年彪佳休養在家，暇則整書、編目。

《祁忠敏公日記》崇禎八年〈歸南快錄〉七月初五日記：

「予向有書籍藏之先子樓上，取以編入四部，于是史與集之類頗多。」

七月初八日記：

「整書插架完，乃掃除紫芝軒以爲書室。」

九月初八日記：

「於樓上簡邇日裝書籍，以前所分之四部條爲諸目，大約仿先人所藏，而予書未及其半，故歸併條目，以就簡約。」

崇禎九年（西元 1636 年）丙子

是年四月，寓山堂築成、五月，同孫卒。十一月，麟佳卒，葬於上方山。

《祁忠敏公年譜》崇禎九年：

「四月，寓山堂草成，五月，長子同孫殤於痘；十一月，葬長兄元孺於上方山，親董工役。」

崇禎十年（西元 1637 年）丁丑

寓山園完工，彪佳乃作〈寓山注〉言：

「自吳中乞身歸，計得書三萬一千五百卷，度置豐莊之後樓。」

知彪佳藏書亦豐富。

崇禎十二年（西元 1639 年）己卯

錢謙益及毛晉先後向澹生堂借書。

《祁忠敏公日記》崇禎十二年三月十八日記：

「先是錢牧齋向予借書，予以先人之命不令借人，但可錄以相贈，

因托德公兄（按：即鳳佳）簡出書籍。」

五月初九日記：

> 「作書致錢牧齋，以抄書十種應其所索，又作書致毛子晉，索其所
> 攜餘苑。」

崇禎十三年（西元 1640 年）庚辰

承爍配王太夫人卒。姪熊佳成進士。

《祁忠敏公年譜》崇禎十三年：

> 「三月四日，太夫人無疾卒於內寢。……夏四月，弟熊佳成進士。」

崇禎十五年（西元 1642 年）壬午

彪佳服母喪終，九月，召掌河南道事。

《祁忠敏公年譜》崇禎十五年：

> 「先是，六月服闋；九月，召掌河南道事。」

崇禎十六年（西元 1643 年）癸未

承爍次子鳳佳卒。

《祁忠敏公年譜》崇禎十六年：

> 「十月十三日，便道還家，值次兄德公喪。先生哭曰：『友愛，人
> 之常情。吾兄每以明敏練達勗予不逮，愛我兼成我者，兄也；能不慟乎』！」

知鳳佳平日為人忠厚友愛，黃宗羲〈天一閣藏書記〉：

> 「祁氏曠園之書，初度家中，不甚發視，余每借觀，惟德公知其首
> 尾，按目錄而取之，俄頃即得。」

則承爍生前在河南、河北等地作官時，藏書即由鳳佳管理，承爍去世後，澹
生堂中藏書仍由鳳佳負責照管。

崇禎十七年（西元 1644 年）甲申

四月福藩避亂至淮，彪佳同史可法等迎福王入南京。福王稱號後，遷彪佳大
理寺丞，擢右僉都御史，轉蘇松督府。

清世祖順治二年（即明弘光元年，西元 1645 年）元酉

彪佳將藏書及家當漸移入雲門山。五月，清兵南下，六月，清兵至杭，貝勒
以幣聘彪佳，彪佳不從。給諸子及夫人曰：「舉國趨降，吾不能安臥，不若面
辭以疾，當得歸。」乃於六月初四日，絕粒投池而死。享年四十四歲。魯王
監國，諡「忠毅」。隆武立閩中，諡「忠敏」。清乾隆四十一年，諡曰「忠惠」。
（俱見《祁忠敏公年譜》順治二年）。時理孫年十九，班孫年十四。

理孫年十九，班孫年十四。

《祁忠敏公日記》乙酉年三月十三日：

> 「託鄭九華移先人所藏書於大樓，漸欲移之山中。」

知澹生堂藏書有部份移入雲門山，當即黃宗羲、呂留良及朱彝尊所見者也。彪佳殉難，理孫與班孫乃絕意仕進，以讀書養母為事，達十餘年，名著於四方。鴻孫則參與東江起義。

《紹興縣志資料》第一輯〈祁理孫傳〉：

> 「彪佳……殉節於寓山池，理孫擗踊徒跣，求之於水濱，欲以身殉，以母在不敢也。喪終，遵遺命，絕意仕進，惟以讀書養母為事。時其弟班孫年尚幼，相與友愛甚篤。暇則以詩文相唱酬，呈其母甲乙之，以為娛樂，如是者十餘年。時祁氏兄弟名甚盛，四方之士無弗知者。班孫以慷慨豪邁著，而理孫更以醇謹長厚稱，蓋雖負重名，因有時代之感，深自歛飭也。」

《紹興縣志資料》第一輯〈祁鴻孫傳〉：

> 「乙酉閏月，季父忠敏公殉節別業，先一日與君訣。君惟慷慨流涕，仰應不敢辱祖，而心恒忿忿思報。適郡人鄭某感激，舉義兵招君，君即率賓客往之，因共迎魯王為主，敘勞，授君為尚書兵部職方清吏司員外郎，進階奉直大夫。賜節蓋印綬，出監江上四十八營軍事。君裂繒帛為旗志，戈矛劍戟森列，往來錢塘江上。……一年兵潰，君散客徒步，走匿深山中，由是家貧。……」

知承㸁諸孫中，鴻孫率先參加抗清起義，惜事敗而未能成。

順治十三年（西元1656年）丙申

鴻孫卒。享年四十六歲。

〈祁鴻孫傳〉：

> 丙申往哭故司李陳公於華亭，尋遺孤，百計周贍之，去之毗陵不得，抱病反吳門，遂卒於吳門旅次，卒時年四十六。」

順治十八年（西元1661年）辛丑

魏耕之獄起，理孫班孫受牽連被縛，後則遣班孫至關外。

全祖望〈祁六公子墓誌〉言：

> 「壬寅或告變於幕府，刊章四道，捕魏耕。有首者曰：苕上乃其婦家，而山陰之梅墅乃其死友所，嘯聚大師，亟發兵，果得之，縛公子兄

弟去。既藏，兄弟爭承，祁氏之客謀曰：二人并命不更慘歟。乃納賂而
宥其兄，公子遣戍遼左。」

全氏謂魏耕事發生於壬寅年，但據舊抄本《錢塘張槎云琴樓遺稿》卷前〈商
景蘭序〉所言：

> 「余七十二歲，嫠婦也，瀕死者數矣。乙酉大中丞公殉節，余不從
> 死，以兒女子皆幼也。辛丑歲次兒以才受禍，破家亡身，余不即死者，
> 死以不孝名貽兒子也。」則班孫戍遼，應為辛丑年之事。

班孫事發後，夫人朱氏乃撫兄朱子升之女長大，即小山堂主人趙昱之母也。
全祖望〈祁六公子墓誌銘〉（《鮚埼亭集》卷十三）：

> 「孺人朱氏者，工詩，其來歸也，與君姑商夫人，如張氏，小姑湘
> 君，時相唱和。……公子被難，孺人尚盛年，朱氏哀其煢獨，以姪從之，
> 遂撫為女，孤燈緇帳歷數十年，未嘗一出廳屏也。其所撫之女，後歸杭
> 之趙氏。是為吾友谷林徵士之母。谷林兄弟聚書之精，其淵源頗得自外
> 家。」

丁氏《善本書室藏書志》云：（卷十四《澹生堂藏書譜》）

> 「吾鄉藏書之風，肇之小山，而小山實承曠園餘韻。」

由此可知澹生堂對小山堂及錢塘一帶藏書之風，皆具有重要影響。

清聖祖康熙五年（西元 1666 年）丙午

是年黃宗羲與呂留良入山繙閱澹生堂藏書。黃得十緷而出，呂則得三千餘本。
黃宗羲〈天一閣藏書記〉：

> 「祁氏曠園之書初度家中，不甚發視，余每借觀，惟德公知其首尾，
> 按目錄而取之，俄頃即得。亂後遷至化鹿寺，往往散見市肆。丙午余與
> 書賈入山翻閱三晝夜，余載十緷而出，經學近百種，禪官百十冊，而宋
> 元文集已無存者。途中又為書賈竊去衛湜禮記集說，東都事略，山中所
> 存，惟舉業講章，各省書志，尚二大櫥也。」

呂留良〈得山陰祁氏澹生堂藏書三千餘本示大火〉詩：

> 「阿翁銘識墨猶新，大擔論觔換直銀，說與癡兒休笑倒，難尋幾世
> 好書人。宣綾包角藏經笈，不抵當時裝釘錢，豈是父書渠不惜，只緣參
> 透達摩禪。」

由此可知澹生堂藏書有不少為黃、呂所得。

康熙十一年（西元 1672 年）壬子

萬曆辛丑刻本《水月齋指月錄》中理孫手批曰：

> 「壬子夏在夫山，偶與昼林和尚閱五燈。」

昼林和尚即祁班孫，由此知班孫已回江南，且與理孫時有往來聯繫，唯不敢公開其身份而己。

康熙十二年（西元 1673 年）癸丑

班孫卒。享年四十四歲。

《清史稿》遺逸傳〈祁班孫傳〉：

> 「班孫好議論古今，不談佛法，每語及先朝，則掩面哭，然終莫有知之者。康熙十三年卒，發其篋，有東行風俗記，紫芝軒集，且得其遺教命歸祔，乃知爲山陰祁六公子，遂得返葬。……自班孫兄弟殞，澹生堂書星散，論者謂江東文獻一大厄運也。」

康熙十四年（西元 1675 年）乙卯

澹生堂藏書漸散，寓山園被捨爲佛寺。

《紹興縣志資料》第一輯〈祁理孫傳〉：

> 「班孫卒，又三年，母亦卒，理孫以痛母哭弟，故尫羸致疾，日惟閉門絕跡，坐臥一室中，潛心身心性命之旨，未幾，癱發而卒。時清康熙十四年乙卯五月也。理孫好讀書，手不釋卷，或遇善本，尤加意校讎，訂其譌謬。其於書之成誦者，手錄至百餘帙。」

理孫之卒是否即此年，仍有疑問。據〈祁理孫傳〉所言，理孫至少當死於班孫卒後三年，但此時班孫卒方二年，且康熙十五年（丙辰）時，理孫母親商氏還作《琴樓遺稿序》。理孫若於其母商氏死後才尫羸致疾，則絕無可能卒於康熙十四年。又理孫曾作詩言其「居室六十餘年，不剩分文貽後代」。然康熙十四年，理孫方四十八歲，與其所言俱不合。

趙昱《春草園小記》言：

> 「五舅父暮齒頹齡，嗜書彌篤，焚香講讀，守而不失，惜晚歲以佞佛視同土苴，多爲沙門賺去。」

由趙文看來，理孫之歲數當不只四十八，故理孫是否卒於此年，仍可存疑，但澹生堂藏書當於理孫晚年時大量星散。

趙一清《東潛詩稿九方集》：

> 「正月晦日至梅市，訪祁氏故居大樓，是先祖就婚之所，歸然無恙。……又西五里即寓山園，則忠敏公殉節處，已捨爲佛寺，拜瞻遺像，

　　「或歎不已。」

　知寓山園已捨爲佛寺。

康熙二十年（西元 1681 年）辛酉

　駿佳卒。享年七十八歲。

　《紹興縣志資料》第一輯〈祁駿佳傳〉：

　　「未幾，以病終，時年七十八歲。」

　駿佳爲承爜諸兒中最爲老壽者，是年還在承爜抄本《老子全抄》一書中寫題
　記云：

　　　　「此先夷度府君手自點閱之書也。計其時尚爲諸生，先人手澤，子
　　孫世珍焉。不肖男駿佳謹識，時辛亥（註：應爲辛酉之誤）孟春，已七十八
　　歲矣。」

　可見其對於承爜遺書爲寶重。然此時祁氏家道已衰。寓山園也已捨爲佛寺，
　故大部份藏書已星散，只留下最爲珍貴的一部份，爲祁氏子孫所世代相傳。

民國二十六年（西元 1937 年）丙子

　紹興修志委員會拜訪彪佳十一世孫允，得見祁氏子孫世守之彪佳遺書及遺
　著，是年乃刊行《祁忠敏公日記》及年譜。〈祁忠敏公遺書存目記〉言：

　　　　「先是本會採訪員童君谷贛鼎璜，詣梅墅訪公後裔，獲見公十一世
　　孫子明先生允，乃盡發公遺著相示。」

民國四十年至四十二年（西元 1951～53 年）

　澹生堂最後一批遺書散出，包括祁氏歷代著述、祁氏手批本藏書、鄉試錄及
　一些藏本，距一般所知澹生堂藏書散出時間（康熙五年，西元 1666 年），要
　晚了近三百年。澹生堂藏書之歷史，至此終告結束。

　謝國楨《江浙訪書記》：

　　　　「又杭州古舊書店嚴寶善同志到浙江各地去採購書籍，如紹興祁氏
　　澹生堂和遠山堂抄藏的書籍，祁彪佳一生的著述、文集、日記、奏稿、
　　揭帖，均是作者的手蹟，爲四、五十種，爲研究清史和江南奴僕暴動的
　　重要資料，今分藏於北京、南京各圖書館，尤以浙江圖書館所藏爲主。」

參考書目

一、按姓氏筆畫排列

1 ：（清）丁丙，《善本書室藏書志》，《書目叢編》，（台北：廣文影印，民國 56 年）。

2 ：（清）丁日昌，《持靜齋書目》，《書目類編》第卅一冊。（台北：成文影印，民國 67 年）。

3 ：（清）丁立中，《八千卷樓書目》，《書目四編》，（台北：廣文影印，民國 59 年）。

4 ：王文進，《文祿堂書記》，《書目叢編》，（台北：廣文影印，民國 56 年）。

5 ：（清）王思任編，《梁廷枏與龔沅補，《祁忠敏公年譜》不分卷，《台灣文獻叢刊》第二七種，《甲乙日曆》內附錄，（台北：台灣銀行，民國 59 年）。

6 ：（宋）王堯臣等，（清）錢東垣輯釋，《崇文總目》五卷，《書目續編》，（台北：廣文影印，民國 57 年）。

7 ：（清）王鳴盛，《十七史商榷》，（清光緒十九廣雅書局覆刻本）。

8 ：王錫璋，《圖書與圖書館論述集、續集》，（台北：文史哲，民國 72 年）。

9 ：（宋）尤袤，《遂初堂書目》，（台北：廣文影印，民國 57 年）。

10：（元）戈直，《貞觀政要集論》，（明成化四年內府刻本）。

11：中國圖書館學會編，《圖書館學》，（台北：學生書局，民國 62 年）。

12：《中國古典文獻學》，（台北：木鐸，民國 72 年）。

13：包賚，《清呂晚村先生留良年譜》，（台北：台灣商務，民國 67 年）。

14：江南圖書館編，《江南圖書館善本書目》，《書目四編》，（台北：廣文影印，民國 59 年）。

15：江蘇省立國學圖書館編，《盋山書影》，《書目四編》，（台北：廣文影印，民國 59 年）。

16：（清）朱彝尊，《明詩綜》一百卷。（台北：世界影印，民國 51 年）。

17：朱彝尊，《靜志居詩話》廿四卷。（清嘉慶廿四年靜志居刊本）。

18：朱彝尊，《經義考》二九八卷。（清光緒間浙江書局刊本）。

19：朱彝尊，《曝書亭集》，《四部叢刊》初編。（上海：商務影印）。

20：（清）全祖望，《鮚埼亭集》卅八卷外編五十卷，《四部叢刊》正編本。（台北：商務影印，民國 68 年）。

21：汪辟疆，《目錄學研究》，（台北：文史哲，民國 62 年）。

22：（明）祁承㸁，《澹生堂藏書約》，《書目續編》，（台北：廣文影印，民國 57 年）。

23：（明）祁承㸁，《澹生堂藏書目》，《紹興先正遺書》，（清光緒十八年，徐氏鑄學齋刻本）。

24：祁承㸁，《澹生堂集》，（明崇禎六年祁氏家刻本）。

25：祁承㸁編，《澹生堂餘苑》，（鈔本）。

26：祁承㸁，《牧津》，（明太啓間原刊本）。

27：祁承㸁，《宋賢雜佩》，（鈔本）。

28：（清）祁理孫，《奕慶藏書樓書目》，《書目類編》第卅一冊。（台北：成文，民國 67 年）。

29：（明）祁彪佳，《祁忠敏公日記》不分卷。（台北：紹興修志委員會，民國 26 年）。

30：（明）祁彪佳，《祁忠惠公遺集》八卷，《乾坤正氣集》第三十冊。台北：環球影印，民國 55 年）。

31：邢雲林，《圖書館圖書購求法》，（南京：正中，民國 25 年）。

32：（清）阮元編，《天一閣藏書總目》，（清嘉慶十三年文選樓刊本）。

33：阮元編，《兩浙輶軒錄》，（清光緒十六年浙江書局重刊本）。

34：武漢大學目錄學概論編寫組，《目錄學概論》，（北京：中華，1982 年）。

35：（清）呂留良，《呂晚邨家訓眞蹟》，（台北：廣文，民國 64 年）。

36：呂紹虞，《中國目錄學史稿》，（台北：丹青，民國 75 年）。

37：吳晗，《江浙藏書家史略》，（台北：文史哲，民國 71 年）。

38：吳哲夫，《清代禁燬書目研究》，（台北：嘉興水泥，民國 58 年）。

39：吳智和編，《明史研究論叢》第一輯，（台北：大立，民國 72 年）。

40：余嘉錫，《古書通例》，（台北：丹青，民國 75 年）。

41：余嘉錫，《目錄學發微》，（台北：藝文，民國 63 年）。

42：林慶彰，《明代考據學研究》，（台北：學生，民國 73 年）。

43：來新夏，《古典目錄學淺說》，（北京：中華，1981 年）。

44：屈萬里、昌彼得合著，潘美月增訂，《圖書版本學要略》，（台北：文化大學，民國 75 年）。

45：昌彼得，《中國目錄學資料選輯》，（台北：文史哲，民國 70 年）。

46：昌彼得，《版本目錄學論叢（二）》，（台北：學海，民國 66 年）。

47：昌彼得、潘美月合著，《中國目錄學》，（台北：文史哲，民國 75 年）。

48：（清）周中孚，《鄭堂讀書記》，（台北：世界，民國 49 年）。

49：柳詒徵，《中國文化史》，（台北：正中，民國 67 年）。

50：胡楚生，《中國目錄學研究》，（台北：華正，民國 69 年）。

51：（明）胡應麟，《少室山房筆叢》，（清光緒卅二年廣雅書局刊本）。

52：（清）紀昀等，《合印四庫全書總目提要及四庫未收書目禁燬書目》，（台北：台灣商務，民國 67 年）。

53：姚名達，《中國目錄學史》，（台北：台灣商務，民國 70 年）。

54：（明）姚希孟，《響玉集》，《姚孟長全集》之一。（明張叔籟刊本）。

55：（明）高儒，《百川書志》，《書目類編》第廿七冊。台北：成文，民國 67 年）。

56：（元）馬端臨，《文獻通考經籍考》，（台北：新興影印，民國 47 年）。

57：（清）孫承澤，《春明夢餘錄》，（清光緒九年廣州惜分陰館刊本）。

58：（明）晁瑮編，《寶文堂書目》，《書目類編》第廿八冊。（台北：成文，民國 67 年）。

59：（宋）晁公武，《郡齋讀書志》，《書目續編》，（台北：廣文影印，民國 56 年）。

60：（日）島田翰，《皕宋樓藏書源流考》，《藏書紀事詩》等五種。（台北：世界，民國 69 年）。

61：（明）徐𤊹編，《紅雨樓家藏書目》，《書目類編》第廿八冊。（台北：成文，民國 67 年）。

62：（清）徐鼒，《小腆紀傳》，《台灣文獻叢刊》第一三八種。（台北：台灣銀行，民國 55 年）。

63：（清）徐文梅等修，朱文翰等輯，《中國方志叢書華中地方》第五八一號。（台北：成文影印，民國 72 年）。

64：梁子涵編，《中國歷代書目總錄》，（台北：中華文化出版事業，民國 44 年）。

65：許世瑛，《中國目錄學史》，（台北：文化大學，民國 71 年）。

66：（明）郭子章，（清）郭子仁編，《青螺公遺書》，（清光緒三年三樂堂刊本）。

67：（清）章學誠，《校讎通義》三卷。（台北：世界，民國 51 年）。

68：（清）馮可鏞修，楊泰亨著，《慈谿縣志》，《中國方志叢書華中地方》第二一三號。

69：（明）陳第編，《世善堂藏書目錄》，《書目類編》第廿九冊。（台北：成文，民國 67 年）。

70：（明）陳仁錫，《無夢園遺集》，（明崇禎八年古吳陳氏刊本）。

71：陳登原，《古今典籍聚散考》，《書目類編》第九六冊。（台北：成文影印）。

72：（宋）陳振孫，《直齋書錄解題》，《書目續編》，（台北：廣文影印，民國 58 年）。

73：（明）張鼐，《寶日堂初集》，（明崇禎二年刊本）。

74：張乃熊，《菦圃善本書目》，《書目三編》，（台北：廣文影印，民國 58 年）。

75：（清）張之洞，《書目答問》，（台北：新興影印，民國 55 年）。

76：張元濟，《涉園序跋集錄》，《書目類編》第十八冊。（台北：成文，民國 67 年）。

77：（清）張廷玉等，《明史》，（台北：鼎文，民國 69 年）。

78：（清）張宗泰，《魯巖所學集》，（台北縣：大華影印，民國 57 年）。

79：（清）張金吾，《愛日精盧藏書志》，（台北：文史哲影印，民國 71 年）。

80：張舜徽，《中國文獻學》，（台北：木鐸，民國 72 年）。

81：（明）梅鼎祚，《鹿裘石室集》，（明天啓三年梅氏玄白堂刊本）。

82：國立中央圖書館編，《國立中央圖書館善本書目增訂本》，（台北：編者，民國 56 年）。

83：國立中央圖書館編，《明人傳記資料索引》，（台北：編者，民國 67 年）。

84：（清）莫友芝，《邵亭知見傳本書目》，《書目五編》，（台北：廣文影印，民國 61 年）。

85：紹興修志委員會輯，《紹興縣志資料》第一輯，《中國方志叢書華中地方》第五三八號。（台北：成文影印，民國 72 年）。

86：（元）脫脫等，《宋史藝文志》等第九種。（台北：世界，民國 64 年）。

87：（清）溫睿臨撰。（清）李瑤補，《南疆繹史》三十卷《撫遺》十八卷，《台灣文獻叢刊》第一三二種。（台北：台灣銀行，民國 55 年）。

88：（清）彭元瑞，《天祿琳琅書目》，《書目叢編》，（台北：廣文影印，民國 56 年）。

89：黃裳，《榆下說書》，（北京：三聯，1982 年）。

90：黃裳，《銀魚集》，（北京：三聯，1985 年）。

91：（清）黃丕烈繆荃孫等輯，《書目叢編》，（台北：廣文影印，民國 56 年）。

92：（清）黃宗羲，《梁洲遺著彙刊》，（台北：隆言，民國 58 年）。

93：（清）黃宗羲，《明儒學案》，（上海：商務，民國 28 年）。

94：黃嗣艾，《南雷學案》，《清代傳記叢刊學林類》，（台北：明文影印，民國 71 年）。

95：（明）黃虞稷，《千頃堂書目》，《書目叢編》，（台北：廣文影印，民國 56 年）。

96：（明）焦竑編，《國史經籍志》，《書目五編》，（台北：廣文影印，民國 61 年）。

97：傅增湘，《藏園群書題記》八卷《續記》六卷，《書目叢編，台北：廣文影印，民國 56 年）。

98：傅增湘，《藏園群書經眼錄》，（北京：中華，1981 年）。

99：（明）楊士奇編，《文淵閣書目》，《書目續編》，（台北：廣文影印，民國 57 年）。

100：楊立誠、金步瀛合著，《中國藏書家考略》，（台北：文海，民國 6 年）。

101：楊虎修。李丙廬纂，《寧國縣志》，《中國方志叢書華中地方》第二四三號。台北：成文影印）。

102：楊蔭深，《中國文學家考略》，（台北：新文豐，民國 67 年）。

103：葉昌熾，《藏書紀事詩》，（台北：世界，民國 69 年）。

104：葉德輝，《書林清話》，（台北：世界，民國 69 年）。

105：路工，《訪書見聞錄》，（上海：古籍出版社，1985 年）。

106：（清）趙昱，《春草園小記》，《武林掌故叢編》第五八冊。（清光緒七年丁氏嘉惠堂刊本）。

107：（清）趙一清，《東潛文稿》，（中國書店影印本）。

108：（明）趙用賢，《趙定宇書目》，《書目類編》，（台北：成文影印，民國 67 年）。

109：趙爾巽，《清史稿》，（台北：鼎文，民國 72 年）。

110：（清）潘介祉，《明詩人小傳稿》，（台北：中央圖書館，民國 75 年）。

111：潘美月，《宋代藏書家考》，（台北：學海，民國 69 年）。

112：潘美月，《圖書》，（台北：幼獅，民國 75 年）。

113：（宋）鄭樵，《通志》二十略。（台北：新興，民國 48 年）。

114：鄭振鐸，《劫中得書記》，（台北：木鐸，民國 71 年）。

115：鄭肇陞譯。 Jess H. Shera 著，《圖書館學概論》，（台北：楓城，民國 75 年）。

116：鄭奮鵬，《鄭樵的校讎目錄學》，（台北：學海，民六五年）。

117：（清）蔣光煦，《東湖叢記》，《書目叢編》，（台北：廣文影印，民國 56 年）。

118：（清）魯銓等修，洪亮吉等纂，《寧國府志》，《中國方志叢書華中地方》第八七號。（台北：成文影印）。

119：（後晉）劉煦。（宋）歐陽修等撰，《兩唐經籍藝文合志》等五種。（台北：世界，民六五年）。

120：劉簡，《中文古籍整理分類研究》，（台北：文文哲，民國 66 年）。

121：盧荷生，《中國圖書館事業史》，（台北：史文哲，民國 75 年）。

122：（清）錢曾，《述古堂藏書目》，《書目類編》第卅二冊。（台北：成文，民國 67 年）。

123：（清）謝振定，《知恥齋文集》，（清嘉慶間刊本）。

124：謝國楨，《江浙訪書記》，（北京：三聯，1985 年）。

125：（清）韓應陛編，《雲間韓氏藏書目》，《書目叢編》第卅一冊。（台北：成文影印，民國 67 年）。

126：繆荃孫，《藝風堂藏書記》八卷《續記》八卷，《書目叢編》，（台北：廣文影印，民國 56 年）。

127：繆荃孫輯刻，《藕香零拾，台北：廣文影印）。

128：藍乾章，《圖書館行政》，（台北：五南，民國 71 年）。

129：（清）瞿鏞，《鐵琴銅劍樓藏書目錄》，《書目叢編》，（台北：廣文影印，民國 56 年）。

130：（唐）魏徵等，《隋書》，（台北：鼎文，民國 64 年）。

131：魏徵等，《隋書經籍志》，（台北：世界，民國 62 年）。

132：（清）魏瀛等修，《鍾音源等纂》，《贛州府志》，《中國方志叢書華中地方》第一○○號。（台北：成文影印）。

133：羅孟禎，《中國古代目錄學簡編》，（重慶：重慶出版社，1983 年）。

134：羅振常，《善本書所見錄》，《書目類編》第七九冊。（台北：成文，民國 67 年）。

135：顧敏，《圖書館採訪學》，（台北：學生，民國 68 年）。

136：（清）顧炎武，《日知錄》，（台北：明倫，民國 59 年）。

137：（明）龔立平，《煙艇詠懷》，《借月山房彙鈔》，（上海博古齋影印本，民國 10 年）。

138：蘇精，《近代藏書三十家》，（台北：傳記文學，民國 72 年）。

期刊部份

1 ：王重民，〈章學誠的目錄學〉，《文史》七輯（1979 年 12 月），頁 257～269。

2 ：王獻唐，〈海源閣藏書之損失與善後處理〉，《山東圖書館學季刊》一卷一期（民國 20 年 3 月），頁 1～18。

3 ：汪閬，〈明代蟫林輯傳〉，《圖書館學季刊》七卷一期（民國 22 年 3 月），頁 1～58。

4 ：況能富，〈中國十五至十八世紀圖書館學思想論要〉，《武漢大學學報》（1984 年 4 月），頁 90～95。

5 ：李宗侗，〈趙東潛曠亭讀書圖歌注〉，《華岡學報》二期（民國 54 年十二月），頁 235～245。

6 ：吳明德，〈公共圖書館的書面選書政策〉，《台北市立圖書館館訊》二卷三期（民國 74 年 3 月），頁 1～4。

7 ：昌彼得，〈祁承㸁及其在圖書目錄學上的貢獻〉，《圖書館學報》十一期（民國 60 年 6 月），頁 149～158。

8 ：周彥文，〈千頃堂書目研究〉，私立東吳大學中文研究所，博士論文，（民國 74 年 6 月）。

9 ：高路明，〈古代的目錄〉（一），《文獻》第十輯（1981 年 12 月），頁 255～268。

10：洪有豐，〈清代藏書家考〉，《圖書館學季刊》一卷一期（民國 15 年 3 月），頁 39～52。

11：袁同禮，〈清代私家藏書概略〉，《圖書館學季刊》一卷一期（民國 15 年 3 月），頁 31～38。

12：袁同禮，〈明代私家藏書概略〉，《圖書館學季刊》二卷一期（民國 17 年 3 月），頁 1～8。

13：孫欽善，〈古籍辨偽學概述〉，《文獻》十四輯（1982 年 12 月），頁 212～228。十五輯（1983 年 1 月），頁 246～256。十六輯（1983 年 2 月），頁 235～250。

14：陳光貽，〈輯佚學的起源、發展和工作要點〉（一），《史學史研究》（1983 年一期，頁 75～79。

15：張璉，〈明代中央政府圖書的收藏與散佚〉，《中國圖書館學會會報》卅六期（民國 73 年二月），頁 197～204。

16：項士元，〈浙江藏書家考略〉，《文瀾學報》三卷一期（民國 26 年 3 月），頁 1～32。

17：謝國楨，〈明清時代的目錄學〉，《歷史教學》（1980 年 3 月），頁 36～39。

18：謝德雄，〈元明兩代官修目錄之簡率及其原因〉，《圖書館雜誌》（1985 年 3 月），頁 40～42。

19：薛理桂，〈如何做好採訪的上游工作─國內圖書出版消息的有效掌握〉，《台北市立圖書館館訊》二卷三期（民國 74 年 3 月），頁 12。

20：藍文欽，〈鐵琴銅劍樓藏書研究〉，國立台灣大學圖書館學研究所，碩士論文，（民國 73 年 6 月）。

21：羅友松與蕭林來，〈黃宗羲藏書考〉，《華東師大學報》（1980 年四期，頁 85～89。

二、按四庫分類法排列

1：（唐）魏徵等撰，《隋書》，（台北：鼎文書局排印本，民國 64 年）。

2：（清）張廷玉等撰，《明史》，（台北：鼎文書局排印本，民國 69 年）。

3：趙爾巽等撰，《清史稿》，（台北：鼎文書局排印本，民國 72 年）。

4：（宋）鄭樵撰，《通志二十略》，（台北：新興書局排印本，民國 48 年）。

5：（元）戈直撰，《貞觀政要集論》，（明成化四年內府刻本）。

6：（清）黃宗羲撰，《明儒學案》，（上海：商務印書館排印，民國 28 年）。

7：（明）龔立平撰，《煙艇詠懷》，（上海：博古齋影印借月山房彙鈔本，民國 10 年）。

8：黃裳，〈天一閣被竊書目前記〉，《文獻》（1979 年 1 月），頁 93～103。

9：黃裳，〈澹生堂二三事〉，《社會科學戰線》（1980 年四期），頁 338～347。

10：黃裳，〈祁承㸁家書跋〉，《中華文史論叢》（1984 年四期），頁 233～284。

11：黃燕生，〈遂初堂書目在目錄學上的貢獻〉，《北京師大學報》五八期（1983 年

7 月），頁 10～17。

12：潘銘燊，〈宋代藏書家考〉，《華國》六期（民國 60 年 7 月），頁 201～262。

13：蔡佩玲，〈范氏天一閣研究〉，國立台灣大學圖書館學研究所碩士論文，（民國 75 年 6 月）。

14：蔣復璁，〈兩浙藏書家印章考〉，《文瀾學報》三卷一期（民國 26 年 3 月），頁 1～5。

15：劉清，〈章學誠的目錄學〉，《聯合書院學報》九期（民國 60 年），頁 177～188。

16：劉尚恆，〈中國古籍叢書概說〉，《文獻》七輯（1981 年 7 月），頁 141～155。

17：劉意成，〈私人藏書與古籍保存〉，《圖書館雜誌》七輯（1983 年 9 月），頁 60～61，47。

18：駱兆平，〈談天一閣藏明代地方志〉，《文獻》第五輯（1980 年 10 月），頁 190～199。

19：錢亞新，〈祁承㸁——我國圖書館學的先驅者〉，《圖書館》（1962 年一期），頁 45～51。

20：錢亞新，〈祁理孫與奕慶藏書樓書目〉，《圖書館工作（1987 年四期），頁 36。

21：（清）溫睿臨撰，（清）李瑤補，《南疆繹史及撫遺》，（民國 55 年台灣銀行排印台灣文獻叢刊本）。

22：（清）徐鼒撰，《小腆紀傳》，（民國 55 年台灣銀行排印台灣文獻叢刊本）。

23：國立中央圖書館編，《明人傳記資料索引》，（排印本，民國 67 年）。

24：（清）潘介祉撰，《明詩人小傳稿》，（中央圖書館排印本，民國 75 年）。

25：黃嗣艾撰，《南雷學案》，（台北：明文書局排印清代傳記叢刊本，民國 71 年）。

26：葉昌熾撰，《藏書紀事詩》，（台北：世界書局排印本，民國 69 年）。

27：楊立誠、金步瀛撰，《中國藏書家考略》，（台北：文海書局排印本，民國 60 年）。

28：潘美月撰，《宋代藏書家考》，（台北：學海書局排印本，民國 69 年）。

29：吳晗撰，《江浙藏書家史略》，（台北：文史哲出版社排印本，民國 71 年）。

30：蘇精撰，《近代藏書三十家》，（台北：傳記文學出版社排印本，民國 72 年）。

31：楊蔭深編撰，《中國文學家考略》，（台北：新文豐書局排印本，民國 67 年）。

32：（明）祁彪佳撰，《祁忠敏公日記》，（浙江：紹興修志委員會排印本，民國 26 年）。

33：（清）王思任編，梁廷枏、龔沅補，《祁忠敏公年譜》，（台北：台灣銀行排印台灣文獻叢刊本，民國 59 年）。

34：包賚編，《清呂晚邨先生留良年譜》，（台北：商務印書館排印本，民國 67 年）。

35：（清）魏瀛等修，鍾音鴻等纂，《贛州府志》，（台北：成文出版社影印本，民國 72 年）。

36：楊虎修，李丙鼎纂，《寧國府志》，（台北：成文出版社影印本，民國 65 年）。

37：（清）馮可鏞修，清楊泰亨纂，《慈谿縣志》，（台北：成文出版社影印本，民國 65 年）。

38：（清）徐文梅等修，朱文翰等輯，《嘉慶山陰縣志》，（台北：成文出版社影印本，民國 72 年）。

39：紹興修志委員會輯，《紹興縣志資料》第一輯，（台北：成文出版社影印本，民國 72 年）。

40：（明）祁承㸁撰，《牧津》，（明天啓間原刊本）。

41：（唐）魏徵等撰，《隋書經籍志》，（台北：世界書局排印本，民國 62 年）。

42：（後晉）劉昫、（宋）歐陽修等撰，《兩唐書經籍藝文合志》，（台北：世界書局排印本，民國 65 年）。

43：（宋）王堯臣等撰，（清）錢東垣輯釋，《崇文總目》，（台北：廣文書局影印書目續編本，民國 57 年）。

44：（宋）晁公武撰，（清）王先謙校刊，《郡齋讀書志》，（台北：廣文書局影印書目續編本，民國 57 年）。

45：（宋）尤袤編，《遂初堂書目》，（台北：廣文書局影印書目續編本，民國 57 年）。

46：（宋）陳振孫撰，《直齋書錄解題》，（台北：廣文書局影印書目續編本，民國 57 年）。

47：（元）馬端臨撰，《文獻通考經籍考》，（台北：新興書局影印本，民國 47 年）。

48：（元）脫脫修，《宋史藝文志》，（台北：世界書局排印本，民國 64 年）。

49：（明）楊士奇等撰，《宋淵閣書目》，（台北：廣文書局影印書目續編本，民國 57 年）。

50：（明）高儒撰，《百川書志》，（台北：成文出版社排印書目類編本，民國 67 年）。

51：（明）晁瑮編，《寶文堂書目》，（台北：成文出版社排印書目類編本，民國 67 年）。

52：（明）徐㷀編，《紅雨樓家藏書目》，（台北：成文出版社排印書目類編本，民國 67 年）。

53：（明）焦竑編，《國史經籍志》，（台北：廣文書局影印書目五編本，民國 61 年）。

54：（明）祁承㸁編，《澹生堂藏書目》，（清光緒十八年紹興徐氏鑄學齋刻紹興先正遺書本）。

55：（明）陳第編，《世善堂藏書目錄》，（台北：成文出版社排印書目類編本，民國 67 年）。

56：（明）趙用賢，《趙定宇書目》，（台北：成文出版社影印書目類編本，民國 67 年）。

57：（清）黃虞稷撰，《千頃堂書目》，（台北：廣文書局影印書目叢編本，民國 56

年）。

58：（清）祁理孫撰，《奕慶藏書樓書目》，（台北：成文出版社排印書目類編本，民國 67 年）。

59：（清）錢曾編，《述古堂藏書目》，（台北：成文出版社排印書目類編本，民國 67 年）。

60：（清）彭元瑞等撰，《天祿琳琅書目》，（台北：廣文書局影印書目叢編本，民國 56 年）。

61：（清）朱彝尊撰，《經義考》，（清光緒間浙江書局刊本）。

62：（清）紀昀等撰，《四庫全書總月提要及四庫未收書目禁燬書目》，（台灣：商務印書館排印本，民國 67 年）。

63：（清）阮元編，《天一閣藏書總目》，（清嘉慶十三年揚州阮氏文選樓刊本）。

64：（清）黃丕烈撰，繆荃孫等輯，《蕘圃群書題識》，（台北：廣文書局書目叢編本，民國 56 年）。

65：（清）張金吾撰，《愛日精盧藏書志》，（台北：文史哲出版社影印本，民國 71 年）。

66：（清）丁日昌撰，《持靜齋書目》，（台北：成文出版社影印本，民國 67 年）。

67：（清）莫友芝撰，《邵亭知見傳本書目》，（台北：廣文書局影印書目五編本，民國 61 年）。

68：（清）韓應陛撰，《雲間韓氏藏書目》，（台北：成文出版社影印書目類編本，民國 67 年）。

69：（清）瞿鏞撰，《鐵琴銅樓藏書目錄》，（台北：廣文書局影印書目叢編本，民國 50 年）。

70：（清）丁丙撰，《善本書室藏書志》，（台北：廣文書局影印書目叢編本，民國 56 年）。

71：（清）丁立中編，《八千卷樓藏書目》，（台北：廣文書局影印書目四編本，民國 59 年）。

72：（清）張之洞撰，《書目答問》，（台北：新興書局，民國 55 年）。

73：（清）周中孚撰，《鄭堂讀書記》，（台北：世界書局，民國 49 年）。

74：繆荃孫撰，《藝風堂藏書記》，（台北：廣文書局影印書目叢編本，民國 56 年）。

75：張乃熊編，《菦圃善本書目》，（台北：廣文書局影印書目三編本，民國 58 年）。

76：王文進撰，《文祿堂訪書記》，（台北：廣文書局影印書目續編本，民國 56 年）。

77：張元濟撰，《涉園序跋集錄》，（台北：成文出版社書目類編本，民國 67 年）。

78：羅振常撰，《善本書所見錄》，（台北：成文出版社書目類編本，民國 67 年）。

79：傅增湘撰，《藏園群書題記初集續集》，（台北：廣文書局影印書目叢編本，民國 56 年）。

80：鄭振鐸撰，《劫中得書記》，（台北：木鐸出版社，民國71年）。

81：江南圖書館編，《江南圖書館善本書目》，（台北：廣文書局影印書目四編本，民國59年）。

82：梁子涵編，《中國歷代書目總錄》，（台北，中華文化出版事業，民國64年）。

83：中央圖書館編，《國立中央圖書館善本書目》，（台北：國立中央圖書館，民國56年）。

84：江蘇省立國學圖書館編，《盋山書影》，（台北：廣文書局影印書目四編本，民國59年）。

85：謝國楨撰，《江浙訪書記》，（北京：三聯書店，1985年）。

86：路工撰，《訪書見聞錄》，（上海：古籍出版社，1983年）。

87：陳登原撰，《古今典籍聚散考》，（台北：成文出版社書目類編本，民國67年）。

88：（日）島田翰撰，《皕宋樓藏書源流考》，（台北：世界書局，民國69年）。

89：（明）祁承㸁撰，《澹生堂藏書約》，（台北：廣文書局影印書目續編本，民國57年）。

90：（清）章學誠撰，《校讎通義》，（台北：世界書局，民國51年）。

91：余嘉錫撰，《古書通例》，（台北：丹青出版社，民國75年）。

92：姚名達撰，《中國目錄學史》，（台北：商務印書館，民國70年）。

93：許世瑛撰，《中國目錄學史》，（台北：文化大學出版社，民國71年）。

94：呂紹虞撰，《中國目錄學史稿》，（台北：丹青出版社，民國75年）。

95：余嘉錫，《目錄學發微》，（台北：藝文印書館，民國63年）。

96：汪辟疆撰，《目錄學研究》，（台北：文史哲出版社，民國62年）。

97：劉簡撰，《中文古籍整理分類研究》，（台北：文史哲出版社，民國66年）。

98：胡楚生撰，《中國目錄學研究》，（台北：華正書局，民國69年）。

99：來新夏撰，《古典目錄學淺說》，（北京：中華書局，1981年）。

100：武漢大學目錄學概論編寫組撰，《目錄學概論》，（北京：中華書局，1982年）。

101：羅孟禎撰，《中國古代目錄學簡編》，（台北：重慶出版社，1983年）。

102：昌彼得與潘美月撰，《中國目錄學》，（台北：文史哲出版社，民國75年）。

103：昌彼得輯，《中國目錄學資料選輯》，（台北：文史哲出版社，民國70年）。

104：吳哲夫撰，《清代禁燬書目研究》，（台北：嘉新水泥事業，民國58年）。

105：鄭奮鵬撰，《鄭樵的校讎目錄學》，（台北：學海出版社，民國65年）。

106：葉德輝撰，《書林清話》，（台北：世界書局，民國69年）。

107：屈萬里與昌彼得撰，潘美月增訂，《圖書版本學要略》，（中國文化大學出版部，民國75年）。

108：昌彼得撰，《版本目錄學論叢（二）》，（台北：學海出版社，民國66年）。

109：潘美月撰，《圖書》，（台北：幼獅圖書公司，民國 75 年）。

110：黃裳撰，《榆下説書》，（北京：三聯書店，1982 年）。

111：黃裳撰，《銀魚集》，（北京：三聯書店，1985 年）。

112：邢雲林撰，《圖書與圖書館購求法》，（南京：正中書局，民國 25 年）。

113：中國圖書館學會編，《圖書館學》，（台北：學生書局，民國 62 年）。

114：藍乾章撰，《圖書館行政》，（台北：五南書局，民國 71 年）。

115：顧敏撰，《圖書館採訪學》，（台北：學生書局，民國 68 年）。

116：盧荷生撰，《中國圖書館事業史》，（台北：文史哲出版社，民國 75 年）。

117：鄭肇陞譯，圖書館學概論》，（台北：楓城出版社，民國 75 年）。

118：王錫璋撰，《圖書與圖書館論述集、續集》，（台北：文史哲出版社，民國 74 年）。

119：（清）王鳴盛撰，《十七史商榷》，（清光緒十九年廣雅書局覆刻本）。

120：《中國古典文獻學》，（台北：木鐸出版社，民國 72 年）。

121：張舜徽撰，《中國文獻學》，（台北：木鐸出版社，民國 72 年）。

122：柳詒徵撰，《中國文化史》，（台北：正中書局，民國 67 年）。

123：吳智和編，《明史研究論叢第一輯》，（台北：大立出版社，民國 71 年）。

124：（清）顧炎武撰，《日知錄》，（台北：明倫出版社，民國 59 年）。

125：林慶彰撰，《明代考據學研究》，（台北：學生書局，民國 72 年）。

126：（清）呂留良撰，《呂晚邨家訓眞蹟》，（台北：廣文書局，民國 64 年）。

127：（明）胡應麟撰，《少室山房筆叢》，（清光緒卅二年廣雅局刊本）。

128：（清）孫承澤撰，《春明夢餘錄》，（清光緒九年廣州惜陰分館刊本）。

129：（明）祁承㸁撰，《宋賢雜佩》，（紫芝堂四種之一明鈔本）。

130：（明）郭子章撰，清郭子仁編，《青螺公遺書》，（清光緒七年三樂堂刊本）。

131：（明）張鼐撰，《寶日堂初集》，（明崇禎二年刊本）。

132：（日）梅鼎祚撰，《鹿裘石室集》，（明天啓三年梅氏玄白堂刊本）。

133：（明）祁承㸁撰，《澹生堂集》，（明崇禎八年祁氏家刊本）。

134：（明）陳仁錫撰，《無夢園遺集》，（明崇禎八年古吳陳氏刊本）。

135：（明）姚希孟撰，《響玉集》，（明張叔籟刊本）。

136：（明）祁彪佳撰，《祁忠惠公遺集》，（台北：環球書局影印乾坤正氣集本，民國 55 年）。

137：（清）黃宗羲撰，《梨洲遺著彙刊》，（台北：隆言出版社，民國 58 年）。

138：（清）朱彝尊撰，《曝書亭集》，（上海：商務印書館影印四部叢刊初編本）。

139：（清）全祖望撰，《鮚埼亭集》，（台北：商務印書館影印四部叢刊正編本，民國 68 年）。

140：（清）趙昱撰，《春草園小記》，（清光緒七年丁氏嘉惠堂刊武林掌故叢編本）。

141：（清）趙一清撰，《東潛文稿》，（中國書店影印本，民國初年）。

142：（清）謝振定撰，《知恥齋文集》，（清嘉慶間刊本）。

143：（清）張宗泰撰，《魯巖所學集》，（台北：大華書局影印本，民國57年）。

144：（清）阮元編，《兩浙輶軒錄》，（清光緒十六年浙江書局重刊本）。

145：（清）朱彝尊編，《明詩綜》，（台北：世界書局影印本，民國51年）。

146：（清）朱彝尊編，《靜志居詩話》，（清嘉慶廿四年靜志居刊本）。

147：（明）祁承㸁編，《澹生堂餘苑》，（明鈔本）。

148：繆荃孫輯刻，《藕香零拾》第一冊，（台北：廣文書局影印本）。

牧津序

自郡縣以來吏治之盛無過兩漢西京明法筋

治尚綜覈建武永平以後更以儒術緣飾之於

是士之通經術者皆得奮蹟州郡以循良自顯

而士亦進進階此以樹鴻烈而垂汗簡史冊所

載固班班可攷也蓋學術吏治原相表裏士郎

有敏才異授脫穎而出然南舍雜蕪而膺民社

技經肯綮猶未熟嘗如始涉湖海者必載南車

占斗極訪長年按圖經道里之紆直山川之夷

牧清

二

堤捍水驟峻其防則橫溢旁流徒速其決所

以作人每先善誘教亦多術治必因民禮教

之興日計不足仁讓之俗歲計有餘若暾啟

文明不漓朴茂鎔金歸質延上惟堅世運自

開人心自古非有身範孰振淳風翰化導第

七

無逸作所百廋維貞明作有功庶務畢舉運甍

之意登興鳴琴戴星之勞恥言臥理人惟朝

氣可振頹風政欲幾康必先兢業倘一息自

書影二　明鈔本《宋賢襍佩》

宋賢襍佩

山陰祁承㸁偶枯

太祖遣曹彬、潘美往江南彬辭才力不逮

乞別選能臣美盛言江南可取帝大言諭

彬曰所謂大將者能斬出位犯分之副將

則不難矣美汗下不敢仰視

太祖駕馭英雄只在能斬出位犯分之

副將一語則潘美自不敢各行其志安

書影三　鈔本《宋西事案》

宋西事案卷之一

海濱詢士漫輯

元昊西平之封

仁宗天聖六年五月、趙德明使其子元昊襲回
鶻甘州取之元昊小字嵬理性雄毅多大略善
繪畫圓面高準曉浮圖學通番漢文字德明雖
臣事中國及契丹然自帝其國至是以元昊襲
破回鶻奪甘州遂立爲皇太子明道元年十一
月德明卒遣使立其子元昊爲西平王初元昊

起手便失一着

— 232 —

書影四　《澹生堂餘苑》

溫公瑣語

蔡確鞫相獄朝士被繫者確令獄卒與之同室而處同席而寢

飲食旋溷共在一室置大盆於前諸家饋食者羹飯餅餌悉投

其中以杓攪勻而分其飼之纍旬不問幸得其問無罪不承寅

甫云

中丞鄧綰言馮京鄖在政府為性庸狠朋邪狗俗疢害聖政陛

下寬仁不誅守藩未幾復移邊帥而錢藻代陛下作訓詁乃稱

京執政不回一節不撓又云大臣進退繫時安危京在政府曾

無補益唯退有後言何謂一節且京罷政踰歲豈嘗有危藻專

事詆諏乞落直學士院上從之　張峋

書影五　明崇禎六年原刊本《澹生堂集》

澹生堂全集序

士大夫讀書不難而難辭

達達非易言也得之書者

欲其達於口得之口者欲

其達於心得之心者欲其

書影六　澹生堂藏宋板書（一）

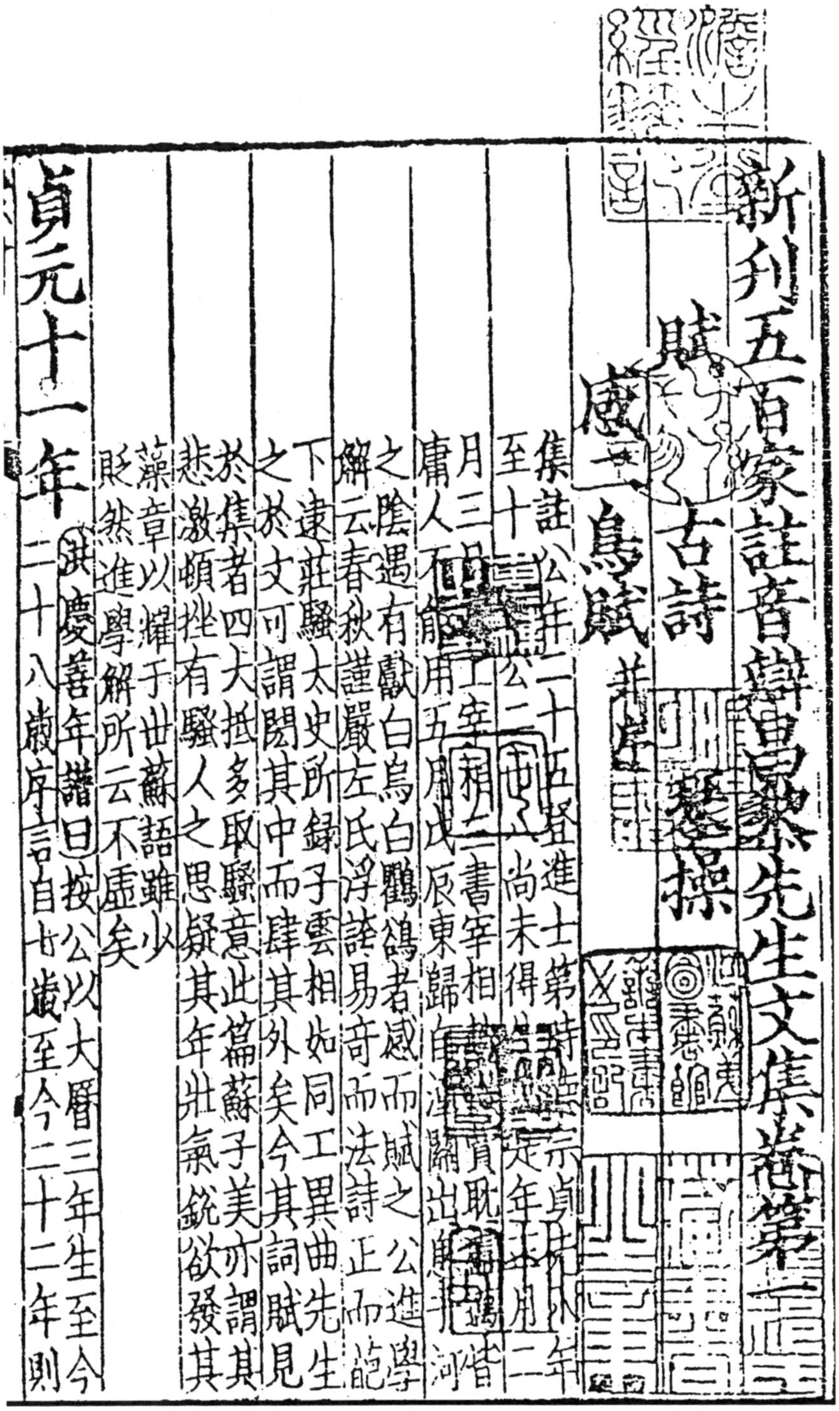

新刊五百家註音辯昌黎先生文集卷第一

賦

古詩　琴操

感二鳥賦 并序

集註公年二十五登進士第時德宗貞元八年

至十一年公二十八尚未得仕是年正月二

月三月[illegible]三上宰相書宰相[illegible]賢既[illegible]皆

庸人不能用五月戊辰東歸自潼關出見河

之陰遇有獻白烏白鸜鵒者感而賦之公進學

解云春秋謹嚴左氏浮誇易奇而法詩正而葩

下逮莊騷太史所錄子雲相如同工異曲先生

之於文可謂閎其中而肆其外矣今其詞賦見

於集者四大抵多取騷意此篇蘇子美亦謂其

悲激頓挫有騷人之思疑其年壯氣銳欲發其

藻章以耀于世蘇語雖以

彫然進學解所云不虛矣

洪慶善年譜曰按公以大曆三年生至今

貞元十一年二十八歲序言自七歲至今二十二年則

書影七　澹生堂藏宋板書（二）

晦庵朱侍講先生韓文考異卷第三

第七卷

古詩

巉巖　　送僧澄觀

雪後　　巉巖二十

恢奇

淮泗

書影八　澹生堂藏宋板書（三）

麗澤論說集錄卷第七

門人集錄孟子說

人皆說仁義便是利然利如此說只看孟子言未

有仁而遺其親者也未有義而後其君者也以仁

義為天下何利之足言當時舉天下皆沒於利義

孟子此章剖判如此明白指示如此端的掃蕩如

此潔淨警策如此親切當時之病固大孟子之藥

劑量亦大矣　梁惠王上

壯者以暇日脩其孝弟忠信四者無日不當脩何獨

暇日所以暇日者講貫之謂

書影九　澹生堂鈔《三易備遺》

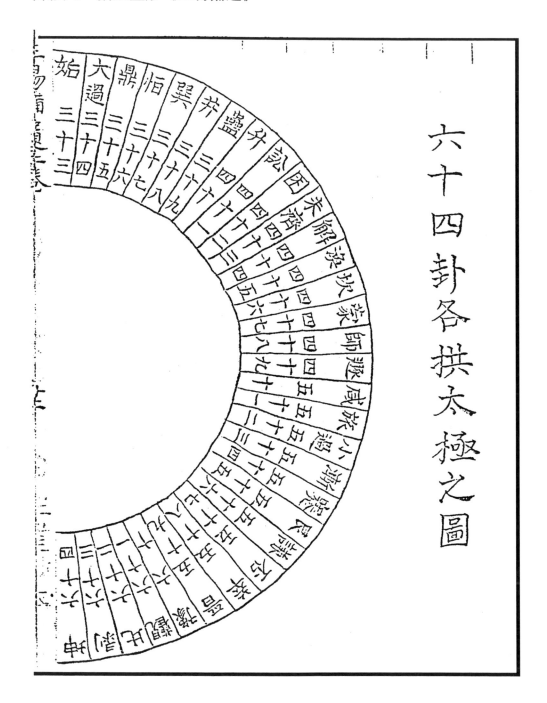

書影十　澹生堂鈔本《書集傳》

書集傳序

慶元己未冬先生文公令沉作書集傳明年先
生歿又十年始克成編總若干萬言嗚呼書豈
易言哉二帝三王治天下之大經大法皆載此
書而淺見薄識豈足以盡發蘊奧且生於數千
載之下而欲講明於數千載之前亦已難矣然
二帝三王之治本於道二帝三王之道本於心
得其心則道與治固可得而言矣何者精一執
中堯舜禹相授之心法也建中建極商湯周武
相傳之心法也曰德曰仁曰敬曰誠言雖殊而

書集傳

書影十一　澹生堂鈔本《經子難字》

經子難字序

抱朴子云經爲道埶之淵海子爲增深之川流猶景星
之佐三辰林薄之禪喬嶽㫖哉言乎斯儒學之首務誦
讀之必先也

太史升菴先生有經子難字一冊盖几案隨筆耳雖多
仍舊音叢載故詁而中有全篇奧隱用析片詞陳說牽
纏無燌詳剖或借喻于方言或援引于別録問弗朗然
氷釋皎若日臨不特昭其切叶且棄擷延英華者矣先
生於岣嶁之碑岐陽之皷呂氏考古宣和博古二圖曁
蒼雅林統上下數千百載而必精思深索之故其得於

經子難字

澹生堂鈔本

書影十二　澹生堂鈔本《魯氏類說》（一）

魯氏類說總目　　宋魯䇓撰

卷第一上下

穆天子傳　　漢武帝內傳　　趙后外傳

楊妃外傳　　列女傳　　高士傳

逸士傳　　耆舊傳　　鄧侯家傳

名臣傳

卷第二

列仙傳　　神仙傳　　續仙傳

王氏神仙傳　　高道傳

書影十三　澹生堂鈔本《魯氏類説》(二)

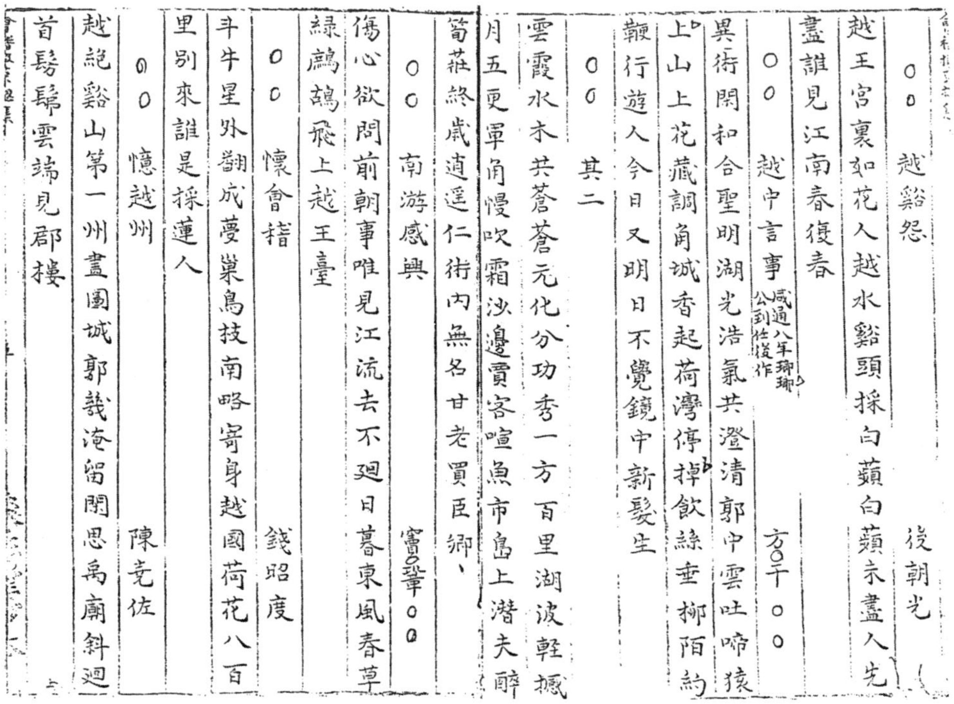
○○越谿怨　後朝光
越王宮裏如花人越水谿頭採白蘋白蘋未盡人先
盡誰見江南春復春
○○越中言事　咸通八年鄉鄉公到任後作　方干○○
異街閑和合聖明湖光浩氣共澄清郭中雲吐啼猿
山上花藏調角城香起荷灣停棹飲綠垂楊陌約
鞭行遊人今日又明日不覺鏡中新髮生
○○其二
雲霞水木共蒼蒼元化分功秀一方百里湖波輕撼
月五更軍角慢吹霜沙邊賈客喧魚市島上潛夫醉
筍莊終歲逍遙仁術內無名甘老買臣鄉、
○○南游感興　竇鞏○○
傷心欲問前朝事唯見江流去不迴日暮東風春草
綠鷓鴣飛上越王臺
○○懷會稽　錢昭度
斗牛星外翻成夢巢鳥枝南略寄身越國荷花八百
里別來誰是採蓮人
○○憶越州　陳堯佐
越絕谿山第一州畫圖城郭幾淹留閑思禹廟斜迴
首髣髴雲端見郡樓

書影十四　澹生堂鈔本《會稽掇英總集》

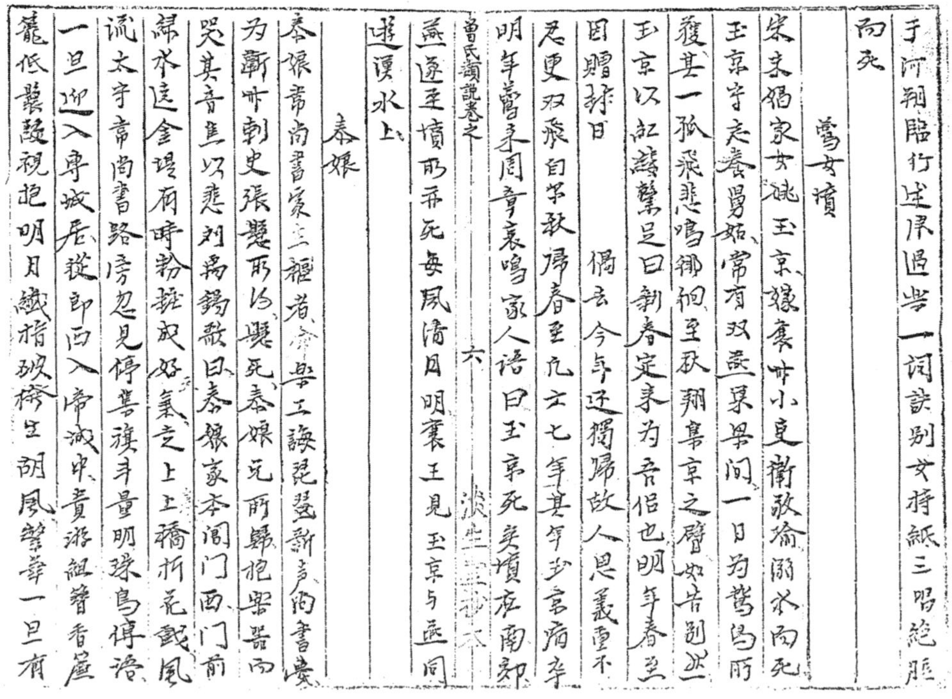
于河朔臨行出康遇此一詞訣別女持紙三鳴絕胆
而死
鶯女墳
宋末倡家女姚玉京嫁襄州小吏衛敬瑜溺水而死
玉京守志養舅姑常有双燕巢梁間一日為鷙鳥所
獲其一孤飛悲鳴徘徊至秋翔集京之臂如告別然
玉京以紅縷繫足曰新春定來為吾侶也明年春至
因贈詩曰　偶去今年返獨歸故人恩義重不
忍更双飛自是秋歸春至凡六七年其年玉京病卒
明年燕來周章哀鳴家人語曰玉京死矣墳在南郭
燕遂至墳所亦死每風清月明襄王見玉京與燕同
遊漢水上
秦娘
秦娘者尚書家之姬者名學工詼琵琶新聲尚書愛
為鄭州刺史張懸所得懸死秦娘元所歸抱琵琶而
哭其音焦以悲刘禹錫聞曰秦娘家本閶門西門前
綠水環金堤有時粧成好天氣走上皋橋折花戲風
流太守韋尚書路傍忽見停隼旗斗量明珠鳥傳語
一旦迎入專城居從郎西入帝城中貴游紐臂香屋
籠低鬟緩視抱明月纖指破撥生胡風繁華一旦有
魯氏類說卷之六　澹生堂鈔本

書影十五　澹生堂鈔本《樂全先生文集》

樂全先生文集序

門人眉山蘇軾選

孔北海志大而論高功烈不見于世然英偉豪傑之

氣自為一時所宗其論盛孝章郗鴻豫言慨然有烈

丈夫之風諸葛孔明不以文章自名內開物成務之

姿綜練名實之意自見於言語至出師表簡而盡直

而不肆大哉言乎與伊訓說命相表裏非秦漢以來

以事君為悅者所能至也常恨二人之文不見其全

今吾樂全先生張公安道其庶幾乎嗚呼士不以天

下之重自任久矣言語非不工也學非不敏

書影十六　澹生堂鈔本《乖崖先生文集》

乖崖先生文集卷第五

律詩

秋日登美、亭

野人官職與心違何况經年未浔歸一夕秋風無限
思偶来凭檻到斜暉

縣齋感懷二首

前朝官政似無端彭澤先生百日還湛娛崇陽九河

客明時不敢自歸山

傍人休愛俞皇華即問何能報國家長憶鄉園舊廬

舍會頃抛印自鋤瓜

乖崖文集卷之五

一

書影十七　呂留良「得山陰祁氏澹生堂藏書三千餘本示大火」詩真蹟

得山陰祁氏澹生堂藏書三千餘本

示大火

阿翁銘識墨猶新　大擔論觔換直銀　說與癡兒

休笑倒　難尋幾世好書人

宣綾包角藏經箋　不抵當時裝釘錢　豈是父書

渠不惜　只緣糉透達磨禪　祁氏泰臨濟宗

書影十八～廿二　紹興先正遺書本《澹生堂藏書目》

紹與先正遺書本同一著者之書，並未分開著錄。

紹與先正遺書本未將前後上下集分開著錄之例。

二十四冊六十卷徵吾錄二冊　卷二卷鄭曉紀明

政統宗十六冊一卷三十卷附　皇明繩武編吳瑞登三十四卷錄彙編本

咏化類編四十冊一百卷鄧球　弇山堂別集二十冊一百卷王世貞　皇明

弇州史料五十二冊前集三十卷後集七十卷　國朝史略八冊上集二　王禕輯

十四卷下集二十三卷別集二卷　綠滋館徵信編二冊五卷吳奇　皇明政

紀纂要二冊二卷周　皇明訓典要旨一冊二卷屈昭代

典則十六冊二十八卷黃光昇輯　嘉隆聞見記八冊十二卷　皇明

典故紀聞十冊十八卷余繼登官本　國獻家獻類編十六冊三十卷王可大

宙載三冊六卷張合　永昭二陵編年四冊六卷支　玉梅館

尊今林一冊二卷徐鳳纂　來鳳纂

鄭曉紀明

書目

書影十九　《祁目》中「互」、「通」二例著錄的體例

祁目中「通」例著錄之體例。

祁目中「互」例著錄的體例。

右編述

御製皇陵碑　一卷紀錄彙編本

滁陽王碑　國朝典故本　御製秋日紀

夢彙編本　一卷紀錄

天潢玉牒　一卷金聲玉振本國朝典故本　本紀錄彙編　高

皇帝訓行錄三冊卷三　近光錄一冊訓行錄十二卷宋濂國朝

紀錄彙編本　皇明聖政記五冊故本十卷即皇明本記一卷楊

國朝典故本　亦入譜牒類　起元輯

聖政纂二冊卷二　董穀　皇祖四大法十冊何棟如　龍飛紀略

十冊十卷　國初事蹟一卷劉辰翁國朝典　明初略二冊

二卷孫宜國朝　國初禮賢錄一卷國朝典故本紀錄彙編　皇

徵信叢錄本　彙編本金聲玉振本

明聖典八冊卷三十四　皇明聖正記八冊卷十　皇明傳信錄

卷睦樺　皇明傳信錄

二冊卷二　遜國臣記二冊卷二　明倫大典八冊二十世宗

四　會稽徐氏刊本

《書目三》

書影二十

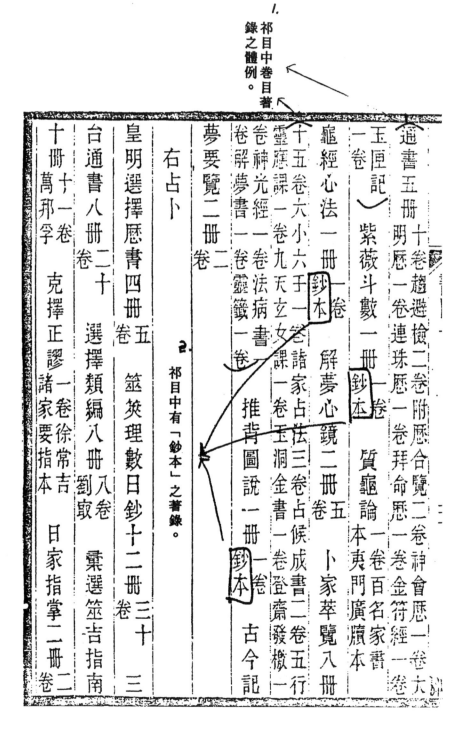

1. 祁目中卷目著錄之體例。

2. 祁目中有「鈔本」之著錄。

1. 祁目中著錄版本之體例。

2. 祁目中著錄卷目之體例。

書目區

南齊書十冊　卷五十九　蕭子顯撰本紀八
卷志十一卷　列傳四十卷

梁書十冊　撰本紀六卷
列傳三十卷

陳書　六冊　卷三十六　姚思
廉撰本紀六卷
列傳三十卷

舊本　南監本
五十六卷　本紀六卷列傳五十卷

後魏書三十冊　一百三十卷列傳九十六卷
本紀十四卷　魏收撰帝紀
卷志三十卷

北齊書八冊
五十卷　李百藥撰本紀
紀八卷列傳四十二卷
卷二十

後周書十冊　卷帝紀
八十五卷本紀十
卷列傳七十卷

隋書二十冊
等撰帝紀五卷
列傳八十八卷

南史二十冊
本紀

史三十冊
列傳五十卷
一百五十卷

唐書五十卷
舊唐書二百五十卷歐陽修等撰本紀
卷列傳一百五十卷表十五卷

五代史

舊唐書二百冊
朱史三十冊劉昫本紀
四卷撰舊本二百五十卷列傳一百五十卷志二十
修撰歐陽四百九十六卷脫脫等修本紀四
朱史一百冊十七卷志一百六十二卷表三十

十卷
四卷撰舊本

遼史十二冊

宋史新編四十二冊二百卷柯維騏
二十卷傳二百二十卷
五十五卷

書影二十一　　《祁目》中兼註明單行本及叢書分析本

祁目中兼
註明單行
本及叢書
分析本。

緯略四冊十二卷　　緯略摘鈔一卷澹生堂餘苑本　　野容叢書八冊

三十卷王林吳門刻本　　高似孫

齋浸錄六冊十八卷吳曾　　兩漢博聞六冊十二卷黃晉校　　能改

示兒編四冊二十卷孫奕　　丹鉛總錄十

本廣祕笈本椑海本

冊二十卷升菴外集十六冊一百　　五色綫四冊四卷　　正楊二

冊十七丹鉛餘錄四冊十七卷　　丹鉛續錄二冊二卷　　藝林伐山四

冊四卷陳　　升菴外集十六冊一百五色綫四冊四卷

冊文耀　　學圃蓲蘇六冊六卷　　餘冬序錄十三冊六十卷

餘冬序錄摘鈔紀錄彙編本　　比事摘錄二卷子　　宛委餘編

十九卷王世貞　　留青日札十冊五十一卷田藝蘅　　留青日札摘鈔紀錄

彙編本　　七修類藁十冊五十一卷郎瑛　　琅琊代醉編十冊四十卷張鼎思

金墨子八冊四十四卷陳絳　　石室私鈔評古二冊二卷文焕　　會稽徐氏刊本

楊慎　　楊侃　　能改　　正楊二　　丹鉛總錄十

書影二十二　　《祁目》中著錄叢書子目之體例

祁目中著
錄叢書子
目之體例。

木幽微
紀歷撮要

南方草木狀記　種樹書　獸經　草

爾雅　廣雅　白虎通　埤雅　禽經　釋名　方言　釋常談　師曠　爾雅　小雅

胡氏詩說　爾雅翼　風俗通　逸雅　孔氏雜說　蠻溪叢笑　李氏刊誤　北戶錄　戴

禽經　博物志　獸經續經　博物志　神異經　宜齋野乘　廣記　古今廣記　資暇錄　物原

氏鼠璞　聽雨紀談　芥隱筆記　造化論　歲時廣記　香譜　資暇錄　物原　三餘贅筆　事物紀原

古今注　古器總辨　古今事物考　洞天清錄　古今原始　格古要論　古器具　古今

名古　疑碑帖考　南方草木狀　河　洞天清錄　路史拾遺記　西京雜記　古器具　古今

海山記　翰林記　開天傳信錄　窗雜錄　開元天寶遺事　柳氏舊聞　隋遺記　漢武故事　隋唐嘉話　唐世說新語

記林　翰林記　龍城錄　避暑漫鈔　外傳　鄴侯孫公談圃　三楚新語　江南別錄　行營雜錄　中朝故事　唐卓異記　杜陽雜

記雜編　龍城錄　開元天寶遺事　幽閒鼓吹　江北夢瑣言

事記　龍城錄

雜錄記　鐵圍叢氏私志　蜀檮杌　高齋漫錄　桐陰舊話　談淵　揮塵錄　退朝錄　王氏揮塵錄　玉堂雜

【格致叢書】
【歷代小史】

晉公談錄　談苑　清夜錄　避戎夜話

王文正公筆錄　王文正公宣政雜錄

貴耳集　良岳錄　開燕常談

古杭雜記　白獺髓　退齋

國老　韓忠　蒙齋

東野語　程史　遼東　北邊備對　西使金志　自警編

韃備錄　獻備錄　王文正公遺事　西夏東園友聞

遂昌山樵野史　北征記　皇明紀略

野昌山樵　王文平　東園友聞　廣客談　廣客談遺事

獻遺昌山　征遺聞　夏東錄　西溪叢語　廣客談遺事

記石城震澤記　野聞　紀興復　皇明紀略

征記　史雜錄　清溪暇筆　南村輟耕錄　厚德錄

野聞山樵　遂昌雜錄　北征記　漫鈔集傳　病逸漫記

記瑣綴江　紀哈密記　復辟記　史集　北征記

錄紀　詩源撮要　炎徼紀聞　星槎勝覽　海槎餘錄

解笑　古覽紀勝　古文奇字　滇載記　眞蠟風土記　西湖遊覽志

叢修眞演義　赤鳳髓　玄覽紀勝　古文苑

修眞演義　煉形　既齊眞經　内旨物奇制　羣仙嘯旨

玉函祕典　唐宋衛生歌　金笥玉立鹺單導引怪疴

會稽徐氏刊本

夷門廣牘　〔夷門廣牘〕

天寶藏書　〔天寶藏書〕

文章緣起　文易千文　墨經　胎息經　異域志　天隱子

周易遂古記　象通古記　詩壇　釋名　藝苑　騷壇　詩品

藩獻　繼世　備遺　詩故　藩獻

-252-